지금 **북극**은

What is happening in the Arctic?

제3권 북극, 지정 · 지경학적 공간

지금 북극은

What is happening in the Arctic?

제3권 북극, 지정 · 지경학적 공간

2021년 9월 20일 초판 1쇄 인쇄
2021년 9월 30일 초판 1쇄 발행

엮은이 배재대학교 한국-시베리아센터
글쓴이 한종만, 라미경, 배규성, 박종관, 서현교 · 최영준, 예병환, 김정훈, 정재호 · 정영선,
　　　 김정훈 · 백영준, 이재혁
펴낸이 권혁재

편집 조혜진
출력 성광인쇄
인쇄 성광인쇄

펴낸곳 학연문화사
등록 1988년 2월 26일 제2-501호
주소 서울시 금천구 가산동 371-28 우림라이온스밸리 B동 712호
전화 02-2026-0541~4
팩스 02-2026-0547
E-mail hak7891@chol.net

책값은 뒷표지에 있습니다.
잘못된 책은 바꾸어 드립니다.

ISBN 978-89-5508-446-7　94960

이 총서는 정부재원(교육부)으로 한국연구재단의 지원을 받아 출판되었음(NRF-2019S1A8A101759)
This Book was supported by the National Research Foundation of Korea Grant funded by the Korean Government(MOE)(NRF-2019S1A8A8101759)

지금 **북극**은

What is happening in the Arctic?

제3권 북극, 지정 · 지경학적 공간

학연문화사

목 차

'러시아 2035 북극전략'의 내역과 평가

한종만(배재대학교 명예교수)

1. '러시아 2035 북극전략'의 내역

1.1. 러시아 2035 북극 국가정책의 기초

2019년 2월 블라디미르 푸틴은 북극의 사회경제적 발전 분야에서 국가정책과 법적 규제를 개발하고 시행하는 기능을 담당하는 극동개발부를 극동/북극 개발부로 확대 및 승격하고 2035년까지 러시아 북극 지역 개발전략을 조성할 것으로 지시했다. 2019년 12월 러시아 안전보장이사회는 북극 국가정책의 기초를 승인했으며 2035년까지 '북부해항로(NSR) 인프라 개발 계획'이 승인됐다.

그 결과 푸틴 대통령은 2020년 3월 5일 "2035년까지 북극에서 러시아 연방 국가정책의 기초에 관한(Об Основах государственной политики Российской Федерации в Арктике на период до 2935года)" 대통령령 164호가 공포됐다.[1]

'2035년까지 북극에서 러시아연방 국가정책의 기초'(이하 '러시아 2035 북

※ 이 글은 〈북극연구〉 No. 24에 게재된 것으로, 2019년 대한민국 교육부와 한국연구재단의 지원을 받아 수행된 연구임 (NRF-2019S1A5C2A01081461)
1) '2035년까지 북극에서 러시아연방 국가정책의 기초'의 원문은 https://docs.cntd.ru/document/564371920 참조.

극 국가정책의 기초'라 칭함)는 제5부[I. 일반 규정(제1-5조), II. 북극의 국가 안보 상태 평가(제6-8조), III. 북극에서 러시아연방 정부 정책의 목표, 주요 방 향 및 임무(제9-21조), IV. 북극에서 러시아연방의 국가정책을 구현하는 주요 메커니즘(제22-25조), V. 북극에서 러시아연방의 국가정책 구현의 효과에 대 한 주요 지표(제26-28조)로 28조로 구성되어 있다.

제1부: 일반 규정

제1조: 이 기초 사항은 '러시아연방의 국가안보'(이하 국가안보라고 함)를 보장하 는 분야의 전략 계획 문서이며 북극에서 러시아연방의 국익을 보호하기 위해 개발 되었다. 현재 기초 사항은 북극에서 러시아연방의 국가정책을 구현하기 위한 메커 니즘뿐만 아니라 목표, 주요 방향 및 작업을 결정한다.

제2조: 이 기초 사항의 법적 틀은 러시아연방 헌법, 2014년 6월 28일 연방법 No. 172-FZ '러시아연방의 전략 계획', 러시아연방의 국가안보 전략, 외교정책이다. 2025년까지의 기간 동안 러시아연방의 지역개발에 대한 국가정책의 기초, 2018년 5월 7일 러시아연방 대통령령 N '2024년까지의 기간 동안 러시아연방 발전의 국가 목표 및 전략적 목표'에 근거한다.

제3조: 이 프레임워크에서는 다음과 같은 개념이 사용된다.
① 북극-유라시아와 북미의 북부 외곽 지역(래브라도반도의 중부 및 남부 제외), 그린란드(남부 제외), 바다를 포함한 지구의 북부 극지방 섬에 있는 북극해(노르웨 이해의 동부 및 남부 제외);
② 러시아연방의 북극 지역-2014년 5월 2일 러시아연방 대통령령 N 296에서 정의

된 러시아연방 북극 지역의 육지 영토 및 러시아연방의 내부 해수, 영해, 배타적경제수역 및 대륙붕 포함.

제4조: 북극에서 러시아연방의 국가정책은 러시아연방의 국가 우선순위를 고려하여 수행된다.

제5조: 북극에서 러시아연방의 주요 국가 이익은 다음과 같다.
① 러시아연방의 주권 및 영토 보전 보장;
② 평화, 안정적이고 상호 유익한 파트너십의 영토로서의 북극 보존;
③ 러시아연방 북극 지역 인구의 삶의 질 향상과 복지 보장;
④ 러시아연방의 경제 성장을 가속화하기 위해 전략적 자원 기반으로 러시아연방의 북극 지역을 개발하고 합리적으로 사용;
⑤ 세계 시장에서 러시아연방의 경쟁력 있는 전국 운송 통신 수단으로서 북부해항로(NSR)의 개발;
⑥ 북극의 환경보호, 러시아연방의 북극 지역에 사는 원주민의 고유 서식지 보호 및 전통적인 생활 방식 개선.

제2부: 북극의 국가안보 상태 평가

제6조: 2020년 현재 북극에서 러시아연방의 국가정책 구현을 위해 다음과 같은 내용을 제공한다.
① 북극에서 러시아연방의 국익을 보호하기 위한 규제 프레임워크 및 필요한 조직 조건의 생성;
② 러시아연방의 북극 지역에서 대규모 경제 프로젝트를 수행하기 위한 조건 생성;

③ 북부해항로(NSR)의 통합 인프라 구축 작업 시작, 수역 내 항법의 수문 기상, 수로 및 항법 지원 시스템, 쇄빙선함대 현대화;

④ 러시아연방의 북극 지역에서 자연 관리 및 환경보호의 특별 체제 사용 확대;

⑤ 국제법에 근거하여 러시아연방과 북극 국가 간의 호혜적 협력 강화;

⑥ 다양한 군사 정치적 조건에서 군사 보안을 보장할 수 있는 러시아연방의 북극 지역에서 러시아연방 군대나 범용 군대 그룹 생성;

⑦ 러시아연방의 북극 지역에서 러시아연방의 연방 보안 서비스의 일환으로 활발하게 작동하는 해안 경비대 시스템의 생성.

제7조: 북극의 국가안보에 대한 주요 위협은 다음과 같다.

① 러시아연방 북극 지역의 인구 감소;

② 러시아연방 북극권 영토의 사회, 교통, 정보 및 통신 인프라 개발 수준이 낮음;

③ 러시아연방 북극 지역의 유망한 광물 자원센터의 지질 탐사 속도가 느림;

④ 경제주체에 대한 국가 지원 시스템의 부재로 러시아연방의 북극 지역에서 경제 프로젝트를 구현할 때 비용과 위험이 증가할 수 있음;

⑤ 북부해항로(NSR)의 기반 시설 구축, 쇄빙선, 구조 및 보조함대 건설에 대한 기한을 지키지 못함;

⑥ 북극의 자연 및 기후 조건(이하 북극 조건)에서 작업하기 위한 육상 차량 및 항공 장비의 낮은 비율, 북극 개발에 필요한 국내 기술 개발 부족;

⑦ 환경문제에 대해 러시아연방의 북극 지역에 있는 환경 모니터링 시스템을 사용할 수 없음.

제8조: 북극의 국가안보를 보장하는 데 있어 주요 과제는 다음과 같다.

① 북극의 경제 및 기타 활동을 규제하는 국제조약의 기본 조항을 수정하고 그러

한 조약 및 지역 협력 형식을 고려하지 않고 국가 법적 규제 시스템을 구축하려는 여러 외국 국가의 시도 제어;

② 북극 해양 공간에 대한 국제법적 경계의 불완전성;

③ 러시아연방이 북극에서 외국 및 (또는) 국제기구의 합법적 경제 또는 기타 활동을 수행하는 것을 방해하고 있음;

④ 외국에 의해 북극에 군사적 주둔지를 구축하고 이 지역에서 갈등 가능성의 증가;

⑤ 북극에서 러시아연방의 활동에 대한 불신.

제3부: 북극 러시아연방 정부 정책의 목표, 주요 방향 및 임무

제9조: 북극에서 러시아연방의 국가정책의 목표는 다음과 같다.

① 소수민족을 포함하여 러시아연방 북극 지역 인구의 삶의 질 향상;

② 러시아 북극권 영토의 경제개발을 가속화하고 국가의 경제 성장에 대한 기여도 증가;

③ 북극의 환경보호, 고유 서식지 보호 및 소규모 민족의 전통적인 생활 방식 구현;

④ 국제법에 근거하여 북극의 모든 분쟁에 대한 호혜적 협력의 이행과 평화적 해결;

⑤ 경제 영역을 포함하여 북극에서 러시아연방의 국가 이익 보호.

제10조: 북극에서 러시아연방의 국가정책을 실행하는 주요 방향은 다음과 같다.

① 러시아연방 북극 지역의 사회경제적 발전과 인프라 개발;

② 북극 개발을 위한 과학 및 기술개발;

③ 환경보호 및 환경 안전;

④ 국제협력의 발전;

⑤ 자연 및 인공 비상사태로부터 러시아연방 북극 지역의 인구와 영토의 보호;

⑥ 러시아 북극 지역의 공공 안전 보장;

⑦ 러시아연방의 군사적 안보 보장;

⑧ 러시아연방 국경 보호 및 안보 보장.

제11조: 러시아 북극 지역 사회 발전 분야의 주요 임무는 다음과 같다.

① 1차 보건 의료, 양질의 유아원, 초등 일반 및 기본 일반 교육, 중등 직업 및 고등 교육, 문화, 신체 문화 및 스포츠 분야 서비스의 가용성 보장, 소규모 민족의 전통 거주 및 전통 경제 활동 증진;

② 시민들에게 저렴하고 현대적이며 고품질의 주택을 제공하고, 주택 및 공동 서비스의 질을 개선하고, 소수민족에 속하는 유목 및 반유목 생활을 선도하는 사람들의 생활 조건의 개선 향상;

③ 국가안보 및 (또는) 광물 자원센터 개발을 위한 기지의 기능을 수행하는 기관 및 조직이 위치한 정착지의 사회 기반 시설의 가속화된 개발, 경제 및 (또는) 북극의 인프라 프로젝트 개선;

④ 시민과 경제주체를 위한 적절한 가격을 보장하기 위해 외딴 지역에 있는 정착지에 연료, 식료품 및 기타 중요 상품을 전달하기 위한 국가 지원 시스템을 구축;

⑤ 저렴한 가격으로 연중 간선, 지역 간 및 지역 항공 운송 제공;

⑥ 극북 지역과 그와 동등한 지역을 떠나는 시민들에게 주택 보조금을 제공할 의무를 국가가 이행하도록 보장;

⑦ 직장 내 기업 건강 증진 프로그램 도입을 포함한 건강한 라이프 스타일 증진.

제12조: 러시아 북극권 경제개발 분야의 주요 임무는 다음과 같다.

① 민간 투자를 위한 매력적인 조건을 만들고 경제적 효율성을 보장하기 위해 중소기업에 대한 지원을 포함하여 기업 활동에 대한 국가 지원;

② 북극 지역에서 투자 프로젝트의 이행에 대한 국가 통제를 유지하면서 민간 투자자의 참여 확대 제공과 북부해항로(NSR)와 물류적으로 연결된 광물 자원센터의 인프라 배치;

③ 공공 및 민간 투자를 통해 탄화수소 원료 및 고체 광물 매장지 개발에서 지질 탐사량의 구축, 회수하기 어려운 탄화수소 매장량 개발 촉진, 석유와 가스 생산채굴의 증가, 심해유 정제, 액화천연가스(LNG) 및 가스 화학제품 생산;

④ 수생 생물 자원의 개발 및 수확(어획) 효율을 높이고 부가가치가 높은 수산물 생산을 촉진하고 양식업을 발전시키기 위한 조건을 조성 제공;

⑤ 재조림 강화, 산림 인프라 개발 촉진 및 산림 자원 심층 처리;

⑥ 농산물 원료나 식품의 현지 생산 촉진;

⑦ 크루즈, 민족, 생태 및 산업 관광 개발;

⑧ 전통 경제 부문, 민속 공예품이나 수공예품의 보존 및 개발, 소규모 민족에 속한 사람들의 고용 제공 및 자영업 개발에 기여;

⑨ 소수민족에 속한 사람들이 전통적인 생활 방식을 수행하고 전통적인 경제 활동을 수행하는 데 필요한 천연자원에 대한 접근을 보장;

⑩ 전통 거주지 및 전통 경제 활동 장소에서의 산업 활동 이행에 대한 의사 결정에 소수민족 및 권한을 위임받은 대표자에 속한 사람들의 참여를 위한 메커니즘 개발;

⑪ 러시아연방 북극 지역의 중등 직업 및 고등 교육 시스템을 자격을 갖춘 인력의 필요성에 대한 예측에 따라 제공;

⑫ 노동 활동을 수행하기 위해 러시아연방의 북극 지역으로 이전 및 이전할 준비가 된 러시아의 경제 활동 인구에 대한 국가 지원 제공.

제13조: 러시아 북극권 인프라 개발 분야의 주요 업무는 다음과 같다.

① 북부해항로(NSR) 및 기타 해상 수송 통로의 해역에서 연중 안전하고 중단되지

않고 비용 효율적인 항해를 보장하는 데 필요하고 충분한 쇄빙선, 구조 및 보조함대의 형성;

② 수문 기상, 항해 및 수로 지원을 위한 일련의 조치를 포함하여 러시아연방 북극 지역의 교통량이 많은 지역에서 항해의 안전, 교통 관리를 보장하기 위한 제어 시스템 생성;

③ 북부해항로(NSR) 및 기타 해상 운송 통로의 전체 길이를 따라 석유 및 석유제품의 긴급 출로로 인한 결과를 예방 및 제거(최소화)하기 위한 효과적인 시스템 구축;

④ 북부해항로(NSR) 및 기타 해상 운송 통로의 수역에 있는 항구의 건설 및 현대화;

⑤ 준설 작업 수행, 항구 및 항구 지점 설치를 포함하여 러시아연방 북극 지역의 강에서 항해 가능성을 확장;

⑥ 북부해항로(NSR)를 따라 유럽 및 아시아 지역의 제품 수출을 제공하는 철도 노선 건설;

⑦ 공항 및 착륙장 네트워크 확장;

⑧ 공공 고속도로 네트워크와 연결되지 않은 정착지의 교통 접근성 보장;

⑨ 외국 기술 및 정보 지원과는 별도로 북극의 지속적인 통합 공간 모니터링 시스템 및 수단의 개발;

⑩ 정보 및 통신 인프라를 개선하여 NSR을 따라 수중 광섬유 통신 라인을 설치하는 것을 포함하여 러시아연방의 북극 지역 전체에 걸쳐 인구 및 기업체에 통신 서비스를 제공;

⑪ 전력 공급 시스템의 개발, 지역 발전 시설의 현대화, 재생 가능 에너지원, 액화 천연가스(LNG) 및 지역 연료의 사용 확대.

제14조: 북극 개발을 위한 과학 기술 개발의 주요 임무는 다음과 같다.

① 과학 및 기술개발의 우선 영역에서 기초 및 응용 연구를 수행하고 북극에서 포괄적인 원정 연구를 수행하기 위한 활동을 구축;

② 방위 분야의 문제 해결 및 공공 안전 보장, 북극 조건에서 사용하기 위한 재료나 장비 개발을 포함하여 북극 개발에 중요한 기술의 개발 및 구현;

③ 북극의 위험한 자연 및 자연 현상에 관한 연구를 수행하기 위한 활동 확대, 변화하는 기후에서 그러한 현상을 예측하기 위한 현대적인 방법과 기술, 인간 생명에 대한 위협을 줄이는 방법 및 기술의 개발 및 구현;

④ 지구 기후변화로 인한 인프라 요소의 손상을 방지하기 위한 효과적인 엔지니어링 및 기술 솔루션의 개발 및 적용;

⑤ 건강을 보존하고 북극 인구의 기대 수명을 늘리기 위한 기술의 개발;

⑥ 러시아연방 연구함대 개발.

제15조: 환경보호 및 환경 안전 분야의 주요 업무는 다음과 같다.

① 생태계를 보전하고 기후변화에 적응하기 위해 특별히 보호된 자연 지역과 수역 네트워크의 과학적 기반 개발;

② 북극 동식물의 개체 보존, 희귀하고 멸종 위기에 처한 식물, 동물 및 기타 유기체의 보호;

③ 환경에 대한 누적된 위해를 제거하기 위한 작업의 지속;

④ 인공위성, 해상 플랫폼, 연구선, 지상 지점 및 관측소에서 측정을 수행하기 위한 환경 모니터링 시스템, 최신 정보 및 통신 기술 및 통신 시스템의 사용;

⑤ 최상의 이용 가능한 기술의 도입, 대기 중으로의 배출 최소화, 수역으로의 오염 물질 배출 및 경제 및 기타 활동 과정에서 환경에 대한 다른 유형의 부정적인 영향의 감소를 보장;

⑥ 전통 거주지 및 소수민족의 전통적 경제 활동을 포함한 천연자원의 합리적 사

용 보장;

⑦ 모든 위험 등급의 통합 폐기물 관리 시스템 개발, 현대적인 친환경 폐기물 처리 단지 건설;

⑧ 독성 물질, 전염병 병원체 및 방사성 물질이 러시아연방의 북극 지역에 유입되는 것을 배제하기 위한 일련의 조치 시행.

16조: 국제협력 개발의 주요 과제는 다음과 같다.

① 북극이사회, 북극 연안국 5 및 바렌츠/유럽북극이사회를 포함한 다자간 지역 협력 형식의 틀 내에서 양자 기반으로 북극 국가와의 좋은 이웃 관계를 강화하여 국제 경제를 구축하고, 과학 및 기술, 문화 및 국경을 초월한 협력, 지구 기후변화 연구 분야에서의 상호작용, 환경보호 및 높은 환경 기준에 따른 천연자원의 효과적인 개발;

② 북극이사회에 해당 지역의 국제 활동을 조정하는 주요 지역 기관의 역할을 할당;

③ 1920년 2월 9일 스발바르 조약의 노르웨이 및 기타 당사국과 동등하고 호혜적인 협력을 기반으로 스발바르 군도에서 러시아의 존재를 보장;

④ 국제법과 약정한 합의에 근거하여 러시아연방의 국가 이익을 고려하여 북극해에서 대륙붕을 구분하는 문제에 대해 북극 국가와의 상호작용 유지;

⑤ 통합된 지역 수색 및 구조 시스템을 구축하고 인위적인 재난을 방지하며 그 결과를 제거하고 구조 부대를 조정하기 위한 북극 국가의 노력을 구축하는 데 기여;

⑥ 러시아연방 북극 지역에서 상호이익이 되는 경제 협력에 북극 및 비 북극 국가의 적극적인 참여;

⑦ 러시아연방 외부에 거주하는 친척 및 소수민족과의 경제 활동 분야에서 국경을 초월한 협력, 문화적 접촉 및 접촉을 구현하는 데 있어 소수민족에 대한 지원뿐만 아니라 소수민족의 참여에 대한 지원, 국가 간 접촉의 틀 내에서 그리고 러시아연

방의 국제조약에 따라 민족 문화 발전에 대한 국제협력;

⑧ 북극에서 러시아연방의 활동 결과를 광범위한 국제사회의 관심에 대한 홍보.

제17조: 자연 및 인공 비상사태로부터 러시아연방 북극 지역의 인구와 영토를 보호하는 분야의 주요 임무는 다음과 같다.

① 자연 및 인공 비상사태로부터 인구와 영토를 보호하기 위한 과학적, 기술적, 규제적 및 방법론적 지원을 구현하여 북극 상태의 수역에서 화재 안전과 안전을 보장;

② 수중 및 육지 공간에서 사고 및 비상사태를 제거하고 구조, 구성, 물류 및 기반시설을 개선하고 새로운 장비나 장비 모델을 완성하기 위한 북극 통합 비상 구조센터 및 소방 및 구조 유닛의 개발, 북극 조건에서 해결된 작업을 고려;

③ 북극 조건에서 자연 및 인공 비상사태로부터 인구와 영토를 보호하는 조치의 항공 지원.

제18조: 러시아 북극 지역의 공공 안전 보장 분야의 주요 임무는 다음과 같다.

① 러시아연방 내무기관의 구조와 러시아연방의 북극 지역에서 러시아연방 국가경비대의 군대와 공공 보장 분야의 업무에 따라 직원 채용, 안전, 주택 건설 제공을 포함하여 해당 인프라의 조성과 현대화;

② 공공질서 보호에 대한 시민의 참여 활동을 늘리고, 공공질서를 보호하는 조치에 시민의 자발적인 참여를 장려하며, 주로 법이 없는 외딴 지역에서 집행력 또는 그 존재가 필요, 공공 법 집행 협회의 활동을 확대;

③ 러시아연방 북극 지역개발을 위해 할당된 예산 자금 도난과 관련된 범죄를 예방하고 진압하는 조치 개발;

④ 시민의 생명과 건강에 해를 끼치는 도로 교통 사고의 수를 줄이고 그 결과의 심각성을 줄이는 조치.

제19조: 북극에서 러시아연방의 군사 보안을 보장하는 분야의 주요 임무는 다음과 같다.

① 러시아에 대한 군사력 사용을 방지하고 주권과 영토 보전을 보호하기 위한 일련의 조치의 이행;

② 러시아연방의 북극 지역에 있는 러시아 연방군, 기타 군대, 군사 기관이나 범용 군대 그룹(군대)의 전투 능력을 높이고 전투 잠재력을 보장하는 수준으로 유지, 러시아연방과 그 동맹국에 대한 침략을 격퇴하는 작업의 해결책 제시;

③ 러시아연방 북극 지역의 대기, 지표 및 수중 상황에 대한 통합 제어 시스템 개선;

④ 군사 인프라 시설의 생성 및 현대화, 러시아연방 군대, 기타 군대, 군사 구성 및 기관의 범용 군대(군대) 그룹의 중요한 활동을 보장.

제20조: 러시아연방 국경 보호 및 보호 분야의 주요 임무는 다음과 같다.

① 해양 공간 및 해안의 상황을 모니터링할 수 있는 정보 기술의 개발, 상황 분석 및 합의된 결정 개발을 기반으로 국경 활동의 국가 관리 품질을 개선;

② 외국의 국경 기관(해안 경비대)과의 협력 개발;

③ 국경 인프라 개선, 투자 프로젝트 이행을 위한 시간 프레임에 해당하는 기간 내에 러시아연방 국경을 가로지르는 체크 포인트 배치;

④ 국경 당국의 기술적 재장비, 항공 단지가 있는 현대적인 얼음 등급 선박의 건설 및 항공기 함대의 갱신;

⑤ 러시아연방의 영공에 대한 연방 정찰 및 통제 시스템의 능력을 구축;

⑥ 러시아연방 영해의 폭과 북극 러시아연방의 배타적경제수역을 측정하는 기준선 시스템 업데이트 작업 완료.

제21조: 이 기본 사항에 의해 규정된 작업의 이행은 러시아연방의 법률 및 국제조

약에 따라 기업, 시민 사회 기관과 함께 국가 당국 및 지방 자치 단체에 의해 수행된다.

제4부: 북극에서 러시아연방의 국가정책을 구현하는 주요 메커니즘

제22조: 북극에서 러시아연방의 국가정책을 실행하기 위한 주요 메커니즘은 다음과 같다.

① 러시아연방 북극 지역의 경제 및 기타 활동에 적용되는 규범적 법적 행위의 공포;

② 러시아연방 북극 지역개발 측면에서 공공 행정 개선;

③ 2035년까지 러시아연방의 북극 지역개발을 위한 전략과 국가안보 보장의 구현과 러시아연방의 북극 관광 개발전략의 개발과 구현;

④ 러시아연방의 구성 기관, 지자체 조직 수준에서 목표 설정, 예측, 계획 및 프로그래밍의 틀 내에서 개발된 전략 계획 문서는 물론 이러한 기본 사항에 따라 부문별 전략 계획 문서 제출;

⑤ 러시아연방 북극 지역의 사회경제적 발전을 모니터링하고 관리하기 위해 통합 통계 및 정보 분석 시스템을 생성.

제23조: 러시아연방 대통령은 북극에서 러시아연방의 국가정책 이행에 대한 일반 관리를 수행한다.

제24조: 북극 개발을 위한 국가위원회는 북극에서 러시아연방의 국가정책을 이행하고 그 이행을 모니터링하기 위해 러시아연방 구성 기관의 연방 집행기관 및 국가 당국의 활동을 조정한다.

제25조: 이러한 기본 사항의 구현은 러시아연방의 국가 프로그램 실행을 위해 제공된 자금을 포함하여 러시아연방 예산 시스템으로 지원된다.

제5부: 북극에서 러시아연방의 국가정책 구현의 효과에 대한 주요 지표

제26조: 북극에서 러시아연방의 국가정책 이행의 효과를 특징 짓는 주요 지표는 다음과 같다.
① 러시아연방 북극 지역 주민의 기대 수명;
② 러시아연방 북극 지역 인구의 유출입 증감계수;
③ 러시아연방 북극 지역에 있는 새로운 기업의 일자리 수;
④ 러시아연방 북극 지역에서 활동하는 조직 및 기업 직원의 평균 급여;
⑤ 러시아연방 북극 지역의 총가구 수에서 정보 및 통신 네트워크 '인터넷' 광대역 액세스가 가능한 가구의 비율(%);
⑥ 러시아연방의 지역총생산에서 러시아연방의 북극 지역에서 생산된 지역총생산의 비율(%);
⑦ 러시아연방의 북극 지역에서 생산되는 지역총생산에서 경제의 첨단 기술 및 지식 집약적 부문의 부가가치 비율(%);
⑧ 러시아연방의 고정자산에 대한 총 투자 중 러시아연방의 북극 지역에서 수행되는 고정자산에 대한 투자의 비율(%);
⑨ R&D를 위한 내부 비용, 북극 지역에서 수행된 기술 혁신에 대한 조직의 비용, R&D의 총 내부 비용 및 기술 혁신에 대한 조직의 비용 비율(%);
⑩ 러시아연방 북극 지역에서 수행되는 고정자산에 대한 총 투자에서 천연자원의 보호 및 합리적 사용을 위해 수행되는 고정자산에 대한 투자 비율(%);
⑪ 러시아연방에서 생산된 원유 (가스 응축수 포함) 및 가연성 천연가스의 총생산

에서 러시아연방의 북극 지역에서 생산된 원유(응축 가스 포함) 및 가연성 천연가스의 비율(%);

⑫ 러시아연방 북극 지역의 액화천연가스(LNG) 생산량;

⑬ 트랜지트 교통을 포함하여 북부해항로(NSR)의 수역에서 화물 물동량;

⑭ 러시아연방 북극 지역의 총 무기, 군사 및 특수 장비 수에서 현대 무기, 군사 및 특수 장비의 비율(%).

제27조: 이 기초 문서 제26조에 제공된 지표의 가치는 러시아연방의 북극 지역개발 및 2035년까지 기간 동안 국가안보를 보장하기 위한 전략에서 결정된다.

제28조: 북극에서 러시아연방의 국가정책을 실행하면 다음과 같은 내용이 보장된다.

① 러시아연방 북극 지역의 지속 가능한 개발;

② 소수민족을 포함하여 러시아연방의 북극 지역 인구의 삶의 질과 소득이 전 러시아의 평균 성장률을 능가;

③ 러시아연방의 북극 지역에서 생산되는 지역총생산의 성장, 새로운 일자리 창출;

④ 북부해항로(NSR)를 따라 상품의 국내 및 국제 운송량 증가;

⑤ 북극의 환경보호, 원래 서식지 보호 및 소수민족의 전통적인 생활 방식 개선;

⑥ 북극 국가들과 높은 수준의 협력을 달성하여 평화, 안정 및 상호이익이 되는 파트너십의 영토로서 북극을 보존하는 데 기여;

⑦ 북극에서 러시아연방에 대한 적대 행위 예방.

1.2. 러시아 2035 북극전략

극동/북극개발부와 안전보장이사회와 북극 특별국가위원회를 주축으로

'2035 북극 국가정책의 기초'를 더욱 세밀하고 공고화된 '2035년까지 러시아의 북극 지역 개발전략과 국가 안보 보장'(이하 '러시아 2035 북극전략'이라 칭함)을 2020년 10월 26일에 공포됐다.[2] 이 전략 문서는 향후 15년 동안 러시아연방 북극정책의 지침서 역할을 할 것으로 기대된다.

'러시아 2035 북극전략' 문서는 주로 '러시아연방 북극 공간(AZRF)'의 사회경제개발과 국가안보 관점을 중심으로 6부(40조)와 부록으로 구성[I. 일반 조항(제1-4조), II. 북극 지역개발 현황 및 국가안보 현황 평가(제5-8조), III. 전략의 실행 목적과 북극 지역개발의 주요 과제를 수행하고 국가안보를 보장하는 조치(제9-19조). IV. 북극권 연방 주체별 전략을 구현하는 주요 방향(제20-28조), V. 전략의 실행 단계 및 예상 결과(29-34조), VI. 전략의 구현을 위한 주요 메커니즘(제34-40조), 부록: 14개의 목표 지표]되고 있다.

제1부: 일반 조항

제1조: 이 전략은 러시아연방의 국가안보를 보장하기 위한 전략적 계획 문서로서 2035년까지 북극에서 러시아 국가정책의 기본을 구현하기 위해 개발과 북극 개발의 주요 임무를 수행하고 국가안보를 보장하는 조치를 정의하며, 이 조치의 실행 단계 및 예상 결과를 정의한다.

---

2) 2020년 10월 26일 러시아연방 대통령령(N 645)으로 공포된 '2035년까지 러시아의 북극 지역 개발전략과 국가 안보보장'("Стратегия развития Арктической зоны Российской Федерации и обеспечения национальной безопасности на период до 2035 года," 26 октября 2020)(이하 '러시아 2035 북극전략'으로 칭함) http://docs.cntd.ru/document/566091182 (검색일: 2021년 1월 8일).

제2조: '러시아 2035 북극전략' 법적 근거는 2014년 6월 28일 '러시아연방 전략 계획에 관한 법령'(No. 172-FZ), '2025년까지 러시아연방의 '대외정책 개념', '학문/기술 발전전략', '지역 발전 국가정책의 기초', 2018년 5월7일 '러시아연방의 북극 지역(AZRF)에 관한 대통령령'(N 204), 2020년 7월 21일 '2024년까지 러시아연방 발전전략 목표와 국가 목표에 관한 법령'과 '2030년까지 러시아연방 국가 발전목표에 관한 법령'에 기초하고 있다.

제3조: 북극의 개념과 '러시아연방의 북극 지역(AZRF)'의 개념은 '북극 2035 국가 정책의 기본원칙'과 동일하게 적용된다.

제4조: 사회경제발전과 국가안보 보장을 위한 북극 지역의 특징은 다음과 같다.
① 극단적인 자연 및 기후 조건, 극도로 낮은 인구 밀도 및 교통 및 사회 인프라 시설의 개발 수준 미미함;
② 특히 러시아연방 북극 원주민(이하 소수민족이라고 함)의 거주지역은 외부 영향에 대한 생태 시스템의 높은 민감도;
③ 기후변화, 경제 활동 및 환경변화로 새로운 경제적 기회와 위험이 동반됨;
④ NSR의 안정적인 지리적, 역사적, 경제적 관계;
⑤ 북극 지역의 특정 영토에 대한 산업 및 경제 발전의 불균형, 천연자원 채굴과 수출을 위한 핵심 경제 공간;
⑥ 높은 자원 집약도의 경제 활동 및 인간의 생명 유지, 러시아연방의 다양한 구성 기관의 연료, 식량 및 기타 중요 상품 공급에 대한 의존성;
⑦ 북극에서 갈등 잠재력 증가 등을 제시하고 있다.

제2부 북극 지역개발 현황 및 국가안보 현황 평가

제5조: 사회경제적 발전과 국가안보 보장에서 북극 지역의 중요성은 다음과 같다.

① 북극 지역은 러시아연방에서 천연가스의 80% 이상과 석유(가스 콘덴서 포함)의 17% 이상을 생산;

② 북극 지역에서 가장 큰 경제 (투자) 프로젝트의 구현은 첨단 기술 및 과학 집약적 제품에 대한 수요 창출을 보장하고 러시아연방의 다양한 구성 기관에서 그러한 제품의 생산을 촉진;

③ 전문가들에 따르면 북극에 있는 러시아연방의 대륙붕(이하 대륙붕이라고 함)에는 85.1조㎥가 넘는 천연가스, 173억 톤의 석유(가스 콘덴서 포함) 및 러시아연방 광물자원 기반 개발을 위한 전략적 매장지;

④ 기후변화의 결과로 국내 및 국제 물품의 운송을 위한 세계적으로 중요한 운송 통로로서 NSR의 중요성이 증가;

⑤ 인위적 영향 및 (또는) 환경에 악영향을 미치는 북극 지역의 기후변화로 외부세력의 공격 가능성 및 세계 경제 시스템, 환경 및 안보에 글로벌 위험의 초래 가능성;

⑥ 19개 그룹의 원주민이 북극 지역에 살고 있으며, 세계적으로 중요한 역사적, 문화적 가치를 지닌 역사적, 문화적 유산의 대상;

⑦ 러시아연방과 그 동맹국에 대한 공격을 방지하기 위해 전략적 억지력의 대상으로 북극 지역에 위치.

제6조: 지금까지 러시아 북극권 개발전략의 수행과 2020년까지 국가안보 보장의 결과는 다음과 같다.

① 북극 주민의 기대 수명이 2014년 70.65세에서 2018년 72.39세로 증가;

② 2014년부터 2018년까지 북극 지역 인구의 이주 유출이 53% 감소;

③ 실업률(ILO의 방법론 기준)은 2017년 5.6%에서 2019년 4.6%로 감소;

④ 러시아연방 지역총생산 중 북극 지역에서 생산된 지역총생산의 비율이 2014년 5%에서 2018년 6.2%로 증가;

⑤ 북극 지역에서 수행되는 고정자산에 대한 총투자 금액에서 러시아연방 예산 비율이 2014년 5.5%에서 2019년 7.6%로 증가;

⑥ NSR 화물 운송량이 2014년 400만 톤에서 2019년 3,150만 톤으로 증가;

⑦ 북극권의 전체 가구에서 정보 통신 네트워크 광대역 '인터넷'의 액세스 가구의 비율이 2016년 73.9%에서 2019년 81.3%로 증가;

⑧ 북극 지역의 현대 무기, 군사 및 특수 장비의 비율은 2014년 41%에서 2019년 59%로 증가.

제7조: 북극 지역의 개발과 국가안보 보장과 관련된 주요 위험, 도전 및 위협은 다음과 같다.

① 북극의 강렬한 기후 온난화는 지구 전체보다 2-2.5배 빠르게 발생;

② 자연 인구 증가율 감소, 인구 유출 및 그 결과 인구 감소;

③ 북극 지역의 삶의 질을 특징짓는 지표 중 노동 연령, 평균수명, 유아 사망률, 공공 도로의 비율, 규제 요건 충족 수준, 주택 재고량과 비상 주택 재고의 비율 등은 러시아 평균치에서 못 미침;

④ 전통적인 거주지와 소수민족의 전통적인 경제 활동을 포함하여 외지 정착지에서 고품질 사회 서비스 및 편안한 주거의 낮은 수준의 가용성;

⑤ 근로 조건의 기준 초과로 인한 높은 수준의 직업 위험, 유해 및 (또는) 위험한 생산 요인의 복잡한 영향, 불리한 기후 조건, 직업병 발병 위험 증가;

⑥ 연료, 식료품 및 기타 중요 상품을 외지 정착지에 전달하기 위한 국가 지원 시스템의 부재로 인해 인구 및 경제 주체에게 저렴한 가격으로 판매 보장의 필요성;

⑦ 소규모 항공의 기능과 저렴한 가격의 연중 항공 운송 구현을 포함하는 운송 인프라의 낮은 수준의 개발, 그러한 인프라 시설을 만드는 데 드는 높은 비용;

⑧ 극북 지역 및 그와 동등한 지역에서 일하는 사람들에게 보증 및 보상을 제공할 필요성과 관련하여 비용 증가 등으로 인해 사업체의 낮은 경쟁력;

⑨ 북극 지역의 중등 직업 교육 및 고등 교육 시스템, 자격을 갖춘 우수한 인력의 경제 및 사회 영역 요구 사항 간의 불일치;

⑩ 북극의 경제 프로젝트 수행을 위한 납기 내 쇄빙선함대, 구조선함대, 보조함대 등 NSR 인프라 개발의 지연;

⑪ 비상 대피 시스템의 부재 및 NSR 수역에서 항해하는 선박의 승무원에게 의료 지원 제공 정보 및 통신 인프라의 낮은 수준의 개발과 통신 부문의 경쟁 부족;

⑬ 경제적으로 비효율적이고 환경적으로 안전하지 않은 디젤 연료의 사용을 기반으로 한 지역 발전의 높은 비율;

⑭ 북극 지역의 총생산물에서 경제의 첨단 기술 및 지식 집약 부문의 부가가치 비율 감소, 연구 개발 부문과 경제의 실제 부문 간의 약한 상호작용, 혁신 주기의 공개성 필요;

⑮ 천연자원의 보호 및 합리적 사용을 위해 수행되는 고정자산의 낮은 수준의 투자;

⑯ 해외에서 북극 지역으로 유입되는 고독성 및 방사성 물질의 가능성, 특히 위험한 전염병의 원인 물질 유입;

⑰ 구조 인프라와 공공 안전 시스템의 개발 속도와 북극 지역의 경제 활동 성장 속도 사이의 불일치;

⑱ 러시아연방 군과 기타 군 간 북극의 갈등 잠재력의 증가, 북극 공간에서 군대의 전투 능력의 지속적 증가 필요성.

제8조: 2019년에 북극 지역개발 및 국가안보 보장과 관련된 과제를 고려하여 행정

시스템의 재편: '북극 개발을 위한 국가위원회'의 더욱 확장된 권한 부여와 극동개발부의 권한을 북극 공간까지 확대하는 '극동/북극개발부'로 재편.

제3부: 전략의 실행 목적과 북극 지역개발의 주요 과제 수행 및 국가안보 보장 조치

제9조: 실행 목적은 북극 지역에서 러시아연방의 국익을 보장하고 '러시아 2035 북극 국가정책의 기초'에 정의된 목표를 달성하는 것이다.

제10조: 북극 지역개발의 주요 방향과 과제 및 국가안보 보장은 북극에서 러시아연방의 국가정책 구현의 주요 방향과 나열된 북극 지역개발의 주요 과제와 일치해야 한다.

제11조: 북극 지역 사회발전 분야의 주요 업무 수행은 다음 조치를 통해 보장한다.
① 의료서비스 제공 절차에 따라 성인이나 아동, 별도의 연령 단위, 중앙 지구 및 지역 병원에 1차 의료서비스를 제공하는 의료기관의 재료나 기술 기반을 포함하여 1차 의료의 현대화 -의료 제공에 필요한 장비를 이러한 조직, 부서, 병원에 장비 및 재장비 제공;
② 1차 의료서비스를 제공하는 의료기관에 자동차 및 항공 운송을 제공하여 환자를 의료기관으로, 의료 근로자를 환자의 거주지로 파견을 포함한 오지 정착지와 소수민족의 전통적인 거주지로 약물 전달;
③ 정착지의 낮은 인구 밀도와 운송 거리를 고려하여 의료서비스 제공을 위한 국가 자금 조달 메커니즘 개선;
④ 의료기관을 위한 인터넷 액세스 우선 제공, 원격 의료기술을 사용하여 의료서비스의 제공, 소규모 유목민의 경로를 포함한 의료서비스 개발;
⑤ 특정 질병과 관련하여 극북 지역에 거주하는 시민에게 의료서비스를 제공하기

위한 표준 승인을 보장하고, 의료기관, 지사 또는 부서에서 운영되는 의료 종사자 수에 대한 별도의 기준 설정; 질병 통계 및 의료 대피 횟수에 기반한 극북 지역 및 동등한 지역 및 장비 표준화;

⑥ NSR 수역에서 선박의 항해, 북극해의 수역에서 고정 및 부유식 해양 플랫폼의 운영을 위한 의료 지원 조직;

⑦ 첨단 의료서비스 개발;

⑧ 감염성 질병을 포함한 질병 예방 조치의 개발, 건강한 식습관으로 전환하고 알코올 섭취와 흡연을 줄이려는 동기를 포함하여 건강한 생활 방식에 대한 시민의 헌신을 형성하기 위한 일련의 조치의 실행;

⑨ 인력 부족을 없애기 위해 의료 종사자에게 사회적 지원의 제공;

⑩ 1차 의료기관, 교육기관, 문화, 보건 문화 및 스포츠 분야에서 서비스를 제공하는 조직을 포함하여 사회 기반 시설의 최적 배치를 위한 계획을 개발하여 인구 통계 및 인력 예측, 정착지의 교통 접근성 및 소규모 거주민의 특성, 사회 기반 시설의 현대화를 고려한 인구 관련 서비스 제공;

⑪ 고품질 일반 교육의 가용성을 높이고 외딴 지역 및 농촌 정착촌에 원격 교육 기술개발을 포함하여 어린이를 위한 추가 교육을 조직하기 위한 조건을 제공;

⑫ 교육 분야의 법적 규제 개선 및 소수민족의 교육 조건 조성;

⑬ World Skills 표준에 따라 고급 직업훈련센터를 조성하고, 워크숍 개최 운영 및 현대 기술을 적용하여 대기업 및 중견 기업과 함께 전문교육 조직 네트워크를 개발;

⑭ 연방 대학 및 기타 고등교육기관의 개발 프로그램 지원, 과학기관 및 기업과의 통합 연계;

⑮ 북극 지역에 대한 인구의 위생 및 보건학적 복지 보장 분야의 법률 세부 사항 수립;

⑯ 경제 및 기타 인간 활동의 환경에 대한 부정적인 결과 제거, 기후변화로 인한 공중 보건에 대한 위험의 제거, 이러한 변화가 발생 원인 및 감염 및 기생충 확산 방

법과 영향에 관련 연구 및 평가;

⑰ 문화유산의 보존 및 홍보, 전통문화의 발전, 원주민 언어의 보존 및 발전 보장;

⑱ 오지 정착촌에 거주하는 아동의 문화 단체 방문(어린이 여행 비용 포함)을 촉진하고, 크리에이티브 팀 투어 및 전시회 방문을 조직 및 실시하고, 지역 참여를 보장하기 위한 국가 지원 조치 제공, 지역 간 및 전 러시아 스포츠 행사의 스포츠팀, 북극 지역에서 전 러시아 축제 및 창의적인 프로젝트 및 주요 스포츠 행사 개최;

⑲ 체계적으로 보건 문화 및 스포츠에 참여하는 시민의 비율을 높이고, 스포츠 시설 제공 수준을 높이고, 체육시설을 늘리기 위한 조건을 조성;

⑳ 본선, 지역 간 및 지역(지역 내) 항공 운송 보조금을 위한 메커니즘 개선;

㉑ 북극의 자연 및 기후 특성과 첨단 디지털 및 엔지니어링 솔루션의 도입을 고려하여 공공 및 민간 공간의 개선을 포함하여 정착지에서 현대적인 도시 환경의 형성;

㉒ 목조 주택 건설, 토착민의 전통적인 거주지 및 국가안보 및 (또는) 기능을 보장하는 분야에서 기능을 수행하는 기관 및 조직이 거주하는 정착지의 엔지니어링 및 사회 기반 시설 건설을 포함한 주택 건설에 대한 국가 지원, 광물 자원센터의 개발, 북극의 경제 및 (또는) 인프라 프로젝트 구현을 위한 기지 조성;

㉓ 극북 지역과 그와 동등한 지역에서 떠나는 주민들에게 주택 보조금 제공과 관련된 비용의 자금 조달 보장;

㉔ 사회 시설, 주택 및 교통 인프라의 조성 및 현대화뿐만 아니라 소수민족의 전통 거주지 및 전통적 거주지의 인프라 개발에 대한 국영기업, 국가 참여 기업 및 민간 투자자의 참여 촉진과 경제 활동 지원;

㉕ 북극 지역에서 일하고 거주하는 러시아 시민에게 제공되는 사회 보장 시스템 향상;

㉖ 외지 정착지에 연료, 식료품 및 기타 중요한 물품을 전달하기 위한 국가 지원 시스템의 조성.

제12조: 북극 지역 경제개발 분야의 주요 업무 수행은 다음 조치를 통해 보장한다.

① 북극 지역에서 특별 경제체제를 도입하여 순환 경제로의 전환, 지질 탐사에 대한 민간 투자 구현, 기존 산업 생산의 새롭고 현대화 창출, 과학 집약적 및 첨단 산업, 새로운 석유와 가스 지역의 개발, 고체 광물 매장량 및 회수하기 어려운 탄화수소 매장량, 심해유 정제량 증가, LNG 및 가스 화학제품 생산;

② 투자자들에게 새로운 투자 프로젝트의 이행에 필요한 교통, 에너지 및 엔지니어링 인프라에 대한 자본 투자에 대한 국가 지원의 제공, 여기에는 가스 공급 인프라, 수도 공급, 파이프라인 운송 및 통신 시스템을 포함하며, 연방법 및 기타 규제법을 확립한 절차 또는 기준 설정;

③ 원주민의 전통적인 경제 활동에 대한 국가 지원 프로그램의 개발 및 실행;

④ 법으로 금지되지 않은 경제 및 기타 활동을 수행하기 위해 시민에게 토지를 제공하는 절차의 단순화;

⑤ 사용을 위해 산림 및 양어장 지역이 제공되는 사람들을 위한 디지털 서비스의 개발;

⑥ 북극 지역에서 지질학 연구 프로그램의 개발 및 실행;

⑦ 대륙붕의 외부 경계를 입증하는 데 필요한 자료 준비 작업의 계속;

⑧ 대륙붕에서 경제 프로젝트를 실행하기 위한 새로운 모델을 만들고 개발하여 국가에 의한 실행에 대한 통제를 유지하면서 그러한 프로젝트에 대한 민간 투자자의 참여를 확대;

⑨ 유전 및 가스전 개발 기술(대륙붕에서 사용되는 기술 포함), LNG 생산 및 관련 산업 제품의 생산 보장을 위한 기술의 생성 및 개발을 목표로 하는 국가 지원 조치 제공;

⑩ 새로운 경제 프로젝트의 실행에서 러시아 산업 제품의 사용 촉진;

⑪ 어류 가공 단지, 어류 양식 및 온실 기업, 가축 단지의 생성 및 (또는) 현대화를 위한 프로젝트에 대한 국가 지원 제공;

⑫ 해양 생물자원의 불법 추출 및 판매를 방지하고 합법적으로 획득한 해양 생물 자원의 판매를 촉진하기 위한 법적 및 조직적 조치의 개발 및 시행;

⑬ 재조림 강화, 산림 인프라 개발 및 산림 자원의 심층 처리, 항공 산불 예방 시스템 개발을 위한 국가 지원 메커니즘 개발;

⑭ 러시아연방의 북극 얼음 등급 유람선 건설 및 관광 인프라 개발에 대한 국가 지원;

⑮ 연방 예산의 할당, 러시아연방 구성 기관의 예산, 지방 예산을 통해 북극 지역에 있는 교육기관에 대한 비용으로 훈련을 위한 기본 전문교육 프로그램 및 입학 목표 시스템을 자격을 갖춘 우수한 인력에 대한 예측 수요;

⑯ 노동 활동을 수행하기 위해 북극 지역으로 이동할 준비가 된 러시아의 경제 활동 인구에 대한 국가 지원 조치의 체계적인 제공.

제13조: 북극 지역 인프라 개발 분야의 주요 과제 수행은 다음과 같다.

① 과학 및 기술개발의 우선 영역을 식별하고 북극 개발을 위한 기초 및 응용과학 연구를 수행하기 위한 기제 구축;

② 북극 조건에서 경제 활동을 수행하는 데 필요한 새로운 기능 및 구조 재료의 생성 보장, 육상 차량 및 항공 장비 개발을 포함하여 북극 개발에 매우 중요한 기술의 개발 및 구현, 북극의 자연 및 기후 조건, 건강을 보존하고 북극 지역 인구의 평균 수명을 늘리기 위한 기술개발;

③ 북극해에서 포괄적인 원정 연구(수심 및 중량 측정 작업, 음향 프로파일링 포함) 수행, 항해의 안전성을 보장하기 위한 수로 연구수행, 연구를 위해 심해 연구를 포함한 장기 수로와 수중 환경 연구수행;

④ 북극 생태계 상태, 지구 기후변화 및 북극 연구에 대한 국제과학연구(원정 연구 포함)를 위한 포괄적인 계획 개발;

⑤ 유빙에 강한 자체 추진 플랫폼 및 북극 연구를 위한 연구 선박의 건설을 포함하

여 러시아연방의 연구함대 개발;

⑥ 북극 개발의 이익을 위해 수행되는 기초 및 응용과학 연구의 우선 영역에 과학 및 교육 센터의 설립;

⑦ 북극 지역의 과학 및 기술발전을 모니터링, 평가 및 예측.

제14조: 북극 개발을 위해 과학 기술 개발 분야의 주요 임무를 수행하는 것은 다음 과 같은 조처를 함으로써 보장된다.

① 과학 및 기술개발을 위한 우선 영역을 식별하고 북극 개발을 위해 기초 및 응용 과학연구를 수행하기 위한 활동을 개발;

② 북극 환경에서 경제 활동을 수행하는 데 필요한 새로운 기능 및 구조 재료의 생 성, 북극 작업을 위한 육상 차량 및 항공 장비 개발을 포함하여 북극 개발에 필수적 인 기술을 개발하고 구현하며, 북극의 자연 및 기후 조건, 건강을 유지하고 북극 인 구의 기대 수명을 늘리기 위한 기술개발;

③ 북극해에서 광범위한 탐사 연구(수심 측정 및 중량 측정 작업, 음향 프로파일링 포함)를 수행하고, 항해의 안전성을 보장하기 위한 수로 조사를 수행하고, 심해 조 사를 포함한 장기 수로 및 수중 환경 연구를 수행;

④ 북극 생태계 상태, 지구 기후변화 및 북극 탐사에 관한 국제 과학연구(탐사 계획 포함)를 위한 포괄적인 계획을 개발;

⑤ 안전한 자체 추진 플랫폼 및 북극 탐사를 위한 연구 선박의 건설을 포함하여 러 시아연방의 연구함대 개발;

⑥ 북극 개발을 위해 수행되는 기초 및 응용과학 연구의 우선 영역에 과학 및 교육 센터의 설립;

⑦ 북극의 과학 및 기술발전을 모니터링, 평가 및 예측.

제15조: 환경보호 분야의 주요 과제의 실행과 환경 안전보장은 다음의 조치를 통해 수행한다.

① 특별 보호 자연 지역의 생성 및 통합하며, 국가 부동산 등록부에 대한 정보 입력을 포함하여 특별 보호 체제 준수를 보장;

② 기후변화에 대한 북극 지역의 경제 및 기반 시설의 적응;

③ 환경과 관련한 축적된 위해를 제거하기 위한 작업 조직 및 환경에 대한 축적된 위해의 대상에 대한 식별, 평가 및 설명;

④ 현대적인 정보 및 통신 기술과 통신 시스템을 사용하는 통합된 국가 환경 모니터링 시스템 (국가 환경 모니터링) 개발;

⑤ 세계기상기구(WMO)의 권고에 따라 환경 상태를 모니터링하기 위한 시스템의 관측 네트워크 및 기술 장비의 밀도 증가를 포함하여 수문 기상학 분야에서 작업 수행;

⑥ 북극 지역의 경제 및 기타 활동 중 대기로의 배출 최소화, 수역으로의 오염 물질 배출 최소화, 경제 및 기타 활동의 구현에 가장 적합한 기술을 도입하기 위한 국가 지원 조치의 수립;

⑦ 천연자원 개발에 있어 부정적인 환경적 결과의 예방;

⑧ NSR 및 기타 해상 운송 통로를 포함하여 석유 및 석유제품의 유출 제거를 구현하기 위해 비상 상황의 예방 및 제거를 위한 통합 국가 시스템 개발;

⑨ 해외에서 북극 지역으로 유입되는 고독성 및 방사성 물질과 위험한 미생물의 유입 방지;

⑩ 북미, 유럽 및 아시아에서 오염 물질이 이동하여 야기되는 것을 포함하여 북극 지역의 환경에 대한 인위적 영향의 환경 및 사회경제적 결과에 대한 정기적인 평가를 수행;

⑪ 북극 지역에 있는 원자력 시설이 환경과 인구에 미치는 영향에 대한 정기적인 평가 수행;

⑫ 연소를 최소화하기 위해 관련 석유, 가스의 합리적 사용 보장;

⑬ 북극 지역의 폐기물 관리 분야 활동에 대한 국가 지원, 북극 지역의 유해 폐기물 처리 시스템 개선;

⑭ 기후변화로 인한 비상사태와 관련하여 가장 위험한 오염 물질 및 미생물의 유해한 영향의 발생 또는 증가에 대해 공공기관과 민간에게 즉시 알리기 위한 시스템 구축.

제16조: 다음과 같은 조치를 국제협력 발전의 주요 과제를 수행한다.

① 북극을 평화, 안정 및 호혜적 협력의 영토로 보존하기 위한 다중 벡터 외교정책 활동의 수행;

② 러시아연방이 당사국인 국제조약, 협정 및 협약을 기반으로 하는 것을 포함하여 외국과 러시아연방의 상호이익이 되는 양자 또는 다자 협력 보장;

③ 탐사 및 탐사와 관련된 행위를 포함하여 국제적 행위로 규정된 북극 해안국의 권리를 이행하고 국익을 보호하기 위해 대륙붕 바깥쪽 경계의 국제적 법적 형식화 및 북극 국가와의 상호작용 유지 대륙붕의 자원 개발 및 외부 경계 설정;

④ 1920년 2월 9일 Spitsbergen에 관한 조약의 노르웨이 및 기타 당사국과 동등하고 호혜적인 협력을 기반으로 Spitsbergen 군도에서 러시아의 존재를 보장;

⑤ 통합된 지역 수색 및 구조 시스템을 구축하고, 인위적인 재난을 예방하고 그 결과를 제거하고, 구조 부대 활동을 조정하고, 북극 국가 간의 상호작용을 보장하기 위한 북극 국가(북극 해안 경비대 포럼 포함)의 노력을 구축하는 데 기여;

⑥ 러시아연방 구성 기관의 경제 및 인도주의 협력 프로그램의 개발 및 구현(기타 북극권 국가와 공동으로);

⑦ 북극 문제에 전념하는 북극이사회 및 기타 국제 포럼 작업에 러시아 국가 및 공공기관의 적극적인 참여;

⑧ 북극의 지속 가능한 발전을 보장하고 원주민의 문화유산을 보존하는 것을 목표

로 하는 공동 프로젝트의 촉진을 포함하여 2021-2023년 러시아연방 의장국 아래 북극이사회의 효과적인 작업 보장;

⑨ 관련 국제 포럼을 개최하여 북극 지역에 거주하는 원주민과 외국의 북극 지역에 거주하는 원주민 간의 유대 강화 지원;

⑩ 다른 북극 국가의 젊은이들과 교육, 인도주의적, 문화적 교류를 통해 젊은 세대의 소수민족의 발전의 촉진 기여;

⑪ 외국 자본의 참여로 북극 지역에서 투자 프로젝트를 수행하기 위한 일반 원칙 개발;

⑫ 북극 지역의 경제 (투자) 프로젝트 수행에 참여하도록 외국인 투자자를 유치하기 위한 행사 조직 조성;

⑬ 북극의 지속 가능한 개발을 위한 중앙 포럼 중 하나로서 '북극 경제이사회 (AEC)'의 역할 강화에 기여;

⑭ 북극의 개발 및 탐사와 관련된 기본 및 추가 전문교육 프로그램을 외국 파트너와 함께 러시아 조직에 의한 개발 및 구현;

⑮ '국제 북극 과학 협력 강화에 관한 협정'의 이행 보장;

⑯ 북극 지역의 개발과 러시아의 북극 활동에 전념하는 다국어 정보 자원을 인터넷에서 생성하고 홍보 제공.

제17조: 자연 및 인공 비상사태로부터 북극 지역의 인구와 영토를 보호하는 분야의 주요 작업의 구현은 다음 조치의 구현을 통해 수행한다.

① 자연 및 인공의 비상사태의 위험 식별 및 분석, 그러한 상황을 예방하는 방법 개발;

② 기술개발, 긴급 구조 작업 수행 및 화재 진압을 위한 기술 수단 및 장비 개발, 항공기 함대의 현대화, 인구 및 영토 보호를 보장하기 위한 항공 인프라 및 항공

구조 기술개발, 북극 지역의 작업 및 기후 조건을 고려한 비상 상황에 대한 대응 시간 고려;

③ 인구와 영토를 보호하는 방법, 항공 사용을 포함한 화재 진압 방법, 그리고 자연 및 인공 비상사태를 제거하기 위해 인적 및 전문 파견대의 북극 조건에 임시 배치 절차를 개선;

④ 중요하고 잠재적으로 위험한 시설의 보호 수준을 높이고 북극 조건의 비상 상황에서 기능의 지속 가능성을 보장;

⑤ 시설의 특성, 건설을 고려하여 화재 안전 분야에서 자연 및 인공 비상사태로부터 인구, 영토, 중요하고 잠재적으로 위험한 시설을 보호하는 분야의 법률 및 규제 프레임워크 개선;

⑥ 우주에서 지구를 원격으로 감지하여 데이터를 처리하는 것을 포함하여 북극 지역의 상황을 모니터링하고 비상 상황을 예측하기 위한 시스템 개발;

⑦ 비상 상황의 예방 및 제거를 위한 통합 국가 시스템의 틀 내에서 위기 방지 관리 시스템의 개발;

⑧ 북극 통합 비상 구조센터의 개발(해결해야 할 작업과 자연 및 기후 조건 고려), 비상 상황 예방 및 그러한 상황에 대한 대응과 관련된 기술적 및 전술적 능력의 확장 및 개선, 그들의 구조, 구성 및 재료 기술 지원, 기본 인프라 확장;

⑨ 대규모 경제 및 인프라 프로젝트의 실행과 그러한 활동 참여로 인해 발생하는 비상사태를 포함하여 자연 및 인위적인 비상사태를 제거하기 위해 북극 국가의 힘과 수단의 준비 상태를 확인하기 위한 훈련 및 조직 훈련;

⑩ 구조 장비 및 지원 수단에 대한 요구 사항을 설정하고, 북극 지역에서 방사능 사고 및 사고 발생 시 생명과 건강을 보존;

⑪ 자연 및 인위적 응급 상황을 대비한 정착지에서 시민을 대피 (재정착) 시스템 구축;

제18조: 북극 지역의 공공 안전을 보장하는 분야의 주요 과제는 다음 조치의 구현을 통해 수행한다.

① 러시아연방 내무기관이나 러시아연방 국방군의 구조 및 인력 개선;

② 러시아연방 내무기관 및 북극 지역에 주둔하는 러시아연방 경비대에 북극 조건에 적합한 현대적인 유형의 무기와 탄약, 특수 및 기타 재료나 기술 수단 및 장비를 채택;

③ 극단주의 및 테러 활동의 예방;

④ 부적응과 재활 능력이 부족한 미성년자에게 사회적 지원을 제공;

⑤ 기타 법 집행기관, 마약 방지 운동, 공공 마약 방지협회 및 조직의 마약 및 향정신성 물질 사용자의 포괄적인 재활 및 재사회화 시스템의 지역 세그먼트 형성을 위한 조건 생성;

⑥ 연료 및 에너지 단지, 주택 및 공동 서비스 기업의 범죄 및 정보 및 통신 기술 사용과 관련된 범죄 예방;

⑦ '안전한 도시', 하드웨어 및 소프트웨어 단지의 법 집행 부문 시스템의 구현, 개발 및 유지;

⑧ 구금에서 석방된 사람들에게 포괄적인 사회 지원을 제공하기 위한 재활 및 적응 센터 네트워크의 확장.

제19조: 북극 지역에서 러시아연방 국경의 군사 안보 및 보호 분야의 주요 과제의 구현은 다음 조치를 통해 수행한다.

① 러시아 연방군, 북극 지역의 기타 군대 및 기관의 구성과 구조 개선;

② 실제 및 예측에 따라 러시아 연방군, 기타 군대, 군사 구성 및 기관의 군대 그룹의 전투 준비 수준을 유지하는 것을 포함하여 북극 지역에서 유리한 작전 체제의 보장, 북극에서 러시아연방의 군사적 위험과 군사적 위협의 성격 규명;

③ 북극 지역에 주둔하는 러시아연방의 군대, 기타 군대, 군사 구조물 및 기관에 현

대 무기, 군사 및 북극 조건에 적합한 특수 장비 제공;

④ 기본 인프라의 개발, 영토 수호의 작전 장비에 대한 조치의 구현, 러시아연방 군대, 기타 군대, 기관의 물질적 및 기술 지원 시스템 개선;

⑤ 북극 지역의 방위 과제에 대한 포괄적인 솔루션을 위해 이중 용도 기술 및 인프라 시설의 사용.

제4부: 러시아연방 북극 지방자치단체의 개별 구성 기관에서 이 전략을 구현하는 주요 방향

제20조: 무르만스크주에서 이 전략을 실행하는 주요 방향.

① 무르만스크 항구의 포괄적인 개발-북극에서 유일하게 얼음이 없는 러시아 항구, 복합 운송 허브로서의 무르만스크 운송 허브 개발, 이 항구의 영토에 새로운 터미널 및 환적 단지 건설;

② 인프라 개발 및 이중 용도 시설의 현대화를 포함하여 군사 시설이 배치된 폐쇄된 행정 영토 형성 및 정착지의 포괄적인 개발;

③ NSR 수역에서 운영하는 기업과 북극에서 프로젝트를 수행하는 기업에 경쟁력 있는 서비스를 제공하기 위해 선박을 수리, 공급 및 벙커링하고 해안 기지를 개발하는 해양 서비스 단지 기업의 창설 및 개발 존 조성;

④ LNG 생산, 저장 및 선적을 목적으로 하는 대용량 해양 구조물 건설을 위한 센터의 설립 및 개발, 해양 개발에 사용되는 해양 장비나 수리 및 유지하는 기업의 설립 및 석유화학제품 개발;

⑤ 콜라반도의 광물자원 기반에 관한 지질학적 연구, 광물자원 추출 및 가공을 전문으로 하는 기존 광물 자원센터의 신규 및 개발의 조성;

⑥ 연료 열 생성용 장비를 다른 유형의 에너지자원을 사용하는 장비로 교체하는

것을 포함한 에너지 인프라 개발;

⑦ 무르만스크 국제 공항을 포함한 공항 단지의 현대화;

⑧ 북극의 국제협력 및 비즈니스 관광 분야에서 러시아연방의 경쟁 우위를 실현하기 위해 무르만스크시의 회의, 전시 및 비즈니스 인프라 개발 조성;

⑨ 어업 단지의 개발(어업의 자원 잠재력을 보존하고 개발할 필요성을 고려), 선박 건조를 포함한 기업의 기술적 재장비, 수생 생물자원의 심층 처리를 위한 현대적인 기술 및 조직적 기반과 양식 개발;

⑩ 키로프스크(Кировск)시, 테리베르카(Териберка) 마을, 코브도르스크 (Ковдорск), 페첸그스크(Печенгск) 및 테르스크(Терск) 지방 자치구를 포함한 관광 및 레크레이션 클러스터 개발.

제21조: 네네츠 자치구에서 이 전략을 구현하는 주요 방향은 다음과 같다.

① 인디가(Indiga) 심해 항구 및 Sosnogorsk-Indiga 철도 건설을 위한 프로젝트 개발;

② 나리얀-마르(Naryan-Mar) 항구, 나리얀-마르 공항 및 암데르마(Amderma) 정착지 공항 재건, 페초라강에서 준설 작업 수행, Naryan-Mar-Usinsk 고속도로 건설을 포함한 교통 인프라 개발;

③ Varandey, Kolguevsky, Kharyago-Usinsky 및 Khasyreysky 석유 및 광물 자원 센터의 개발;

④ Korovinsky 및 Kumzhinsky 가스 콘덴서 전, Vaneivissky 및 Layavozhsky 석유 및 가스 콘덴서 전의 개발을 포함하여 가스 콘덴서 광물 자원센터의 조성;

⑤ 네네츠 자치구의 경제를 다양화하기 위해 고체 광물자원 기반의 지질학적 연구 및 개발;

⑥ 순록 육류 심층 가공을 포함하는 농공업 단지 건설 및 수출 지향적 프로젝트 실행;

⑦ 문화, 종교 및 민족 관광 인프라를 포함한 관광 클러스터의 개발.

제22조: 추코트카 자치구에서 이 전략을 실행하는 주요 방향은 다음과 같다.

① 페벡(Pevek) 항구와 그 터미널의 개발;

② 프로비데니야(Provideniya)의 연중 심해 항구에 운송 및 물류 허브의 생성;

③ 차운-빌리비노(Chaun-Bilibino) 전력 센터의 현대화;

④ 지역 간 고속도로 Kolyma-Omsukchan-Omolon-Anadyr 건설을 포함한 교통 인프라 개발;

⑤ 수중 광섬유 통신라인인 Petropavlovsk-Kamchatsky-Anadyr를 구축하여 네네츠 자치구를 러시아연방의 통합 통신 네트워크에 편입;

⑥ 귀금속 및 비철금속의 Baimsky 및 Pyrkakaysko-Maysky 광물 자원센터 조성;

⑦ 베링 탄광센터 개발, 심해 석호 Arinay에 연중 사용 터미널 건설 조성;

⑧ 페벡(Pevek)에 비상 구조대 및 북극 위기관리센터 설립;

⑨ 아나디르, 페벡 및 프로비데니야 정착지 영토에서 순항 북극 관광 개발 및 민족 생태관광 클러스터 형성.

제23조: 야말-네네츠 자치구에서 이 전략을 구현하기 위한 주요 방향은 다음과 같다.

① 오비만에 해운 터미널과 해상 항법 운하를 갖춘 사베타 항구 개발;

② Obskaya-Salekhard-Nadym-Pangody-Novy Urengoy-Korotchaevo 및 Obskaya- Bovanenkovo- Sabetta 철도의 건설 및 개발;

③ 야말(Yamal)반도와 기단(Gydan)반도에서 LNG 생산 확대;

④ 가스 수송을 위한 파이프라인 시스템의 개발과 함께 오비만의 가스전 개발;

⑤ Novoportovskoye 오일 및 가스 콘덴서 및 Bovanenkovskoye 가스 콘덴서 광물 자원센터 개발, Tambey 필드 그룹 개발 및 선반 매장지 개발 준비;

⑥ 사베타 정착지, 얌부르크(Yamburg) 정착촌, 노비 우렌고이(Novy Urengoy)시 지역의 석유 또는 가스 화학 생산 개발 및 가스 처리 및 석유화학을 위한 다양한 산

업 및 기술 단지 조성;

⑦ 가스와 송유관 네트워크의 유지나 개발, 파이프라인에 연결된 Nadym-Purskaya 및 Pur-Tazovskaya 석유 또는 가스 베어링 지역의 가스와 석유 광물 자원센터 개발;

⑧ 가스 압축 기술을 포함하여 저압 천연가스를 산업 순환에 도입하기 위한 기술개발;

⑨ 통합 전력 시스템에 정착지를 연결하여 중앙 집중식 전력 공급 구역 확장;

⑩ 지원 정착지에 산업 구역을 생성하여 석유와 가스 서비스 개발;

⑪ 연료 및 에너지 단지 또는 주택 건설의 요구를 충족시키기 위해 건축 자재 생산 조직 조성;

⑫ 사베타 마을에 비상 구조대와 북극 위기관리센터를 설립;

⑬ 살레하르드(Salekhard)시, Labytnangi시 및 Kharp 정착지를 포함하는 응집을 기반으로 한 관광 클러스터 형성.

제24조: 카렐리야 공화국의 북극 공간에서 이 전략을 실행하는 주요 방향은 다음과 같다.

① 백해-발트해 운하(White Sea-Baltic Canal)의 현대화;

② 러시아연방의 이웃 구성 기관에서 건설 작업을 수행하는 것을 포함하여 건축 석재 매장량을 기반으로 한 건축 자재 산업의 발전;

③ 동 카렐리야 구리-금-몰리브덴 광석 지역의 광물 자원센터의 생성 및 개발;

④ 목재 가공 기업 클러스터의 형성 및 개발;

⑤ 양식업 기업을 포함한 어업 클러스터의 개발;

⑥ 문화, 역사 및 생태관광의 발전;

⑦ 전력에 대한 예상 수요와 그 경제적 효율성을 확인한 후 소규모 수력 발전소의 계단식 생성 조성;

⑧ 국내 고속 초고밀도 솔루션을 기반으로 한 데이터 처리 및 저장 센터 네트워크 구축.

제25조: 코미공화국의 북극 공간에서 이 전략을 실행하는 주요 방향은 다음과 같다.
① 단일 산업 지방자치단체의 경제 다각화 및 통합 사회경제적 개발-보르쿠타(Vorkuta) 및 인타(Inta)의 도시 지역 개발 조성;
② 페초라(Pechora) 석탄 분지를 기반으로 석탄 광물 자원센터를 개발하고 석탄 원료, 석탄 화학의 심층 처리를 위한 단지를 기반으로 조성;
③ 석유와 가스 처리 시설의 건설을 포함하여 티만-페초라(Timan-Pechora) 석유와 가스를 기반으로 하는 석유와 가스 광물 자원센터의 형성 및 개발;
④ 지질학적 연구와 고체 광물의 광물자원 기반 개발 조성;
⑤ Pizhemskoye 매장지의 티타늄 광석 및 석영 (유리) 모래를 처리하기 위한 수직 통합 광산 및 야금 단지의 생성 및 개발, 광물 자원센터의 형성 및 개발;
⑥ Sosnogorsk-Indiga 철도 건설, Konosha-Kotlas-Chum-Labytnangi 섹션의 재건, Mikun 재건의 타당성에 대한 정당화를 포함하여 건설 중인 철도 노선과의 통신을 보장하기 위한 철도 인프라 개발-Vendinga 섹션 및 Vendinga 건설-Karpogory 섹션;
⑦ Syktyvkar-Ukhta-Pechora-Usinsk-Naryan-Mar 고속도로 구간의 건설 및 재건, 페초라강 준설 공사를 포함한 교통 인프라 개발은 특정 영토에 대한 교통 접근성을 보장;
⑧ 보르쿠타(Vorkuta)의 공동 기반 공항을 포함한 공항 네트워크의 재건 및 현대화;
⑨ 문화-민족적, 문화적-역사적 관광 클러스터의 개발과 활발한 자연 관광 클러스터의 형성.

제26조: 사하(Yakutia)공화국의 북극 공간에서 이 전략을 실행하는 주요 방향은 다음과 같다.

① 세계 최대의 희토류 금속 Tomtor 매장지, Anabarsky, Bulunsky, Oleneksky 지역, Verkhne-Munskoye 다이아몬드 매장지의 충적 다이아몬드 매장지를 포함한 광물 자원센터의 개발을 고려하여 Anabar 및 Lensky 분지 지역의 통합 개발, Taimylyr 석탄 매장지, Zapadno-Anabar 석유 광물 자원센터 조성;

② 틱시(Tiksi) 항구와 그 터미널의 재건을 포함하여 이중 용도 인프라의 개발을 포함하여 Tiksi 정착지의 포괄적인 개발;

③ 야나(Yana)강 유역에 있는 영토의 포괄적 개발, 에너지 및 운송 인프라 시설의 건설, Kyuchus 금 매장지, Prognoz 은 매장지 등 Yansky 분지의 고체 광물 광물자원 기반 개발, Deputatsky 주석 광상 및 Tirekhtyakh 주석 광상 개발 조성;

④ 인디기르카(Indigirka)강 유역에 있는 영토의 포괄적인 개발, Krasnorechenskoye 석탄 매장지를 개발하고 현무암 및 건축 석재 매장지를 기반으로 한 건축 자재 생산을 조직함으로써 에너지 보안을 보장하고 경제를 다각화;

⑤ 콜리마(Kolyma)강 유역에 있는 영토의 통합 개발, 젤레니 미스(Zelenyi Mys)강 항구의 현대화 및 Zyryansk 석탄 광물 자원센터의 개발을 제공;

⑥ 세계 매머드 센터 프로젝트의 실행을 위한 고생물학적 발견물을 저장하고 연구하기 위한 현대적인 인프라 시설을 만들고 과학적, 문화적, 민족 지적, 탐험적 관광 클러스터의 개발;

⑦ 외딴 지역에 있는 정착지에 연료, 식량 및 기타 중요한 물품을 배달할 수 있도록 무역 및 물류 센터 네트워크를 구축;

⑧ 틱시(Tiksi) 마을에 긴급 구조대와 북극 위기관리센터를 설립.

제27조: 크라스노야르스크 변강주 북극 공간에서 이 전략을 실행하는 주요 방향은 다음과 같다.

① 단일 산업 지방자치단체의 복잡한 사회경제적 발전-노릴스크시 지구에 조성;

② 비철금속 및 백색 금속의 추출 및 가공을 전문으로 하는 노릴스크 산업 지역의 개발(이 지역에 있는 기업의 유해 물질 배출 감소 기술 도입 포함);

③ Zapolyarnaya 광산에 새로운 생산 시설 건설 및 현대화;

④ NSR 수역을 통한 제조 제품의 수출에 초점을 맞춘 서부 타이미르(Taimyr)의 매장지를 기반으로 석유 및 광물 자원센터의 설립 및 개발 조성;

⑤ 산업용 다이아몬드의 포피가이(Popigai) 매장지에 기초한 광물 자원센터의 설립;

⑥ Taimyr-Severozemelskaya 금 보유 지역의 자원 개발;

⑦ 딕손(Dikson) 신규 석탄 터미널 및 석유 터미널 건설 포함 및 두딘카(Dudinka) 항구 개발;

⑧ 한탄가(Khatanga) 마을의 공항을 포함한 공항 네트워크의 재건 및 현대화;

⑨ 노릴스크(Norilsk)시에 건설 기술 연구 센터를 설립하고 북부 및 북극 지역의 건물 및 구조물 상태를 모니터링;

⑩ 딕손(Dikson) 정착지에 비상 구조대와 북극 위기관리센터의 설립;

⑪ 타이미르 돌간-네네츠(Taimyr Dolgan-Nenets) 지방 자치구, 노릴스크 및 두딘카의 영토에서 관광 및 레크레이션 클러스터 개발.

제28조: 아르한겔스크주의 북극 공간에서 이 전략을 실행하는 주요 방향은 다음과 같다.

① 기존 해상 터미널의 현대화, 준설, 새로운 심해 지역의 항만 조성, 생산 및 물류 단지 및 접근 인프라, 조정 시스템 도입 및 교통 디지털 관리를 포함한 아르한겔스크 항구의 경쟁력 향상;

② 카르포고리(Karpogory) 철도 섹션 건설의 타당성에 대한 정당화를 포함하여 아르한겔스크 항구와 러시아 북서부, 우랄 및 시베리아를 연결하는 교통 인프라 (철도, 수로 및 고속도로) 개발-Vendinga 및 Mikun-Solikamsk;

③ 아르한겔스크 국제 공항 개발;

④ 목공 산업과 펄프 및 제지 산업의 발전(현대식 목재 가공 단지의 형성과 목재 가공 폐기물에서 바이오 연료 생산을 위한 기술 도입 포함);

⑤ 대륙붕에서 석유와 가스 생산을 위한 구조물의 건설과 장비 생산을 보장하기 위한 추가 능력에 기초한 형성을 포함한 조선 및 선박 수리 산업의 발전;

⑥ 노바야 제믈랴(Novaya Zemlya) 군도에 납-아연 광물 자원센터 개발;

⑦ 다이아몬드 광물 자원센터의 개발;

⑧ 북극 의학을 위한 연방 센터의 창설 및 개발;

⑨ 어선의 건설, 현대화 및 수리, 수생 생물 자원에서 어류 및 기타 제품 생산을 위한 기업 창설, 생명 공학 및 양식업 개발을 포함한 어업 클러스터의 개발;

⑩ 북극 영토의 문화, 교육, 민족지 및 생태관광 클러스터 개발 및 솔로베츠키섬의 해상 크루즈관광.

제5부는 이 전략의 실행 단계 및 예상 결과'

제29조: 전략 실행은 세 단계로 수행된다.

제30조: 첫 번째 단계(2020-24년)에서 다음과 같이 예상된다.

① 북극 지역의 특별 경제체제 기능을 위한 규제 프레임워크의 조성을 포함하여 북극 영토의 경제 및 사회발전을 가속화 하기 위한 메커니즘의 형성;

② 1차 보건 관리의 현대화, 1차 보건 관리를 제공하는 의료기관에 자동차 및 항공 운송 제공, 여기에는 NSR 수역에서 선박 승무원의 의료 대피를 보장;

③ 북극 지역에 거주하고 일하는 러시아연방 시민에게 사회적 보장을 제공하는 시스템 개선;

④ 원주민의 전통적인 경제 활동에 대한 국가 지원 프로그램의 승인;

⑤ 교육기관에 현대적인 기술과 재료를 제공하는 것을 포함하여 북극 지역의 경제 및 사회 영역에서 고용주의 예상 인력 요구에 맞춰 직업 교육 및 추가 교육 시스템 조성;

⑥ 국가안보 및 (또는) 광물 자원센터 개발 기지의 기능을 수행하는 기관 및 조직이 위치한 정착지의 통합 개발을 위한 시범 프로젝트 구현, 경제 구현 및 (또는) 북극의 인프라 프로젝트, 연료, 식량 및 기타 중요 물품을 외지 정착지로의 배송 조직을 개선하기 위한 프로젝트;

⑦ 북극 지역에서 지역 교통을 보조하기 위한 메커니즘의 도입;

⑧ 대륙붕에서 경제 프로젝트를 실행하기 위한 새로운 모델의 적용 보장;

⑨ NSR 서부 지역개발 가속화, 프로젝트 22220의 4대의 보편적 핵 쇄빙선(아르크티카, 시비르, 우랄, 야쿠츠크 호)[3], 다양한 용량의 구조 및 예인선 구조 선박 16척, 수로 3척 및 파일럿 선박 2척의 건설;

⑩ LNG, 재생에너지지원 및 지역 연료를 기반으로 하여 고립되고 접근하기 어려운 지역의 비효율적인 디젤 발전을 대체하는 조치의 시행 시작;

⑪ 인구가 100명에서 500명인 거주지의 가구에 인터넷 액세스 서비스의 제공 가능성을 보장;

⑫ 고도로 타원형 궤도에 위성 별자리를 생성하여 북극 지역에서 안정적이고 중단 없는 위성 통신을 제공;

⑬ 북극 개발을 위한 연구 개발을 수행하는 세계적 수준의 과학 및 교육 센터의 창설;

⑭ 북극 지역 주민의 건강을 보존하고 평균수명을 늘리기 위한 기술개발;

⑮ 북극해의 높은 위도에서 복잡한 과학연구를 수행하기 위한 연구선의 설계 및 건설과 유빙에 강한 자체 추진 플랫폼의 시험 운전;

---

3) 원자력 추진 쇄빙선의 이름은 필자가 추가한 것임.

⑯ 영구 동토층 지하의 부정적인 결과를 모니터링하고 방지하기 위한 상태 시스템 조성;

⑰ 북극 지역개발에 관한 국제 경제, 과학 및 인도주의 협력 강화;

⑱ 러시아연방 영해의 폭과 북극 러시아연방의 배타적경제수역이 측정되는 기준선 시스템 업데이트.

제31조: 이 전략 실행의 두 번째 단계(2025-2030년)에서 다음과 같이 예상된다.

① 특수 경제체제의 조치, 투자자의 요구, 북극에서 경제 활동을 수행하기 위한 조건을 고려하여 북극 지역 경제 부문의 경쟁력 향상을 보장;

② 소수민족을 포함하여 북극 지역 주민을 위한 교육기관, 문화기관, 보건 문화 및 스포츠 네트워크의 서비스 가용성 보장;

③ 전문교육 조직, 고급 직업 훈련센터 및 고등교육기관의 경쟁 시스템 형성 완료;

④ 국가안보를 보장하는 기능 및 (또는) 광물 자원센터 개발을 위한 기반 기능을 수행하는 기관 및 조직이 위치한 정착지의 통합 개발을 위한 인프라 프로그램의 완전한 이행;

⑤ NSR 전체 수역에 걸쳐 연중 항법을 보장하고, 프로젝트 22220의 범용 핵 쇄빙선 1개(추코트카 호)[4]와 리더 급 프로젝트의 핵 쇄빙선 2척(로시야 호)[5]을 추가로 건설하고, 국제 컨테이너화물의 환적을 위한 허브 항구 건설을 시작;

⑥ 북극 지역의 강 유역에서 항해 개발을 위한 프로그램의 구현 시작;

⑦ 북극 지역의 관광 인프라 개발을 위한 프로그램의 실행;

⑧ 북극 간선 해저 광섬유 통신 회선의 조성;

---

4) 원자력 추진 쇄빙선의 이름은 필자가 추가한 것임.
5) 러시아의 리더 급 핵 추진 쇄빙선의 이름은 '로시야'로 명명됐지만 제2호, 제3호 쇄빙선 이름 아직 명명되지 않은 상황.

⑨ 지구의 극지방에 대한 수문 기상 데이터를 제공하는 고도의 타원 공간 시스템의 조성;

⑩ 로봇 공학, 조선 장비, 무인 운송 시스템 및 휴대용 에너지원 샘플을 포함하여 혁신적인 재료를 사용하여 생성된 새로운 장비 모델을 산업 운영에 투입;

⑪ 북극해의 고위도에서 복잡한 과학연구를 수행하는 데 필요한 러시아연방 연구함대 구성의 시작;

⑫ 사용 후 핵연료 및 방사성 폐기물로 침수되고 침몰한 물체가 위치한 영토의 복구 완료;

⑬ 비상 상황의 예방 및 제거를 위해 통합 국가 시스템의 북극 지역에서 기능의 효율성 제고.

제32조: 이 전략 실행의 세 번째 단계(2031-2035년)에서 다음과 같이 예상된다.

① LNG, 가스 화학제품, 대륙붕 및 북극 지역의 석유 생산, 기타 광물 및 천연자원의 심층 가공에 종사하는 기업의 용량이 점진적으로 증가;

② 국가안보를 보장하고 (또는) 광물 자원센터 개발, 경제개발 구현의 기반으로 기능을 수행하는 기관 및 조직이 위치한 정착지의 도시 환경 및 사회 인프라의 현대화 및 북극의 인프라 프로젝트 조성;

③ 소수민족을 위한 고품질 사회 서비스의 가용성을 보장하고 그들의 전통적 경제 활동을 집중적으로 발전;

④ 세계 시장에서 경쟁하는 러시아연방의 국가 운송로 NSR을 기반으로 조성하며, 국제 컨테이너화물의 환적을 위한 허브 항구 건설 및 리더 급 프로젝트의 추가 쇄빙선 1척 건조 완료;

⑤ LNG, 재생에너지원 및 지역 연료를 기반으로 고립되고 접근하기 어려운 지역의 비효율적인 디젤 발전 대체 완료;

⑥ 북극 지역의 강 유역에서 항해 개발을 위한 프로그램의 이행 완료;

⑦ 북극해의 고위도에서 복잡한 과학연구를 수행하는 데 필요한 러시아연방 연구 함대의 구성 완료;

⑧ 경제 활동이 환경에 미치는 부정적인 영향의 감소 및 예방.

제6부 전략의 구현을 위한 주요 메커니즘

제34조: 정부가 이 전략의 모든 단계를 반영해야 하는 북극의 국가정책 기본 사항과 이 전략의 이행을 위한 통합 실행 계획을 개발하고 승인.

제35조: 이 전략의 실행은 연방 정부 기관, 러시아연방의 집행기관, 지방정부 기관, 국가 과학아카데미, 기타 과학 및 교육기관, 과학, 기술 및 혁신 활동, 공공기관, 국영기업, 주식회사 및 비즈니스 커뮤니티에서 담당.

제36조: '러시아연방 북극 지역의 사회경제적 개발 국가프로그램', 기타 국가프로그램, '2035년까지 NSR 인프라 개발 계획'의 수정 조치가 필요.

제37조: 러시아연방의 군사 안보, 국경 보호의 과제 해결은 국방 관련 국가프로그램의 틀 내에서 '국가 군비 프로그램'이 제공하는 조치의 구현을 통해 보장.

제38조: 이 전략의 실행에 대한 일반 관리는 러시아연방 대통령이 수행.

제39조: 이 전략의 실행에 있어 국가 당국, 지방 당국 및 조직의 활동 및 상호작용을 조정하기 위한 과제, 기능, 절차는 러시아연방 법률에 따라 결정.

제40조: 이 전략의 실행은 러시아연방의 국가 프로그램 실행을 위해 제공된 자금을 포함하여 러시아연방 예산 시스템으로 수행.

부록: 러시아 2035 북극전략의 14개 주요 목표 지표

No	목표 지표	2018/2019	2024	2030	2035
1	북극 지역의 기대 수명 (세)	72.39*	78	80	82
2	북극 지역의 인구 유출입 증감 계수(1,000명당)	-5.1*	-2.5	0	2
3	국제 노동기구의 방법론에 따라 계산된 북극 지역 실업률 (%)	4.6*	4.6	4.5	4.4
4	북극 지역에 위치한 신규 기업의 일자리 수 (천명)	-	30	110	200
5	북극 지역에서 활동하는 조직 및 기업 직원의 평균 급여 (천 루블)	83.5*	111.7	158.5	212.1
6	북극 지역의 총가구 수에서 정보 통신 네트워크 "인터넷"에 대한 광대역 액세스가 가능한 가구의 비율 (%)	81.3**	90	100	100
7	러시아 지역총생산 중 북극 지역에서 생산된 지역총생산의 비율 (%)	6.2*	7.2	8.4	9.6
8	북극 지역에서 생산되는 총 지역 생산물에서 경제의 첨단 기술 및 지식 집약적 부문에서 부가가치 비율 (%)	6.1*	7.9	9.7	11.2
9	러시아연방의 고정자산에 대한 총 투자에서 북극 지역에서 수행된 고정자산에 대한 투자 비율 (%)	9.3**	11	12	14
10	R&D를 위한 내부 비용, 북극 지역에서 수행된 기술 혁신에 대한 조직의 비용, 연구 개발의 총 내부 비용 및 기술 혁신에 대한 조직의 비용 비율(%)	1.0*	2.5	3.5	4.5
11	북극 지역에서 수행된 고정자산에 대한 총 투자에서 천연자원을 보호하고 합리적으로 사용하기 위해 수행된 고정자산에 대한 투자 비율 (%)	2.6**	4.5	6	10
12	러시아연방에서 생산된 원유(가스 콘덴서 포함) 총량 중 북극 지역에서 생산된 원유의 비율(%): 천연가스의 비율(%):	17.3** 82.7*	20 82	23 81	26 79
13	북극 지역의 액화천연가스 생산량 (백만 톤)	8.6*	43	64	91
14	NSR 화물 운송량(백만톤) ***	31.5**	80***	90	130

주: 필자가 도표로 정리했음. * 2018년, ** 2019년, *** 2024년의 목표치는 2018년 5월 7일 러시아연방 대통령령('2024년까지 러시아연방 발전의 국가 목표 및 전략적 목표')에 따라 설정.
출처: http://docs.cntd.ru/document/566091182 (검색일: 2021년 1월 8일).

2. 러시아 2035 북극전략의 평가

소련 해체 이후 1990년대 체제 전환 과정에서 총체적 위기를 경험한 러시아는 사실상 북극을 방치했으나 2000년부터 실권을 장악한 푸틴은 '강한 러시아' 어젠다를 내걸면서 2001년 러시아연방 정부의 북극 기본정책, 2008년 제정된 '2020년까지 러시아연방 정부의 북극 기본정책', 2013년 공포된 '2020년까지 러시아연방 북극 개발 및 국가안보 전략' 등으로 발전했다.

2013-14년 러시아의 동부 우크라이나 개입과 크림반도 합병으로 서방과의 관계가 악화하면서 푸틴은 2014년 4월 국가안보위원회에서 푸틴은 "북극은 전통적으로 우리의 특별한 관심 영역이며, 군사, 정치, 경제, 기술, 환경, 자원 등 국가안보의 실질적인 모든 측면이 집중된 곳"이며 "강대국으로 복귀를 가능케 하는 곳"이라고 선언했다. 그 후속책으로 2014년 12월 북부함대[6]를 주축으로 '북부합동전략사령부'가 설립됐으며, 2021년 1월 1일부터 북부 군관구로 위상 승격, 2015년 재수립된 '해양 독트린' 및 '군사 독트린' 업데이트, 2016년 '2025년까지 러시아연방 북극 지역의 사회경제 발전전략', 2018년 '2019-2024년까지 북극발전 기본계획'과 로스아톰(Rosatom)으로 원자력 쇄빙선 함대를 포함한 NSR 관리 권한 이양, '철도전략 2030'과 '교통전략 2030', '하천전략 2025', '극동바이칼 사회경제발전전략 2025' 외에도 2019년 2월 극동개발부를 극동/북극개발부로 재편, 12월 '조선개발 전략 2035'와 'NSR 인프라 개발계획 2035', 2020년 봄에 수립된 '에너지전략 2035, 2020년 3월 '2035 북극 국가정책의 기초'와 8월 '북극 특별위원회' 설립, 10월 '러시아 2035 북극전략' 등

---

6) 러시아 북부함대에 대해서는 다음의 글 참조. 한종만, "러시아의 북극 정책 과정에서 북부함대의 군사력 강화 현황과 배경," 『e-Journal 한국해양안보포럼』(한국해양안보포럼), 제47호, 2020년 10-11월.

으로 심화 발전됐다. 그 밖에도 북극권에 소속된 4개 연방관구(북서, 우랄, 시베리아, 극동)의 북극전략의 수립 외에도 9개의 북극 연방주체(무르만스크주, 카렐리야공화국, 아르한겔스크주, 네네츠자치구, 코미공화국, 야말로-네네츠자치구, 크라스노야르스크변강주, 사하공화국, 추코트카자치구)도 자체 '북극전략 2035'를 수립하고 있다. [7]

'러시아 2035 북극전략'의 구현을 위해 제1단계(2020-24년), 제2단계(2025-30년), 제3단계(2031-35년)로 설계된 점은 푸틴이 헌법개정으로 2036년(1단계는 2024년까지 4대 러시아 대통령 임기 종료, 제2단계는 5대 대통령 임기 기간과 동일하며, 제3단계는 6대 대통령 취임 시기인 2030년부터)까지 대통령 직위를 보장하면서 러시아의 '북극 정체성'(러시아 정신과 관련하여 북극은 거의 신성한 도덕적, 심리적 중요성을 지니며 정치 체제나 역사적 시대와 관계없이 러시아의 북극 접근 방식은 연속성이 특징)[8]의 제고와 '강한 국가'로의 복귀를 통해 권력을 유지하겠다는 점을 부인할 수 없다고 판단된다. 이를 위해 러시아연방 정부는 물론 관·군·산·학·연·민의 주체들도 2035년까지 북극 관련 청사진, 아이디어, 정책과 계획을 수립하고 있다.

'러시아 2035 북극전략' 전략 문서는 수많은 정부 기관이 추진하는 정책과 의제의 모자이크 결정체로 기타 전략과 프로젝트들과 통합 연계의 특징을 지니고 있으며, 2035년까지 중장기 러시아 북극개발 그랜드 마스터 플랜의 역할을 할 것으로 예견된다. 또한 이 전략 문서는 2008년에 수립된 '2020 북극전략'과 2013년 '수정된 2020 북극전략', 2018년 수립된 '2019-2024년 북극개발 계획', 2020년 3월 공포된 '2035 북극 국가정책의 기초'와 비교하면 이 전략 문서는 약

---

7) 한종만, "북부해항로(NSR)와 러시아의 해양안보: 현황과 이슈," 『한국해양안보논총』 (한국해양안보포럼) 제3권 2호(통권 제6호), 2020년 12월호, p. 139.

8) Сергей Суханкин, "Есть ли у России арктическая стратегия?," *Riddle*, 08. 05. 2020.

간의 차이는 있지만, 변화가 아니라 더욱 정밀하고 구체화 되면서 상당 부분 연속성의 특징을 지니고 있다.[9] 또한 이 전략 문서의 부록에서 제시된 14개 지표 등을 제시하면서 정성평가뿐만 아니라 정량평가의 중요성을 강조하고 있다.

과거의 전략과 비교할 때 이 문서는 2020년 2개월 동안 온라인 플랫폼(PORA: 북극개발프로젝트사무소)을 통해 10번 원탁회의와 650개의 아이디어 수집, 러시아 9개의 북극연방 주체, 러시아 주민과 기업의 하향식 의제를 수용하고 있다.[10]

'러시아 2035 북극전략' 전략 문서는 북극의 국가안보, 물류, 자원, NSR 개발과 사회경제개발(북극 주민의 삶의 질 향상을 위해 교육, 일자리, 보건, 의료, 주택, 교통, 관광, 스포츠, IT나 인터넷 등)을 담고 있다. 러시아 북극 지역 개발은 크게 석유, 가스, 석탄, 광물자원 등 지하자원개발과 물류 인프라 신규 구축 및 개선, 조선, 항공 등의 기반구축에 노후 인프라 현대화와 디지털화 및 지식기반과 첨단 기술의 혁신적인 제4차산업 활성화 등 전방위적이고 다양한 분야에서 이루어지고 있다. 이를 위해 북극 관련 조직개편, 법률개정(세제 혜택, 보조금, 클러스터, 선도개발구역, 특별경제구역, 거점 거시구역, 자유항, 북극 헥타르 등) 대규모 및 중소규모의 투자계획 수립이 다방면으로 진행되고 있다.

그러나 이 전략 문서에는 시민단체 혹은 환경단체에 대한 언급은 없으며 기후변화와 온난화에 대한 인과관계의 내용도 없어 환경적 중요성이 덜 반영되어 있다고 판단된다. 이 전략 문서의 주요 초점은 천연자원 개발로서 본문에 '석유'

---

9) Ekaterina Klimenko, "Russia's new Arctic policy document signals continuity rather than change," *SIPRI*, Apr, 6, 2020.

10) "Проектному офису развития Арктики (ПОРА) исполнилось три года," *Murmansk, ru*, 12, 11, 2020.

라는 단어가 26번, '천연가스' 38번, 'NSR(북부해항로)' 26번, '인프라' 46번, '북극 생태학' 용어는 총 10번, '기후변화'는 9번, '재생가능 에너지'는 3번만 언급될 뿐 부록에서도 언급되지 않고 있다. '국가안보'라는 단어가 31번 언급된 반면 '국제'라는 단어는 9번, '협력'은 8번 언급되고 있다.[11] 국제사회와 협력은 노르웨이령 스발바르 제도에서 상호이익이 되는 러시아의 존재, 경제 및 연구 활동을 제공해야 할 필요성 강조하고 있으며, 2021년 5월부터 2년 동안 북극이사회(북극경제이사회와 북극해안경비대포럼 포함) 의장국 취임(올해는 북극이사회 설립 25주년)을 계기로 북극 관련 이슈를 적극적으로 해결 모색 방안을 제시하고 있다. 16년 전 러시아가 북극이사회의 첫 번째 의장국일 때 북극 지역 석유와 가스 탐사에 관한 국제 심포지엄을 조직했다. 그 결과 바렌츠해의 슈토크만 가스전 프로젝트를 포함한 다국적 석유메이저들과의 북극해 에너지 프로젝트가 활성화됐지만 2014년 크림반도의 합병 이후 서방의 석유 메이저들이 철수하면서 무산됐다. 2번째 북국이사회 의장국 러시아는 임기 2년 동안 북극 소수민족과 문화유산 이슈뿐만 아니라 군사 안보와 자원/물류 개발 문제, 기후변화와 환경문제 등의 이슈 등 광범위하게 논의될 것으로 예상된다.[12]

러시아 정부는 2021년 4월 북극 지역개발 전략을 위한 실행 계획을 채택했다. 이 실행 문서는 총 268개의 이벤트로 향후 2년 이내에 시행된다. 이 이벤트의 주요 내용은 북극의 디지털화, 의료서비스의 질 향상과 도시 환경의 제고, 외지로의 상품 공급, 관광 및 인프라 개발 등의 내용을 담고 있다.[13]

---

11) Atle Staalesen, "Behind Putin's new Arctic Strategy lies a quest for natural resources," *The Independent Barents Observer*, Nov. 2, 2020.

12) Laura Leddy, "Russia and the Arctic Council: What Happens Next?," *American Security Project*, Jul. 29, 2020.

13) "Правительство утвердило план мероприятий по реализации Стратегии развития Арктической зоны и Основ госполитики в Арктике," *ComNews*, 20.04.2021.

러시아 극동/북극개발부 장관 알렉세이 체쿤코프(Алексей Чекунков)는 러시아연방 상공회의소 회의에서 '2035년까지 북극에서 러시아연방 국가정책의 기초'와 '2035년까지 러시아연방의 북극 지역개발 전략 및 국가안보 보장'뿐만 아니라 북극에서 사업을 수행하기 위한 특혜 체제를 설정하는 연방법 제정 등은 북극에서 인구 유출을 방지하고 북극 주민의 높은 사회경제 생활 수준을 보장하는 것이며, 이를 위해 북극에 대한 공공 투자뿐만 아니라 민간 투자를 늘리고 민관 파트너십을 개발할 필요성을 강조했다.[14]

러시아의 야심 찬 북극전략 2035는 에너지 국제 가격의 추이와 재원의 공급 여하에 달려 있다고 보인다. 2020년부터 코로나-19로 인한 재정압박과 국제 에너지 가격의 하락과 서방의 대러시아 경제제재와 서방과의 갈등 심화로 인해 2035년까지 북극전략에서 제시된 정량 목표는 지연될 가능성이 크다고 생각된다. 러시아는 2008년 공포된 '2020년까지 러시아 북극전략'과 2013년 발표도 '수정된 2020년 북극전략'도 2008년 글로벌 경제위기, 2013-14년 우크라이나 동부 개입과 크림반도의 합병으로 서방과의 협력이 제한되면서 부분적 성공만을 거둔 것처럼 2020년 공포된 '2035 북극전략'도 코로나-19로 영향을 받으면서 지연되거나 수정될 가능성이 농후하다. 물론 실리적 차원에서 북극에서 러시아와 중국의 전략적 협력은 강화되고 있다.

실제로 러시아 NSR의 물동량은 2014년 400만 톤에서 2020년 무려 8배 이상이나 증가한 3,250만 톤을 기록했다. 그러나 '2035 북극전략' 1단계가 종료하는 2024년까지 NSR 물동량 8,000만 톤 달성목표는 최근 어려운 경제 상황으로 NSR을 관리하는 로스아톰(Rosatom)은 5,000-6,000만 톤으로 조정할 것으로 제안했다.[15]

---

14) "В ТПП РФ обсудили перспективы развития регионов Арктической зоны," *Торгово-промышленная палата Российской Федерации*, 22 марта 2021.

15) 노바텍의 오비만 LNG 프로젝트의 1단계 착수를 2022년에서 2024년으로 연기한 상태

북극 개발에서 인구가 영구적으로 거주하지 않으면 북극 공간 개발이 불가능하다고 인지한 러시아 정부는 2035년까지 20만 개의 새로운 일자리를 창출하고 기대 수명과 삶의 질 향상과 인구 유출을 줄이는 것이 최우선과제를 채택했다. 북극 지역에서 인구를 보존하거나 늘리기 위해 1차 의료의 현대화, 의료기관과 교육기관의 양적 및 질적 향상, 환경 개선과 정착지 개선 등의 조치가 시행되고 있다. 2020년 12월 말 선호(세제 혜택 및 보조금 등) 시스템 운영 4개월 동안 7,500억 루블 이상의 투자 프로젝트(노바텍, 로스네프트, 노릴스크 니켈의 대규모 프로젝트 제외) 실행을 위한 260건의 신청이 이루어졌으며, 9,700명의 일자리 창출이 기대되는 43명의 투자가가 4,285억 루블을 투자하면서 이미 정부 지원의 혜택을 받았다. 이 프로젝트 에너지뿐만 아니라 중소기업과 서비스 부문과 관련되어 있다.[16)]

〈표 2〉 2015-2019년 러시아연방의 북극 관련 사회경제 지표

지표	2014년	2015년	2016년	2017년	2018년	2019년
AZRF 주민의 기대 수명(세)	70.65	71.02	71.36	71.95	72.39	-
AZRF 자연인구 증가율(1,000명 당)	4.0	3.9	3.1	2.2	1.5	-
AZRF 인구수(1,000명)	2,400	2,390	2,385	2,370	2,405	239.5
AZRF 지역총생산 비율(%)	5.0	5.2	5.4	5.8	6.2	-
NSR 물동량(백만 톤)	3.98	5.4	7.5	10.7	20.2	31.5
북극 유역의 항구에서 화물 물동량(백만 톤)	35	35.4	49.7	73.4	92.7	104.8

주: AZRF 러시아연방 북극 공간.
자료: Александр В. Крутиков и Ольга О. Смировна, "Стратегия развития российской Арктики. Итоги и перспективы," Арктика и Север, No.40, 2020, cc. 263-266.

임. Денис Кожевников, "Другая реальность," *Заполярная Правда*, 10 мая, 2021.
16) Алина Мусина, "Россия: насколько реалистична госпрограмма по развитию Арктики?," *D-Russia. roe*, Feb. 9, 2021.

AZRF 자연인구 증가율이 지속해서 감소하는 추이를 보이고 있지만 2018년 기준으로 러시아 자연인구 증가율 평균 -1.6보다 높은 1.5를 보인다. AZRF 야말로-네네츠자치구의 증가율은 2018년 8.7(2014년 11.8)로 가장 높은 반면 카렐리야 공화국은 동기간 -13, 아르한겔스크주 -2.3으로 현저한 감소를 기록했다.

AZRF 인구 유출이 연간 14만 명이었지만 2014-2018년 인구 유출(2015년 2만 2,835명에서 2018년 1만 2,335명)이 53%로 감소하면서 안정적 추이를 보인다. 2018년 유출이 높은 AZRF 카렐리야공화국과 코미공화국으로 각각 -15.4와 -34.3을 기록했다.[17] AZRF 인구수는 240만 명 수준에 머물러 있으며, 2018년에 플러스로 반전됐다. 이는 AZRF 신규 일자리 창출로 인해 실업률(ILO 기준)이 2017년 5.6%에서 2019년 4.6%로 감소와 궤를 같이하며 AZRF 지역총생산의 비중이 2014년 5%에서 2018년 6.2%로 증가한 요인 중 하나였다.

2035 북극전략 목표에서 제시된 AZRF 유출입 증감계수(1,000명당)는 2018년 -5.1, 2024년 -2.4에서 2030년부터 주민이 증가하여 2035년에 2로 책정되어, 주민의 증가가 가능할지는 여전히 불투명한 상황이라고 판단된다. 또한 AZRF 기대 수명의 상승으로 고령화 현상이 가속화되어 고령사회로의 진입이 예상된다(〈표 1〉과 〈표 2〉 참조). 매년 240만 명의 주민 중 약 18,000명이 러시아 북극을 떠난다. 북극의 어둠과 추위에 영구적 주민 정착은 재정적으로 높은 비용이 요구되며 평균 소득은 러시아 평균보다 높지만, 생활비도 상당히 비싸다. 먼 미래에 AZRF 조차도 자원 순환 감소의 영향으로 인구 유출에 이루

---

17) Александр В. Крутиков и Ольга О. Смирнова, "Стратегия развития российской Арктики. Итоги и перспективы," *Арктика и Север*, No. 40, 2020, cc. 264.

어질 가능성이 있다고 생각된다.

러시아의 긴 북극 해안 보호는 지금까지 자연 장벽 역할을 하는 극한 기후 조건에 의해 보장되었다. '영원한 얼음'의 용해는 한편으로는 자원/물류 개발의 기회를 제공하는 동시에 '지정학적 예외주의'가 사라지면서 안보 우려의 원인을 제공한다.[18] 러시아는 잠재적인 공격자로부터 보호되어야 하는 새로운 외부 경계를 부여받고 있다. 새로운 전략은 북극에서 러시아 군대의 영구적인 확장을 요구하는 갈등 가능성의 증가를 의미한다. 전함은 이론적으로 동쪽에서, 베링 해협을 통해 또는 서쪽에서 그린란드와 노르웨이의 기지를 통해 공격을 시작할 수 있다. 콜라반도의 북부함대는 모스크바의 '절대적인 우선순위'로 책정되어 있다. 그것은 그곳에 주둔하고 탄도 미사일을 장착한 국가의 잠수함을 확보하기 위한 것이며, 따라서 해상 핵 2차 공격 능력의 3분의 2를 차지한다.[19]

'러시아 2035 북극 국가정책의 기초'와 '러시아 2035 북극전략'은 국가안보에 초점을 맞추고 있으며, 여러 형태의 쇄빙선함대, 군사기지, IT 및 통신 인프라 등의 구축을 위한 최첨단 기술에 기반을 둔 현대화는 과거 소련 시대와는 달리 이중 용도(군사용과 민간용)와 관련되어 있다. 북극 지역의 현대 무기, 군사 및 특수 장비의 비율은 2014년 41%에서 2019년 59%로 증가했다. 결론적으로 2035 북극전략은 러시아를 움직이는 권력의 실세인 실로비키(러시아어로 힘을 가진 자들)와 석유, 가스, 석탄, 광산 등의 '자연독점(natural monopoly)'을 가진 올리가르히(러시아 과두재벌), 그리고 테크노크라트(기

---

18) Michael Paul, "Arktische Seewege, Zwiespältige Aussichten im Nordpolarmeer," *SWP-Studie*, No.14, Juli 2020, p. 6.

19) Janis Kluge, Michael Paul, "Russlands Arktis-Strategie bis 2035: Große Pläne und ihre Grenzen," *SWP-Aktuell*, 2020/A 89, November 2020, p. 4.

술 실무관료)의 합작품이라고 생각된다. 이 3그룹의 각 그룹 내 또는 그룹 간의 관계는 내재적으로 협력, 경쟁, 갈등을 잉태하고 있다. 러시아 엘리트 3그룹이 AZRF에서 평화적이고 지속 가능한 생태계에 기반을 둔 개발과 국제협력 등 합리적이며 상식적 차원에서 이루어지는 AZRF 개발을 기대해 본다.

세력전이론 시각에서 본 중국 북극정책의 함의

라미경(서원대학교 휴머니티교양대학 교수)

I. 서론

지난 10여 년간 북극의 국제협력은 노르딕 국가와 비북극권 국가 간 더욱더 동태적이고 제도화되어 가고 있다. 방식은 북극이사회 내에 국제협력부터 국제기구와 기관의 협력까지 더나가 쌍무적인 국가간 관계까지 다양하게 이루어지고 있다. 특히 비국극권 국가의 역할이 북극권에서 강화되고 있다. 냉전종결 이후 약 15년간 환경보호 등을 중심으로 협력적 모습을 보였던 북극이 '냉전 2.0'을 예고하며 강대국 간 새로운 경쟁과 대결의 무대로 빠르게 변하고 있다. 이러한 움직임은 새로운 북극전략 수립의 필요성을 추동하고 있고 두 가지 이슈를 부각시키고 있다. 하나는 지구온난화 현상에 관한 이슈이다. 지구온난화는 북극의 생태계를 위협하는 재앙인 동시에, 북극항로의 상용화를 통한 물류비용 절감이나 광물자원, 관광 개발을 가능케 하는 기회이기도 하다.

다른 하나는 중국의 부상이 지배적인 이슈이다. 최근 중국의 북극개발이 '빙상 실크로드'로 명명되고 기존 '일대일로' 전략 일부로 편입됨에 따라 '일대

※ 이 글은 『한국 시베리아연구』 25권2호에 게재된 논문으로, 2019년 대한민국 교육부와 한국연구재단의 지원을 받아 수행된 연구임(NRF-2019S1A5C2A01081461)

일로' 전략의 주요 목표인 국제적 영향력 확대와 해양강국 건설 등 안보적 구상 역시 포함되어 있을 것이라는 관측이 많다.[1] 아울러 탈냉전 후 중국의 부상과 이에 따른 국제정세의 변화를 설명하고 예측할 수 있는 분석틀로 오르간스키(A.F.K Orgnaski)의 세력전이이론(power transition theory)이 주목을 받아왔다.[2] 대표적인 국내연구로 손기섭(2019)은 중국의 강대국화에 따른 영토분쟁에서의 세력전이를 분석했고, 김영준(2015)은 세력전이이론에 대한 이론적 진화과정을 연구함으로써 1958년 오르간스키가 제시한 이론과 차별화시켰고, 이상환(2015)과 전가림(2009)은 동북아 지역질서의 안정성에 영향을 미치는 중국의 세력전이를 설명하고 있다. 국외연구는 오르간스키의 세력전이이론을 바탕으로 지표를 세분화하고(B. Efird, J. Kugler and G. Genna, 2003), 타멘(Ammen, 2008)은 오르간스키의 유작을 50년간의 연구프로그램 중심으로 분석했다.

　본고에서는 선행연구와 차별성을 갖기 위해 세력전이이론을 분석 틀로 사용하여 얻을 수 있는 분석적 장점들을 최대한 활용하여 탈냉전 후 북극의 국제

---

1) 표나리, "중국의 북극 진출 정책과 일대일로 '빙상 실크로드' 전략의 내용 및 함의," 『중소연구』, 제42권 제2호, 2018, pp. 182-183.
2) 세력전이이론에 대한 연구로는 손기섭, "중국의 강대국화에 따른 영토분쟁과 세력전이," 『국제정치연구』, 제22권 제2호, 2019; 김영준, "세력전이이론의 전개, 진화, 그리고 적용에 관한 고찰," 『국제관계연구』, 제20권 제1호, 2015; 이상환, "세계 질서와 동북아 지역질서의 안정성에 대한 전망: 세력전이 시각을 중심으로." 『정치 · 정보연구』, 제18권 1호, 2015; 전가림, "양안관계 개선이 동북아 국제질서에 미치는 영향: 세력전이이론을 중심으로," 『국제정치논총』, 제49집 제1호, 2009; A.F.K. Organski, *World Politics* (New York: Alfred A. Knopf, 1958); B. Efird, J. Kugler and G. Genna, "From War to Integration: Generalization Power Transition Theory," *International Interaction*, Vol. 29, No. 4, 2003; R. Tammen, "The Organski Legacy: A Fifty-Year Research Program," *International Interactions*, Vol. 34, No. 4, (2008); J. Kugler and A.F.K Organski, The War Ledger (Chicago, IL: University of Chicago Press, 1980) 등이 있다.

질서에 적용하고자 한다. 세력전이론을 실제 북극의 국제정치 분석에 적용하면서 정확성을 기해야 하는 것은 지배국가와 패권국가의 구분이다. 세력전이론이 국제질서에 대해 위계적이라고 가정하고 북극의 국제체제에서 가장 강력한 국가가 지배국가가 된다는 점에서 패권국가가 세력전이론의 지배국가를 동일시하는 경향이 있다. 그러나 지배국가란 국제체제에서 가장 큰 영향력을 가진 것은 사실이나 지배국가 혼자서 국제체제를 좌지우지할 정도의 힘을 갖지는 못한다고 본다.[3] 이는 북극을 둘러싼 다양한 환경요인으로 지배국가가 추구하는 국제질서를 수립하고 유지 및 발전시키기 위해서는 다른 강대국들의 협력이 필요하다. 중요한 것은 중국이 어떤 목표를 가지고 있건 간에 북극과 관련해서는 독자행동이 불가능한 만큼 전략의 성패는 결국 국제협력에 달려 있다는 점이다.

따라서 본 논문은 오르간스키의 세력전이론을 중심으로 북극에서 비북극권 국가로서 역할을 강화하고 있는 중국의 북극정책을 분석함으로써 북극권의 국제 갈등과 협력을 전망하고자 한다. 이를 위하여 논문은 다음과 같이 구성한다. 서론에서 선행연구의 동향을 파악하여 연구의 차별성을 설명하고 이어, 2장에서 오르간스키의 세력전이론을 중심으로 연구의 분석틀을 제시하고자 한다. 3장에서 도전국으로서 중국의 세력전이 양상을 설명하고 4장에서는 2018년도 중국에서 발간된 「북극정책백서」의 내용과 그 함의를 살펴보고, 이어 결론으로 북극정책과 북극권의 국제협력에 대해 전망하고자 한다.

---

3) R. Tammen, "The Organski Legacy: A Fifty-Year Research Program," *International Interactions*, Vol. 34, No. 4, (2008), pp. 319-320.

Ⅱ. 세력전이론의 북극 적용에 대한 논의

1. 세력전이론 개념과 전제

세력전이론(Power Transition Theory)은 시간의 흐름에 따라 변화하는 국가간 힘의 분배상태에서 전쟁의 원인을 찾으려는 국제정치시스템의 동태적 변화양상을 기초로 하는 것이다.[4] 즉, 세력전이론은 동태적 이론(dynamic theory)이다.[5] 동태적 이론은 변수 간 인과관계뿐만 아니라 상호작용에 의한 변화까지 설명하고자 한다. 동태적 이론의 관점에서 세상은 하나의 안정된 상태가 존재하는 것이 아니라 끊임없이 변화하고 있으며 그 변화를 실시간으로 설명하는 것을 목적으로 한다. 세력전이론자들은 세력균형이 국력의 동태적 변화와 그 변화가 국제정치질서에 미치는 영향력을 충분히 설명하지 못하는 정태적인 이론이며 "현상을 논리적으로 축약하여 보여주지도 못할 뿐 아니라 정확히 묘사하는 데도 실패하였다"라고 비판하고 있다. 결국 세력전이의 동태적 이론이 그 한계를 극복할 수 있다고 주장한다.[6]

세력전이이론은 국가마다 다른 속도의 성장이 국제질서 내에서 국가 위상의 차이로 이어진다고 보았다. 그리고 국력 성장 속도의 차이와 국가의 국제질서 내에서 위상의 차이는 국제질서의 끊임없는 변화를 일으킨다고 주장한다. 이런 동태적 분석의 변화를 통해 국제적 갈등과 협력을 설명하려 하였다는 점에서 세력전이론은 동태적 이론이라고 일컫는다.

---

4) A.F.K. Organski, *World Politics* (New York: Alfred A. Knopf, 1958), pp. 338-376.
5) B. Efird, J. Kugler and G. Genna, "From War to Integration: Generalization Power Transition Theory," *International Interaction*, Vol. 29, No. 4, 2003, p. 294.
6) A.F.K. Organski, *Iibd.*, p. 281.

오르간스키(Organski)는 전쟁의 원인을 국제정치구조의 변화에서 찾고 있다. 국제사회는 주권국들로 구성되어 있으며 각 국가는 힘의 크기에 따라 최강의 지배국가로부터 최약의 종속국가에 이르기까지 계층적으로 나뉘어 있다. 전쟁은 국제정치질서를 지배하고 있는 기존의 강대국과 이 지배권에 도전하는 신흥강대국간의 지배권쟁탈전의 형식으로 일어나게 된다고 보는 것이다.

세력전이론은 국제정치관을 다음 두 가지 전제를 바탕으로 설명하고 있다. 하나는 국제정치사회는 정치질서가 없는 무정부상태로 보고 있다. 국제정치사회를 주권국들의 제도적 제약 없는 자주 행위의 무대로 보는 이런 견해는 고전적 이론의 전통적 국제정치관이기도 하다. 주권의 절대성과 국제사회의 무정부상태라는 두 가지 조건을 전제로 하여 전쟁을 막는 방안으로 제시된 것이 세계정부론(world government), 집단안전보장(collective security) 이론, 세력균형이론(balance of power) 이론 등이다.7) 이 중 집단안전보장은 불특정의 질서파괴국에 대하여 집단적 제재를 가하기로 국가 간에 합의한다는 뜻에서 부분적으로 주권을 제약하는 계약을 체결하여 어떠한 중앙집권적인 권위기구도 창설하지 않는다는 점에서 세계정부론과 다르고 본질에서 주권국들의 자구행위에 의해 전쟁을 억제한다는 점에서 세력균형과 같은 발상이다.

다른 하나는 국제정치질서는 그 시점에서 가장 강한 국가와 그 국가를 지지하는 국가군의 힘으로 유지하는 것이며, 그 질서는 하강의 지배국에서보다 큰 이익을 주도하게 되어 있다. 모든 나라는 가능하기만 하다면 국력을 늘려 위계적 국제정치질서의 최상계층에 올라서려 한다는 것이다. 즉 각국은 본질적 속성으로 지배권 장악을 위한 상향적 성향을 갖고 있으며 각국간의 끊임없는

---

7) A. Lijphart, "International Relations Theory: great debates and Lesser debates," *International Social Science Journal*, Vol. XXVI, No. 1, 1974, p. 15.

지배권 탈취를 위한 투쟁의 결과가 국제정치질서라 보고 있다. 이것은 결국 약육강식의 무정부적 국제사회에서 강대국은 약소국을 착취하기 위한 제도로 국제정치질서를 형성, 유지, 보존하려고 한다는 것이다.

세력전이론이 주장하는 지배국가란 국제정치에서 가장 강력한 국가이지만, 국제정치의 모든 측면을 독자적인 힘으로 통제할 수도 없고, 통제하려 하지도 않는다. 따라서 지배국가는 국제질서를 건립하고 유지하면서 다른 국가들 특히 강대국들의 협력과 지지가 필요하며 이에 따라 지배국가를 지지하는 국가들과 함께 현존 체제와 규범을 유지하려는 현상유지(status quo) 세력을 구성한다. 이들의 영향력은 지배국가의 상대적 세력이 약화될 경우 함께 약해진다.

2. 세력전이론의 주요 변수들

북극에서 중국의 부상과 이에 따른 국제정세의 변화를 설명하고 예측할 수 있는 세력전이론을 분석의 틀로 활용하고자 한다면 무엇보다도 이론을 적확하게 적용하고 해석하는 것이 중요하다. 국가들이 협력을 통해 전쟁을 막고 현재의 평화상태를 유지하려고 한다는 집단안보이론은 오르간스키의 세력전이론으로부터 비판받는다. 오르간스키(Organski)는 세력균형이론과 집단안전이론이 너무나 정태적인 이론이라 전쟁, 즉 힘의 충돌과 이동을 잘 설명하지 못한다고 주장한다. 힘은 항상 변화, 이동하기 때문에 장기간에 걸친 국력 변화를 관찰해야 한다고 주장한다. 인간과 국가는 패권을 가지고 지배자의 위치에 오르려 하는 기본적 욕망이 있다. 이러한 인간의 속성과 국가의 욕망이 체제 변화의 가능성과 만나게 되면 패권을 가진 자와 패권에 도전하는 자 사이에 투쟁과 저항이 생기게 된다. 강대국들은 힘의 논리에 따르는 국제정치질서 하에 가장 많은 이익을 획득한다. 그러나 각 국가의 힘은 시간에 따라 변한다. 기존의 강대국과 그 지배권에 도전하는 신흥강대국 간의 패권 쟁탈전이 일어난다. 현재의 국제정치 질서에 대한 불만을 가지는 국가들은 체제변화를 꿈꾸며 전쟁을 계획한다는 것이다.[8]

세력전이론은 국가 간의 갈등과 협력을 두 개의 변수들로 설명한다. **첫 번째는 국가의 상대적 세력이다.** 세력전이론에서 국가들의 상대적 세력은 국제체제에서 전쟁과 협력의 구조적 조건을 조성하는 변수로 여겨진다. 오르간스키와 쿠글러는 국력의 3대 요소를 인구, 경제적 생산성, 그리고 정치체제의 효율성으로 보고 있다.[9] 여기에서 인구는 국가 전체의 인구 중 전쟁에 참여할 수 있거나 노동을 할 수 있는 인구를 의미한다. 인구의 절대적 규모가 아무리 크더라도 전쟁을 수행할 수 없고 노동을 할 수 없는 인구는 국가의 세력에 도움이 되지 않으므로 의미가 없다고 본다. 다음 요소는 경제적 생산성을 의미한다. 초기 세력전이론은 한 국가의 국민총생산을 그 국가의 정치적, 경제적 힘을 측정하는 단위로 삼았다. 렘키(D. Lemke)와 워너(S. Werner)는 도란(C. Doran)과 파슨스(M. Parsons)가 제시한 국가의 상대적 능력 지수(RCI: Relative Capabilities Index)를 사용하기도 하였다.[10] 마지막 요소는 정치체제의 효율성인데 오르간스키는 정부가 얼마나 효율적인지를 측정하기 위해 상대적 정치 능력(RPC: Relative Political Capacity)이라는 지표를 개발하였다. RPC란 경제적 개발 정도에 비추어 한 국가가 자국민으로부터 자원을 얼마나 동원해 낼 수 있는지를 측정하는 것으로 세력전이론자들은 그 경험적 척도로

---

8) 김영준, "세력전이론의 전개, 진화, 그리고 적용에 관한 고찰," 『국제관계연구』, 제20권 제1호, 2015, p. 197.

9) J. Kugler and A. F. K Organski, *The War Ledger* (Chicago, IL: University of Chicago Press, 1980), p. 21.

10) D. Lemke and S. Werner, "Power Parity, Commitment to Change, and War," *International Studies Quarterly*, Vol. 40, No. 2(1996), pp. 235-250.

징세능력을 선택하였다. 즉 무능하고 비효율적인 정부는 국민에게 자원을 동원해 내기 어려울 것이며 국가가 수립한 정책을 시행하는 능력도 떨어질 것이라고 가정하는 것이다.[11]

두 번째는 만족도이다. 국제질서에 대해 국가가 얼마나 만족 또는 불만족하는가의 문제는 세력전이론에서 매우 중요한 변수이다. 도전국의 만족도가 곧 지배국가와의 전쟁 발발 가능성을 가늠할 수 있는 척도이기 때문이다.[12] 지배국가와 강대국들은 대체로 국제질서에 대한 만족도가 높으며 현상유지 세력이 되지만, 위계질서의 상층부에 자리하고서도 현존 국제체제의 질서가 장기적인 관점에서 봤을 때 자국의 이익에 불리하다고 느끼는 국가들은 상대적으로 불만족도가 높을 수 있다. 세력전이론자들은 이렇게 상층부에서 불만족도가 높은 국가들은 국제체제의 질서를 변화시키려 시도하는 현상변경 세력이 된다고 설명한다. 하지만 현상변경 세력은 강대국 간에서 흔히 발생하지 않는데 이는 강대국들은 상대적으로 국제 체제의 질서에 만족도가 높기 때문이다.[13]

3. 세력전이론의 북극 적용 분석틀

세력균형이론은 힘의 균형이 유지될 때 체제의 안정을 기할 수 있다고 보는데, 세력전이론은 힘의 압도적 우위가 존재할 때 분쟁의 발생 가능성이 작다고 본다.[14] [그림 1]에 나타나듯이 세력전이론 힘의 위계질서에서 지배국이 압

---

11) A.F.K Organski and J. Kugler, "Davids and Golianths: predicting the Outcomes of International Wars," *Comparative political Studies*, Vol. 11, No. 2(1978), pp. 141-180.
12) 김영준, 전게서, pp. 183-184.
13) R. Tamman et al., *Power Transitions*(New York: Chatham House, 2000), p. 9.
14) 이상환, "세계 질서와 동북아 지역질서의 안정성에 대한 전망: 세력전이 시각을 중심으로." 『정치 · 정보연구』, 제18권 1호, 2015, p. 4.

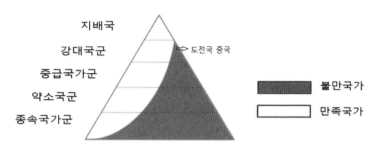

[그림 1] 세력전이론 힘의 위계 질서

지배국
강대국군
중급국가군
약소국군
종속국가군

⇨ 도전국 중국

■ 불만국가
□ 만족국가

자료: A.F.K. Organski, *World Politics*(New York: Alfred A. Knopf, 1958), p. 369.

도적 우위에 있으면 분쟁 가능성이 작다는 것이다.

국력을 증가시킴에 있어서 동맹과 같은 외적인 요인들보다 산업능력과 같은 내적 요인들이 중요하고 국제체제는 국력을 기준으로 각기 다른 위치를 점하는 지배국, 강대국군, 중급국가군, 약소국군, 종속국가군으로 구성되었다. 또한 국제체제는 만족하는 국가와 불만족한 국가군으로 구성되어 있으며 새로운 국제체제를 설립하기 위해서는 패권국을 공격하는 도전국이 국제체제에 존재한다는 것이다.[15]

세력전이론을 북극에 적용하기 위해 북극지역의 상황을 살펴보면, 1996년 창설된 북극이사회(Arctic Council)를 중심으로 자원개발, 북극항로, 환경을 둘러싼 국제적 갈등과 협력이 역동적으로 벌어지고 있다. 북극이사회는 북극권의 현안을 논의하는 거버넌스 형태로 북극지역간 국제기구로서 북극의 환경보호를 담보하며 국제적 영향력을 행사하고 있다.[16] 현재(2020. 10월) 북극이사회 회원국은 연안 5개국(미국, 러시아, 캐나다, 덴마크, 노르웨이), 비연

15) A.F.K. Organski, *op. cit.*, pp. 325-330.
16) 라미경, "기후변화 거버넌스와 북극권의 국제협력,"『한국 시베리아연구』, 제24권 1호, 2020, p. 39.

안국 3개국(스웨덴, 핀란드, 아이슬란드) 기타(상시참여족) 이누이족, 사미족을 포함한 북극 소수민족이다. 옵서버(40개)는 13개국(한국, 네덜란드, 독일, 스페인, 싱가포르, 영국, 인도, 일본, 중국, 폴란드, 프랑스, 스위스, 이탈리아), 14개 국제기구(국제적십자연맹, 북대서양해양포유류위원회, 유엔환경계획 등), 12개의 비정부기구(해양보호자문위원회, 환극지보전연합, 국제북극과학위원회 등), 1개의 잠정 옵서버(EU)가 있다.

이에 [그림 1] 나타나듯이 세력전이론 위계질서를 바탕으로 북극 자원개발과 환경에 대한 국제정치질서의 분석틀로 지배국은 북극이사회 8개국, 강대국은 옵서버 40개(잠정 옵서버 EU 포함) 중 13개의 옵서버 국가, 이중 도전국(불만국)으로 중국을 상정하고자 한다. 다음 장에서는 북극의 국제정세에서 도전국으로서 중국의 세력전이를 두 가지의 변수, 즉 상대적 세력과 만족도로 나누어 분석해보고자 한다. 국가 간의 갈등과 협력을 두 개의 변수로 설명하는데 하나는 상대적 세력이고 다른 하나는 만족도이다.

III. 도전국 중국의 세력전이

1. 중국의 상대적 세력 지표

1) 생산가능 인구

오르간스키와 쿠글러는 국력의 3대 요소 중 첫 번째를 인구로 꼽고 있다. 여기서 인구는 전쟁에 참여하거나 노동을 할 수 있는 인구를 의미한다. 즉, 인구의 질적 구성을 일컫는다. 중국 경제성장의 요인으로는 내부 강점, 외부 요인, 정책적 요인 등이 복합적으로 작용하고 있다.[17] 내부 강점으로는 대규모 시장, 풍부한 노동력(인구 보너스), 높은 저축률, 공업과 상업 전통 등이 제시되고 있다. 이 중 풍부한 노동력은 중국 경제성장에 주요 동력이 되고 있다.

실제 중국의 인구는 1980년 9억 8,000만 명에서 2020년 11월 기준 14억 1,177만 명으로 연평균 0.9%로 꾸준히 증가하고 있다. 반면, 동기간 유소년층(14세 이하)은 3억 5,000만 명에서 2억 5,000만 명으로 감소하면서 구성비도 36%에서 18%로 축소되었다.[18] 이 중 생산가능 인구(15~64세)는 5억 8,000만 명에서 9억 9,000만 명으로 연평균 1.3%로 증가하며 구성비도 59%에서 71%로 증가하여 풍부한 노동력을 공급하고 있다.[19] 고령층(65세 이상)은 4,600만 명에서 1억 6,000만 명으로 연평균 3.2로 빠르게 증가하면서, 구성비도 5%에서 11.5%로 증가했다.

최근 10년간(2010~2019년)의 인구구조 변화를 보면, 유소년과 생산가능 인구는 그대로 유지되나 고령인구가 빠르게 증가하는 고령화 현상이 뚜렷해지고 있다. 유소년 인구는 2억 5,000만 명으로 유지되고, 생산가능인구도 9억 8,000만 명에서 9억 9,000만 명으로 그대로인데, 고령인구가 1억 1,000만 명에서 1억 6,000만 명으로 급증하고 있다. 중국은 2002년부터 고령인구의 비중이 7%를 넘어서면서 고령화사회로 진입하고 속도도 다른 국가와 비교해서 빠른 추세이다.[20] 지난 10년간 중국의 노동 인구(15~59세)가 6.79%(약 4,000만

---

17) 아서 크뢰버, 도지영 옮김, 『127가지 질문으로 알아보는 중국 경제』, (서울: 시그마북스, 2017), pp. 74-77.

18) 1980년 산아제한정책으로 도입된 한 자녀 정책이 있고, 이 정책은 2015년 두 자녀 정책이 시행되면서 완전히 폐지되었다.

19) 박재곤, "중국의 노동시장과 취업구조 변화", 『중국산업경제 브리프』, 산업연구원, 통권 74호(2020년), pp. 11-20.

20) UN은 전체 인구 중 65세 이상 고령인구가 차지하는 비중이 7% 이상이면 고령화사회

명) 줄면서 고령사회(65세 이상 인구 14%) 진입을 눈앞에 뒀다. 고령사회 기준이 되는 65세 이상 노인 인구는 지난해 1억9,063만 명(13.50%)으로 10년 전보다 7,000만 명 넘게 늘었다. 중국 인구의 저속 성장 추세가 이어지면서 '인구 보너스' 효과가 사라질 전망이다.[21] 중국은 2001년 고령화사회(65세 이상 인구 7%)에 진입했다. 내년에 고령사회(14%)가 되면 21년이 걸리는 셈이다. 이는 프랑스 126년, 미국 73년, 독일 40년, 일본 24년에 비해 빠른 속도다. 한국은 18년 걸렸다.

2) 경제적 생산성

중국경제는 1978년 개혁개방 이후 40년간 10% 가까이 성장하면서 인류 역사상 초유의 사례를 기록하고 있다.[22] 그 결과 중국은 2020년 현재 세계 2위의 경제대국이며, 상품수출 1위, 제조업 1위를 차지하고 있다(GDP 미국 21조 달러, 중국 14조 달러). 2001년 WTO 가입, 2009년 상품수출 1위, 2010년 제조업 생산 1위, 2011년 일본을 능가하여 세계 2위 경제대국, 2014년 구매력평가(PPP) 기준에서 미국 경제를 추월하는 기록을 세웠다.[23] [그림 2]는 주요국의 GDP 규모를 나타난 것이다. 지난 40년간 중국은 연평균 9.2% 성장하여 세

(aging society), 14% 이상이면 고령사회(aged society), 20% 이상이면 초고령사회(post-aged society)로 명명함.

21) 신경진, "중국 노동인구 4000만 명 감소," https://news.joins.com/article/24055165 (검색일: 2021. 5. 2)

22) 2010년 중반 이후 중국경제의 성장률이 둔화하여, 40년간(1980-2019년)의 연평균 성장률은 9.2%를 기록. 내 돈이 2배 되는 데 걸리는 시간인 72의 법칙(72÷이자율=2배 소요 기간)을 적용하면 10% 성장 시 거의 7년마다, 9%씩 성장 시 8년마다, 경제규모는 2배로 확대되어 40년간 34배로 성장함

23) 박재곤, "2020년 중국 경제의 위상", 『중국산업경제 브리프』, 산업연구원, 통권 73(2020년), pp. 5-7.

계 경제성장률(2.8%)의 3배 이상의 높은 성장률을 달성했다. 같은 기간 미국 2.6%, 일본 1.8%, 독일 1.7%, 영국 2.2%, 프랑스 1.8%, 한국 6.1% 등에 비하면 중국의 높은 성장률을 실감할 수 있다. 중국의 고속 성장으로 40년 전 세계 경제에서 차지하던 비중이 1.7%에서 16.3%로 높아지고, 미국은 25.4%에서 2000년 30.5%까지 증가하였다가 24.4%로 낮아져 2019년 현재 중국경제는 미국 경제의 67% 수준에 달하고 있다.

향후 지금과 같은 경제성장 속도가 유지된다고 가정하면, 예를 들어 중국은 6%, 미국은 2% 성장한다고 가정하면, 2030년에 중국경제가 미국 경제를 추월하게 되어 제1 경제 대국으로 부상하게 되고, 2050년에는 중국경제가 미국 경제의 2배에 도달하게 될 것이라는 전망이다.[24)

2021년 4월 16일 자 중국 국가통계국은 2021년 1분기 중국의 GDP 수치를 발표했다.[25] 통계에 따르면 총생산액 24조9,310억 위안으로 지난해보다 18.3%, 2020년 4분기 대비 0.6%, 2년 평균 5.0% 증가세를 나타냈다. 1분기 성장률이 18.3%를 기록했으나, 이는 통상적인 고성장률을 의미하는 것이 아닌, 2020년 1분기 코로나19의 영향으로 인한 기저효과(2019년 1분기 GDP 성장률 -6.8%)에 의한 것이므로 객관적으로 비교하려면 2019년도 1분기와 대비해야 한다. 2019년 1분기와 비교하여 중국의 전국 명목 GDP는 14.8%, 연평균 7.2% 성장률을 보여 상대적으로 합리적인 증가세를 보인다.

2020년 코로나 팬데믹 속에서 중국경제는 'V'자형 반등을 이뤄냈다. 중국 국내총생산(GDP)은 신종 코로나바이러스 감염증(코로나19) 충격을 딛고 100조 위안을 넘어섰다고 국가통계국이 18일 발표했다. 국가통계국에 따르면

---

24) 박재곤(2020), p. 8.
25) 중국 2021년 1분기 GDP 실적발표, https://news.kotra.or.kr/user/globalBbs/ kotranews/983(검색일: 2021. 4. 29)

2020년 중국 GDP는 전년 대비 2.3% 증대한 101조5,989억 위안(약 1경 7,273
조8450억 원)을 기록했다. GDP 100조 위안 돌파는 지난 2019년 중국 1인당
GDP가 역사상 처음 1만 달러대에 올라선 후 중국경제가 다시 이룩한 이정표
적인 성과라는 평가다.

[그림 2] 주요국의 GDP 규모

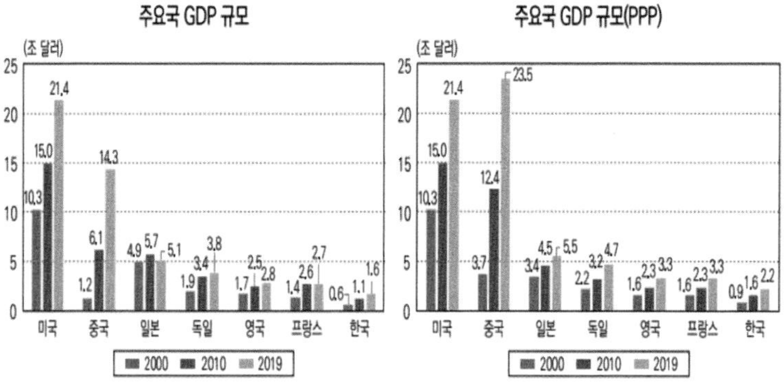

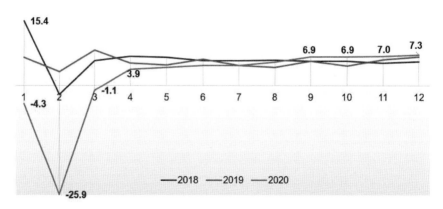

자료: world Development Indicators

[그림 3] 중국의 산업생산 증가치 증감률

자료: world Development Indicators

100조 위안 GDP 진입은 미국에 이어 세계 2번째 경제체제인 중국이 지난 해 빈곤퇴치에 완전히 성공하고 모든 부문에서 안정적인 번영을 구축하는 '샤오캉(小康) 사회'에서 괄목할 만한 발전을 거둔 가운데 나왔다. 작년 중국 1인 당 가처분 소득은 GDP 성장에 발맞춰 전년보다 2.1% 늘어난 3만 2,189위안 (547만5,670원)에 달했다

[그림 3]에 나타나듯이 산업생산은 가장 먼저 코로나 충격을 극복하고 회복세를 보인 지표이다. 정부의 강력한 조업 재개 지원책에 힘입어 2020년 4월 플러스로 돌아섰으며 8월 이후 지난 2년의 수준을 상회했다. 12월 산업생산 증가율은 7.3%로 2019년 3월 이후 최고치를 기록했다. 2020년 증가율은 2.8%로 집계됐다. 중국의 산업구조는 1차산업은 급감하는 반면, 3차산업은 1980년 22.3%에서 2000년 39.8%, 2019년 53.9%로 지속 증가하여, 장기적으로 1차산업이 3차산업으로 대체되고 최근 10년간 2차산업의 일부가 3차산업으로 대체되고 있다.

〈표 1〉 중국의 북극연안 5개국 투자액

	GDP($)	총 투자 규모 (단위, 10억달러)	거래 건수	거래 평균투자규모 (단위, 100만 달러)	GDP 비중
캐나다	1조 5,300억	47.3	107	442.1	2.4%
그린란드	10억 6,000만	2.00	6	33.4	11.6%
아이슬란드	200억 5,000만	1.2	5	30.8	5.7%
노르웨이	3,706억	2.5	17	147.9	0.9%
러시아	1조 2, 8000	194.4	281	691.7	2.8%
총합	-	247.4	416	-	-

자료: U.S. Central Intelligence Agency, United Naitons, RWR Advisory Group, CNA.

〈표 1〉에 나타나듯이 북극경제 규모가 연간 4,500억 달러를 상회하는 수준인 것을 고려하면 중국의 북극투자 비중은 높은 편이며, 그린란드의 경우

중국 투자액이 GDP의 11.6%에 이르고 있다.

3) 정치체제 효율성

오르간스키와 쿠글러는 국가가 국민을 동원할 수 있는 능력이 곧 국가의 정책 수행능력과도 직결된다고 보았다. 무능하고 비효율적인 정부는 국민에게 자원을 동원해 내기 어려울 것이며, 국가가 수립한 정책을 시행하는 능력도 떨어질 것이라고 가정을 하는 것이다. 반면에 수월하게 국민으로부터 자원을 동원할 수 있는 정부는 전쟁을 수행할 때도 더욱더 큰 잠재력을 발휘할 수 있다고 보았다.

현재 중국의 정치체제는 공산당의 영도, 인민주권, 법치라는 3가지 구성 요소의 유기적 결합으로 설명되는 '중국식' 민주주의의 주요 원칙에서 출발하여 공산당 영도와 인민주권 원칙 및 공산당 영도와 법치 원칙이라는 특징을 갖고 있다. 시진핑 정권 등장 이후 현대적 거버넌스 체제의 구축이라는 이름으로 추진되고 있는 이른바, '중국식 정치체제 모델'을 공산당의 일원적 통치에 기반한 강화된 권위주의체제로 규정짓고 있다.

시진핑 정부에 의해 제시된 중국 정치체제의 발전 방향은 새로운 형식의 강성 권위주의체제의 새로운 진화를 꾀하고 중국 특색의 정치체제모델로 발전시켜 가고 있다.[26] 중국은 이런 체제를 중심으로 급속한 경제성장을 이룩해왔으며, 그 결과 중국은 현재 1인당 GDP가 1만 달러에 도달하는 성과를 거두었다. 지금 중국 수준의 경제발전 정도라면 민주적 전환에 대한 광범위한 담론이 형성되고 민주화된 사회운동이 발생할 것으로 상정되지만, 오히려 '중국몽(中國夢)'이 부상하여 미국과 문명 및 제도가 서로 다른 두 강대국이 평화롭게

---

26) 이정남, "시진핑 '신시대' 중국의 정치체제", 『중소연구』, 제44권 제3호, 2020, pp. 7-8.

공존하는 길을 찾자는 주장을 하기 이르렀다.[27]

2. 중국의 만족도

앞서 2장에서 제시했듯이 세력전이론은 국제체제가 위계적 질서(hierarchical order)로 구성되었다고 보고 있다. 모든 국가는 위계적 국제질서 내에 존재하며, 그 안에서 자신의 위치를 알고 있다. 위계질서 속에서 세력은 소수에게 집중되어 있으며, 가장 큰 세력을 가진 국가가 위계질서의 꼭대기에 자리한다. 또한 국가들은 위계질서 내에서 상대적 만족도를 높이는 것을 최우선시한다. 국제질서에 대한 만족도가 가장 높은 국가는 현재의 질서를 수립한 지배국이다. 현재의 국제질서 수립에 유지하고 기여하고 있는 국가들도 상대적 만족도가 높은 국가들이라고 볼 수 있다. 오르간스키와 쿠글러는 지배국가가 만들어낸 국제체제의 규범과 질서는 지배국가의 국내체제의 질서와 유사한 형태를 띤다고 주장한다.[28]

따라서 국제질서 수립과 유지과정에서 제외되었거나 현재의 국제질서가 부여하는 혜택을 적게 받는 국가일수록 국제질서가 불공정하다고 느낀다. 이들은 국제질서를 지배하는 현상유지 세력들을 적대적으로 볼 확률이 높으며 이에 따라 질서와 규범을 바꿔야 한다고 생각한다. 약소국가들일수록 현존 국제질서에 만족도가 낮을 확률이 높으나 이들은 국제질서의 변화에 영향력을 미치기 힘들어 세력전이가 일어나기 전까지는 현 국제질서에 대해 중립적인 입

---

27) "守正不移，与时俱进维护中美关系的正确方向——王毅国务委员在中美智库媒体论坛上的致辞"『新华社』(2020. 7. 9.)

28) J. Kugler and A. F. K Organski, *The War Ledger* (Chicago, IL: University of Chicago Press, 1980), p. 21.

장을 취하는 것이 일반적이다.

북극지역에 본격 개입한 시점을 기준으로 평가하면 중국은 후발주자(latecomer)이다. 그러나 중국은 지난 20년 동안 지속해서 존재감과 역량을 증가시킨 덕분에, 북극 이해관계자의 지위를 둘러싼 논란에도 불구하고 사실상의 북극 행위자가 되었다. 아직은 남중국해 같은 다른 지역에 비해 북극에서 중국의 활동은 한결 덜 고압적인 것처럼 보인다. 그러나 시진핑 등장 이후 중국은 오랜 세월에 걸친 외교정책에서의 신중함을 포기하고, 노골적으로 강대국 행세에 나섰다. 이런 태도는 북극에서도 예외가 아니다. 이제 중국은 북극지역에서의 실질적 역할을 모색하려 한다. 하지만 당분간 북극에서 중국의 주둔은 군사적 차원으로 확대되지 않을 것으로 보인다. 해군 능력의 제한 때문이기도 하지만, '평화적(pacific)' 지역 행위자로서의 이미지를 굳힐 필요가 있기 때문이다.[29] 그런데도, 역내 영향력을 대폭 증가시킨 중국은 다른 북극 행위자들에게는 위협적인 존재이다.

결국 북극에 있어서 국제정치질서는 그 시점에서 가장 강한 국가와 그 국가를 지지하는 국가군의 힘으로 유지하는 것이며, 그 질서는 하강의 지배국에서 보다 큰 이익을 주도하게 되어 있다. 중국은 가능하기만 하다면 국력을 늘려 위계적 국제정치질서의 최상계층에 올라서려 한다는 것이다. 세력전이론의 중요한 개념 중 하나인 만족이란 단순히 세력의 기능일 뿐, 지배국가 이외의 국가들은 항상 불만족 상태일 수밖에 없다.

---

29) Marisa R. Lino, "Understanding China's Arctic Activities," IISS, 25 February 2020. https://www.iiss.org/blogs/analysis/2020/02/china-arctic(검색일: 2021. 4. 5)

IV. 중국 북극정책의 함의

1. 중국 북극정책의 변화

북극에 관한 중국의 관심은 노르웨이 북단 스발바르군도의 특정 국가 점유 하에 공동관리를 목적으로 1920년 발효된 스피츠베르겐 조약(Spitsbergen Treaty, 일명 스발바르 조약)[30]에 1925년 가입(국민당 정부)할 정도로 오래되었다.[31] 하지만 1990년대 중반까지 북극에 적극적 관심을 보이지 않던 중국은 1995년 북극권 탐사와 1997년 '국제북극과학위원회'에 가입한 이래 북극권으로의 진출을 적극적으로 모색하기 시작했다.[32] 또한 1999년부터 쇄빙선 쉐룽(雪龍)호를 동원한 탐사에 나섰을 뿐 아니라 2004년에는 스발바르군도에 황하(Yellow River) 이름의 북극기지도 건설하기도 했다.

중국의 북극정책은 2013년 북극이사회(Arctic Council)로부터 정식 옵서버(permanent observer) 자격을 획득한 것을 계기로 일대 전환점을 맞이했다. 그때부터 중국은 자칭 '近북극국가(near-Arctic state)'로서 북극 문제에서의 중요한 이해관계자(stakeholder)라는 점을 적극적으로 주장하기 시작했다. 동시에,

---

30) 스발바르조약은 1920년 2월 9일 UN의 전신인 국제 연맹 참가국 14개국(현재 46개국 가입, 대한민국은 2012년 비준)이 서명하고 1925년 8월 14일 발효된 최초의 기속력 있는 북극권 조약이다. 이후 5년간 조약이 효력을 갖기 전 1924년 러시아와 1925년 독일, 중국이 추가로 서명했다. 참고로 14개 국가는 미국, 덴마크, 프랑스, 이탈리아, 일본, 네덜란드, 스웨덴, 영국, 캐나다의 영국 해외자치령, 오스트레일리아, 인도, 남아프리카, 뉴질랜드, 노르웨이 등이다.

31) 라미경, "스발바르조약 100주년 함의와 북극권 안보협력 과제," 『한국 시베리아연구』, 제23권 4호, p. 14.

32) 박영민, "중국의 해양 정책과 북극 전략 연구," 『대한정치학회보』, 제26집 3호, 2018, pp. 78-79.

그린란드, 아이슬란드, 스웨덴 등 북극 국가들과의 양자외교를 강화하여, 이를 북극권 진출의 교두보로 삼는 전략을 구사하고 있다. 이 전략에는 미국, 러시아, 캐나다 등 중국의 북극 진출을 경계하는 국가들을 우회하여, 중국의 자본유입이 있어야 하는 국가들과의 협력관계를 통해 북극권에서 존재감을 구축하려는 의도가 담겨있다. 이런 의도에 따라 중국은 2013년 5월 아이슬란드와 FTA 체결, 스웨덴 산업단지 조성에 대한 자본투자 등 공세적 경제외교 행보에 들어갔다.

중국의 시진핑 총서기는 2013년 11월 '중국공산당 제18기 중앙위원회 제3차 전체회의(中国共产党中 央委员会第三次全体会议)'에서 '일대일로(一帶一路) 구상'을 공식화했다. 일대일로의 핵심은 국가 간 경계를 가로질러 육상 '실

[그림 4] 중국의 '일대일로'와 북극 '빙상 실크로드' 구상

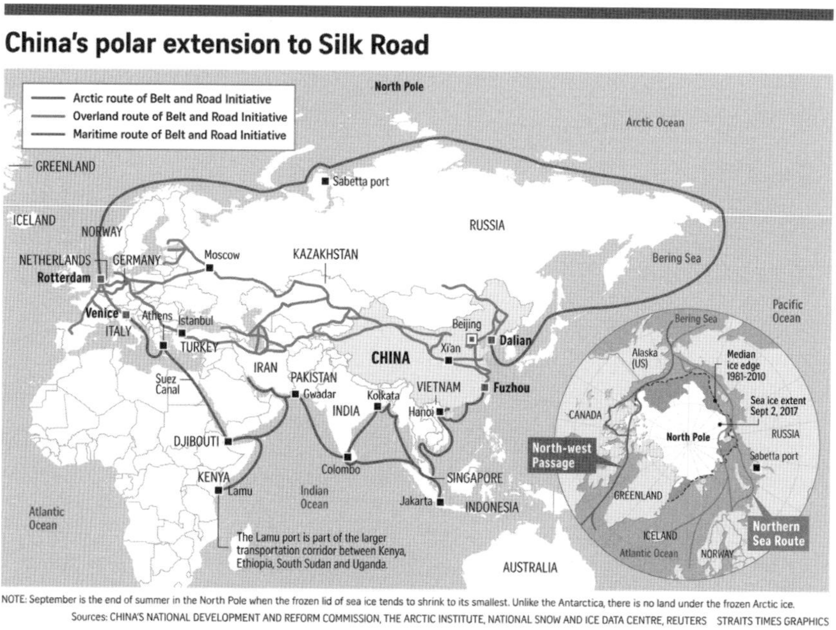

NOTE: September is the end of summer in the North Pole when the frozen lid of sea ice tends to shrink to its smallest. Unlike the Antarctica, there is no land under the frozen Arctic ice.
Sources: CHINA'S NATIONAL DEVELOPMENT AND REFORM COMMISSION, THE ARCTIC INSTITUTE, NATIONAL SNOW AND ICE DATA CENTRE, REUTERS STRAITS TIMES GRAPHICS

자료: https://www.straitstimes.com/asia/east-asia/chinas-polar-ambitions-cause-anxiety(검색일: 2021.3.2.)

크로드 경제벨트(一帶)'와 '21세기 해상 실크로드(一路)'의 건설을 추진하겠다는 것이다.

[그림 4]에 나타나듯이 중국은 2015년부터 일대일로 구상의 연장선상에서, '빙상 실크로드(Polar Silk Road)' 구상을 다듬기 시작했다. 빙상 실크로드의 출발점은 2015년 시진핑 총서기와 푸틴 대통령 간의 중·러 정상회담이다. 이 회담에서 양국은 '실크로드 경제벨트와 유라시아경제연합(EEU: European Economic Union) 공동건설협력에 관한 공동성명'이 채택되었다. 그해 12월 당시 러시아 부총리이던 로고진(Dmitry Rogozin)이 "북극의 현재와 미래"라는 포럼에서 중국에 북방항로 인프라의 건설 참여를 제의하면서, 'Cold Silk road'란 표현을 처음으로 사용했다. 중국은 이 개념을 일대일로 구상에 접목시켜 지금의 '빙상 실크로드(Polar Silk Road)'란 명칭으로 발전시켰다.

2017년 6월 중국 국가 개발 개혁위원회는 중국의 새로운 '일대일로' 무역 및 인프라 이니셔티브의 주요 부분을 구성하는 '청색 경제 회랑(blue economic corridors)'목록에 북극해를 추가 할 것이라고 공식 발표했다.[33] 2018년 1월이 정책은 중국 최초의 북극 정부 백서에 추가로 성문화되었다. 2017년 5월 북유럽 장관 협의회와 중국은 5개 주요 분야에서 중국과 북유럽 지역 간의 협력을 강화하기로 공식적으로 합의했다. 동시에 서부 북유럽 지역 (그린란드, 아이슬란드, 페로 제도 및 노르웨이 해안)은 북극 위치, 해양 및 해양 환경을 갖춘 북유럽 지역의 뚜렷한 부분으로 점점 더 많이 구성되고 있다. 그해 6월 20일 중국은 북국을 일대일로 전략에 공식적으로 포함하는 결정을 내렸고 2018년 1월 26일 중국은 중국의 「북극정책백서」를 발간했다.

---

33) Lau Øfjord Blaxekjær, Marc Lanteigne & Mingming Shi, "The Polar Silk Road & the West Nordic Region," *Arctic Yearbook 2018*, 2018, p. 432.

2. 중국 「북극정책백서」의 함의

2018년 1월 26일에 발간된 중국의 「북극정책백서」는 <표 2>에 나타나듯 이 크게 4개의 장으로 구성되었고 각각 세부항목과 주요내용을 담고 있다. 중국 정부는 북극 개발을 추진하면서 ① 북극정세의 변화, ② 북극관계에서 북극활동 연혁, ③ 북극정책의 목표 및 기본원칙, ④ 북극업무의 참여정책과 중국의 입장에 대하여 제시하였다.

이 같은 내용이 담긴 중국의 「북극정책백서」 발간이 주는 함의는 다음과 같다. 크게 3가지로 요약된다. 첫째, 세력전이의 도전국으로 중국의 「북극백서」는 북극진출의 공식선언인 동시에 미국, 러시아와 더불어 '북극대전'의 원년임을 공공연하게 선포한 것이다. 중국이 북극과 가장 가까운 국가 중 하나로 북극의 자연 상황과 변화가 중국 기후와 생태계 환경에 직접적 영향을 미친다고 했다. 그러면서 북극 문제가 이미 북극권의 개별 국가 간 문제나 지역 현안 범주를 넘어서 북극 역외 국가의 이익과 국제사회의 전체 이익에도 관련되는 사안으로 변했다고 주장하고 있다. 북극에서 무슨 문제가 생기면 중국에도 영향을 받으니 북극에 주주 권리를 행사하겠다는 것을 에둘러 표현하고 있다.

둘째, 북극 기후변화 및 생태환경의 과학적 이해의 중요성을 강조하고 있으나 최근 군사·경제적 강대국으로 부상하는 중국의 북극에 대한 '지정학적 야심(geopolitical ambition)'을 그대로 드러낸 것이라고 평가할 수 있다. 잘 알려진 바와 같이 북극은 최근 지구온난화에 따라 항로 이용 및 석유, 천연가스 등 자원개발 가능성이 커지고 있어 중국은 백서를 통해 이에 대한 관심을 공식적으로 밝힌 것이다. 중국이 자신의 일대일로(一帶一路) 정책과 연계하여 북극항로를 '극지 (빙상) 실크로드(polar silk road)'로 부르는 것이나 스스로를 '近북극국가'로 지칭하는 것은 단순한 지리적 차원이 아니라 전략적 이해관

계에서 나온 것이라고 할 수 있다.[34]

<표 2> 중국 「북극정책백서」

구분	세부항목	주요내용
북극정세 변화	• 북극의 환경과 지정학적 여건	-기후변화에 따른 해수면상승, 생물다양성 감소 가속 -8개 북극 연안국 영토 주권보장을 바탕으로 유엔해양법, 스발바르조 약 등 국제법 적용
북극관계	• 북극활동 연혁	-1925년 스피츠베르겐조약 가입 계기로 북극 문제 참여 -1996년 국제북극과학위원회 가입 -1999년 쉐룽호 운영 시작 -2004년 북극 황하 기지 건설 -2013년 북극이사회 정식 옵서버 지위 획득 -2018년 일대일로 공동건설을 위한 '빙상 실크로드' 협력추진
북극정책 목표 및 기본원칙	• 기본원칙	-북극의 지속가능한 발전을 추진 -정책목표 실현을 위해 '존중, 협력, 공영, 지속가능' 원칙준수
	• 정책목표	-북극보호 및 이용, 관리/북극 자연, 생태계, 원주민 보호 -북극기술혁신, 자원이용, 항로개발, 환경보호 등 활동 강화 -규범 메커니즘 통해 북극업무 및 활동 규율관리
북극업무 참여정책과 입장	• 북극탐사, 이해강화	-북극과학탐사 및 인프라 구축 추진을 통한 역량강화 -극지기술 장비 고급현대화 및 극지기술혁신 추진
	• 환경보호, 기후변화대응	-조약상 의무 이행, 북극거버넌스 참여, 환경협력 강화 -기후변화에 대한 대국민 인식 제고, 연구 강화
	• 법에 기초한 북극자원 합리적 이용	-북극항로 인프라 개발, 안전한 이용, 상용화 점진 추진 -석유가스 및 광물 개발 참여, 친환경 에너지 협력 -국제법에 따른 어업 등 생물자원의 과학적 보존, 합리적이용 -안전한 북극관광, 저탄소 생태관광
	• 거버넌스, 국제협력	-북극거버넌스 기체 구축정비 참여, 국제사회 공동이익 유지 -북극협력 강화와 원칙에 따른 일대일로 협력 추진 -북극이사회 협력 등 지역적 거버넌스에 적극 참여
	• 북극평화, 안정 촉진	-북극의 평화적 이용, 평화안전의 보호 및 촉진 -북극영토 및 해양권익에 대한 분쟁을 평화적으로 해결

자료: http://www.scio.gov.cn/zfbps/32832/Document/1618203/1618203.htm(검색일;2021.3.3.)

---

34) 이서항, "중국의 북극접근," KIMS Periscope 제119호, 한국해양전략연구소, 2018.
https://kims.or.kr/issubrief/kims-periscope/peri119/(검색일: 2021. 3. 22)

셋째, 이번 중국의 북극백서는 중국어본과 함께 영문판도 동시에 발간되었는데 이는 중국의 관심을 외부세계 — 특히 북극권 국가를 포함한 서방세계에 알리려는 의도가 있는 것으로 볼 수 있다. 백서에서 중국은 북극의 자연환경 및 기후변화가 전 지구적 차원은 물론 중국의 기후체계와 생태환경에 영향미친다는 점에서 기존 북극관련 국제질서에 대한 도전을 시사하진 않으나 자국을 북극문제의 '이해 당사국'으로 지칭하고 있다. 중국은 영문판 북극백서의 동시 발간을 통해 자국을 '극지 관련 국가'로 인식시키기 위한 노력을 벌이고 있는 것이다.

결국 중국의 북극백서 발간은 존중과 협력, 상호 윈-윈 성과와 지속가능성을 원칙으로 하고는[35] 있지만 앞으로 중국이 북극문제와 관련한 '중요한 행위자(a major Arctic player)'가 되겠다는 것을 선언한 것으로 해석된다. 이미 알려진 바와 같이 지구 온난화에 따른 북극해빙은 항로 이용과 자원개발 가능성을 높여주는 '새로운 북극(new Arctic)'의 출현을 알리고 있다. 이러한 북극에 대한 중국을 포함한 강대국들의 관심은 앞으로 북극이 '21세기 거대게임의 무대'가 될 것이라는 예상을 가능케 해주고 있다.

3. 세력전이론과 북극의 갈등과 협력

1) 갈등

세력전이론은 지배국과 도전국과의 갈등 발발 가능성을 설명하는 데 있어서 두 가지 조건을 강조한다. 첫째는 세력균등(power parity)이다. 세력전이

---

35) 서현교, "중국과 일본의 북극정책 비교 연구,"『한국 시베리아연구』, 제22권 1호, 2018, pp. 128-129.

론은 국제적 위계질서의 지배국가의 세력대비 도전국가의 세력이 80% 이상, 120% 이하일 때는 세력균등상태로 보며 이를 세력균등 구간(parity zone)이다. 빠른 속도로 성장하는 중국의 세력이 지배국가의 세력을 추격하는 과정에서 세력균등 구간이 형성되는 것이다. 이 구간에서 지배국과 도전국의 갈등 발발 가능성을 높이는 첫 번째 구조이다. 두 번째 조건은 추월(overtake)이다. 이는 도전국이 빠른 속도로 성장함에 따라 지배국의 세력을 앞지르는 것이다. 세력전이론은 도전국가가 생산력을 높이거나 정치체제의 효율성을 높이는 방법으로 지배국가의 세력균등을 이루고 결국 지배국가를 추월한다는 것이다.

세력전이론은 세력균등과 추월이라는 두 가지 조건을 활용하여 국가간 갈등과 관련된 여러 주요 문제들에 대해 상세하고 폭넓은 설명을 제시한다. 현재 도전국 중국은 지배국가와의 갈등 발발 가능성이 위의 두 조건으로 견주어 봤을 때, 세력균등 구간에 놓이거나 추월한 상태는 아니다. 하지만 알샤라바티(Alsharabati)는 세력 추월이 일어나는 속도와 전쟁(갈등) 발발 가능성 사이에 반비례의 상관관계 있음을 밝혀냈다. 자료에 따르면 추월의 속도가 빠를수록 전쟁(갈등) 발발 가능성이 작아지며, 반대로 속도가 느릴수록 전쟁 발발 가능성이 커진다는 것이다.[36)]

중국의 빙상 실크로드와 북극정책 대한 지배국가의 우려는 다양한 형태로 나타나고 있다. 첫째, 중국이 '近북극국가'로 북극 지역에서의 중요한 이해관계자(stakeholder)임을 적극적으로 주장하자 미국이 발끈하고 나섰다. 일례로 폼페이오 국무장관은 2019년 북극이사회 석상에서 "오직 북극국가와 비(非)북극국가만 존재할 뿐, 제3의 범주(category)는 존재할 수 없다"라며 설

---

36) C. Alsharabati, *Dynamics of Initiation*, PhD Dissetation(Claremont Graduate University, 1997).

령 다른 범주를 인정하더라도 "중국에는 아무런 권리도 없음"을 강조했다. 그러면서 폼페이오는 중국이 러시아와 손잡고 북극의 '군사화(militarization)'에 앞장서, 결국은 북극을 '제2의 남중국해'로 만들려는 저의를 갖고 있다고 통렬히 비판했다.[37] 사실 미국은 오랫동안 북극에 별 관심을 두지 않는 '소극적(reluctant)' 북극국가에 불과하였다. 하지만 불현듯 미국 펜타곤 지도부는 핵미사일을 탑재한 중국의 전략핵잠수함이 북극일대에 출몰할 가능성에 경각심을 갖게 되었다. 북극에서 미국의 최우선적 전략적 이익은 북극항로의 안전확보이다. 이를 위해 미국은 2019년 1월부터 '항행의 자유 작전(FONOP)'을 개시했다.

둘째, 북극에서 중국이 일으킬 안보 불균형은 국제사회가 중국의 북극 참여에 대해 경계의 목소리를 높이는 중요한 원인 가운데 하나이다. 특히 남중국해 영유권 분쟁 등 영토주권 이슈에 대응하는 중국의 모습을 접하면서 북극개발과 관련해서도 유사한 상황이 발생할 수 있다고 우려하는 것이다. 중국은 북극의 이익에 대해서는 "전 세계가 공유할 수 있어야 한다"라고 주장하지만, 그들의 영토 가까이에 있는 해양 주권의 문제에서는 전혀 그런 모습을 보이지 않는다.[38]

셋째, 중국의 입장에서 북극은 미국의 급소를 노릴 수 있고 미·중 간 경쟁의 구도에서 놓칠 수 없는 전략적 요충지다. 중국 전략가들은 과거부터 북극을 중러가 협력할 수 있는 '저항공간(resistance space)'으로 인식했다.[39] 그동안 북극해를 태평양·대서양과 더불어 외부의 물리적 위협으로부터 미국의

---

37) 최정훈, "북극에서도 맞짱 뜨는 미국·중국,"「현대해양」, 2019. 7. 8.
38) 표나리(2018), p. 169.
39) Lyle J. Goldstein, "Chinese Nuclear Armed Submarines in Russian Arctic Ports? It could Happen," *National Interest*, 1. June, 2019.

안전을 지켜주는 천연의 장애물로 인식되었지만, 북극해의 운항가능성이 높아짐에 따라 중국이 핵잠수함을 북극에 전개하면 상하이-뉴욕의 공격 사정거리가 북극-뉴욕의 경우에는 3.5배의 역수로 감소하게 된다. 이는 목하 남중국해에서 벌어지는 미·중간 강대국 경쟁의 무대가 북극해 일대로 확장될 것임을 예고한다.

결국, 중국의 일대일로정책은 전 세계인구의 65%, 세계 경제생산의 33% 정도를 망라하는 것으로 보이며, 시진핑 정부는 이 정책을 위해 3조 달러를 지출할 예정이다. 중국의 이러한 구상은 순수 경제적 목적만을 가진 것이라고는 보기 어렵다.[40] 일대일로정책 하에 건설되는 인프라 구축은 경제와 군사의 두 목적을 실현키 위한 투자의 성격을 지닌다. 중국으로부터 자금을 지원받아 건설되는 개발도상국의 인프라는 중국이 군사력을 투사하거나 군사적 목적에 사용하려고 했을 때 매우 취약한 입장에 놓일 가능성이 크다. 중국 시진핑 정부는 군사력을 현대화시키고 있고 대양해군을 건설하고 있으며 동중국해, 남중국해 더 나아가 북극해에서 중국의 '핵심이익'을 설정하고 있다.

2) 협력

세력전이론은 국제질서 속에서 국가가 갈등과 협력을 동일변수로 설명할 수 있다.[41] 위계적 국제질서 속에서 도전국가의 위치에 오를 만큼 세력이 강하지 못한 국가들은 물론 강대국들도 지배국가가 주도하여 세운 국제질서에 만족을 하는지에 대한 정책적 판단을 하게 된다. 이때 위계 질서내의 국가들의 '만족도'가 국가 간 협력의 기초가 된다. 즉 만족도가 상대적으로 높은 국가

---

40) 손기섭(2019), p. 253.
41) Tammen et al. (2000), p. 125.

들 사이에서는 협력적 관계가 주도적 형태이며, 국가 간 협력을 통해 국가 이익이 증대됨에 따라 다시 국가들의 상대적 만족도가 상승한다. 상승한 만족도는 국가 간에 더 높은 수준의 협력이 이뤄지게 하는 촉매제 작용을 하게 된다. 북극에서의 협력은 다음과 같은 영역에서 가능할 것이다.

첫째, 기후변화와 해빙의 가속화 같은 환경적 측면에서의 협력이다. 전 지구적 자연환경과 생태계 파괴가 심각한 문제로 등장하면서 범세계적인 환경보전대책에 대한 국제협약들이 체결되고 있다.[42] 특히 북극해 연안국 정부와 환경단체들은 지구온난화에 따른 기후변화와 자원개발에 따른 환경오염을 경계하고 있다. 북극 관련 기후변화 선언 및 협약은 북극지역 기후변화와 환경보호에 관한 것으로 세계적(global), 지역적(regional) 수준으로 나누어 이루어지고 있다.

둘째, 중국은 「북극정책백서」에서 '합법적이고 합리적인 방식의 북극자원 활용'이라는 것을 강조하면서 북극지역의 보호와 자원의 합리적 사용, 그리고 중국 기업이 자본, 기술 등을 최대한 활용하여 북극의 자원활용 및 탐사에 대한 국제적 참여를 장려하는 내용을 담고 있다. 실제 중국은 '빙상 실크로드' 구상을 통해 270억 달러 규모의 '야말 LNG 사업', 그리고 'Arctic LNG-2' 사업 등에 대한 투자를 늘리고 있다. 중국은 러시아 북부의 카라해에서 진행되는 대규모 천연가스 개발 프로젝트인 '야말 LNG프로젝트' 중에서 지분의 30%, 그리고 인근의 '북극LNG 2 프로젝트'에서는 지분의 20%를 각각 확보하고, 이를 위해 중·러 합작 해운회사까지 설립했다.[43] 이런 정책은 중국이 과거에 러시

---

42) 김종순, 강황선, 『환경거버넌스: 지속가능한 발전을 위한 환경관리 네트워크의 구축』 (서울: 집문당, 2004), p. 187.
43) 권영미, "미·중 무역전쟁 이어 북극전쟁 돌입," 「뉴스1」, 2020. 1. 15.

아 자원에 대해 직접적 개발 참여보다는 안정적 공급에 중점을 둬왔던 점을[44] 고려하면 북극의 자원 개발에 직접 참여하기로 정책기조가 전환된 것이다.

V. 결론

이상과 같이 오르간스키의 세력전이론을 중심으로 북극에서 비북극권 국가로서 역할을 강화하고 있는 중국의 북극정책을 분석하고 북극권의 국제 갈등과 협력을 전망해 보았다. 북극진출의 후발주자인 중국은 2000년부터 북극정책을 본격화한 이래, 북극권에 연구기지('황허') 건설, 쇄빙선 '쉐룽1호'의 북극해 일대 시험운항, 최초의 핵쇄빙선 '쉐룽 2호' 건조, 북극이사회에서 옵서버 자격 확보, '빙상 실크로드' 공식화, 최초로 정부 공식문서로서의 「북극정책백서」(2018) 발간 등의 가시적 성과를 보인다.

북극권에서의 활동이 증가함에 따라 많은 전문가는 북극의 잠재력에 대해 북극이 새로운 글로벌 경제의 중심축으로 성장할 것으로 전망하고 있다. 지구의 생태환경적 위협과 경제적 이익이 상충하는 북극에서 모순적 상황이 '갈등'과 '협력'을 둘러싼 국제정치에 역동성과 변동성을 동시에 추동하는 새로운 변수로 등장한 것이다.

세력전이론(Power Transition Theory)은 시간의 흐름에 따라 변화하는 국가 간 힘의 분배상태에서 갈등의 원인을 찾는 것이다. 세력전이론을 적용하여 미·중 관계를 설명하는 연구들 가운데, 마치 세력전이론이 미·중 관계를 상

---

44) 이성규, "최근 에너지부문에서 러중관계 변화," 『한국 시베리아연구』, 제8권, 2005, p. 101.

정하여 만들어진 이론인 듯 설명하는 연구들도 있다. 국가마다 다른 속도의 성장이 국제질서의 위상 차이로 이어지는데, 탈냉전 후 빠른 경제성장은 북극의 국제질서에서 중국을 새로운 도전국으로 부상시키고 있다.

중국이 북극의 국제질서에서 도전하는 강대국으로 주목받고 있는 이유는 중국의 세력전이 현상이 인구, 경제적 생산성, 정치제제의 효율성 등에서 일어나고 있고, 세력전이의 또 다른 변수인 '만족도'에서도 찾아볼 수 있었다. 즉 중국이 북극의 국제질서 수립과 유지과정에서 제외되었거나 현재의 국제질서가 부여하는 혜택을 적게 받거나 불공정하다고 판단하는 것이다. 이것은 중국이 2018년 발간한 「북극정책백서」에서 자신의 일대일로(一帶一路) 정책과 연계하여 북극항로를 '극지(빙상)실크로드(polar silk road)'로 부르는 것이나 스스로를 '近북극국가'로 지칭하는 것은 단순한 지리적 차원이 아니라 전략적 이해관계에서 나온 것을 보면 알 수 있다. 중국 정부는 북극 개발을 추진하면서 북극정세의 변화, 북극관계에서 북극활동 연혁, 북극정책의 목표 및 기본원칙, 북극업무의 참여정책과 중국의 입장에 대하여 백서에 제시하고 있다. 결국, 중국은 「북극정책백서」를 발간함으로써 북극문제와 관련한 '중요한 행위자(a major Arctic player)'가 되겠다는 것을 선언한 것으로 분석할 수 있다.

또한 세력전이론은 세력균등과 추월이라는 두 가지 조건을 활용하여 국가 간 갈등과 관련된 여러 주요 문제들에 대해 상세하게 설명하는바, 현재 도전국 중국은 지배국가와의 갈등 발발 가능성이 위의 두 조건으로 견주어 봤을 때, 세력균등 구간에 놓이거나 추월한 상태는 아니다. 하지만 추월의 속도가 빠를수록 전쟁(갈등) 발발 가능성이 작아지며, 반대로 속도가 느릴수록 전쟁 발발 가능성이 커진다는 분석으로 보아 중국은 당분간 기후변화와 해빙의 가속화 같은 환경적 측면에서 북극 협력 거버넌스 체제를 유지하려고 할 것이다.

마지막으로 세력전이론을 바탕으로 중국의 북극연구를 분석함에 다음의 연구한계를 밝히는 바이다. 지배국 중 불만족한 도전자가 강대국의 헤게모니를 추월하겠다고 위협할 때 주요 전쟁의 위험이 가장 크다고 주장하는 세력전이론은 북극에는 적절하지 않을 수 있다. 왜냐하면 북극권에서의 헤게모니의 내용과 전략적 동기가 중국의 입장에서 부차적이기 때문이다. 하지만 동일한 이유로 북극에서 국제사회의 협력은 가능할 것으로 전망한다.

〈참고문헌〉

김영준, "세력이론의 전개, 진화, 그리고 적용에 대한 고찰,"『국제관계연구』, 제20권 1호, 2015.

김종순, 강황선,『환경거버넌스: 지속가능한 발전을 위한 환경관리 네트워크의 구축』, 서울: 집문당, 2004.

라미경, "스발바르조약 100주년 함의와 북극권 안보협력 과제,"『한국 시베리아연구』, 제23권 4호, 2020.

라미경, "기후변화 거버넌스와 북극권의 국제협력,"『한국 시베리아연구』, 제24권 1호, 2020.

로렌스 스미스, 장호연 역,『2050 미래쇼크: 인구, 자원, 기후, 세계화로 읽는 2050년 보고서』, 서울: 동아시아, 2012.

박영민, "중국의 해양 정책과 북극 전략 연구,"『대한정치학회보』, 제26집 3호, 2018.

박재곤, "중국의 노동시장과 취업구조 변화",『중국산업경제 브리프』, 산업연구원, 통권 74호, 2020.

박재곤, "2020년 중국 경제의 위상",『중국산업경제 브리프』, 산업연구원, 통권 73호, 2020.

서현교, "중국과 일본의 북극정책 비교 연구,"『한국 시베리아연구』, 제22권 1호, 2018.

손기섭, "중국의 강대국화에 따른 영토분쟁과 세력전이: 일본과 한국의 대중 인식,"『국제정치연구』, 제22권 2호, 2019.

아서 크뢰버, 도지영 옮김,『127가지 질문으로 알아보는 중국 경제』, 서울: 시그마북스, 2017.

이서항, "중국의 북극접근," KIMS Periscope 제119호, 한국해양전략연구소, 2018. https://kims.or.kr/issubrief/kims-periscope/peri119/(검색일:2021.3. 22)

이정남, "시진핑 '신시대' 중국의 정치체제",『중소연구』, 제44권 제3호, 2020.

최정훈, "북극에서도 맞짱 뜨는 미국·중국,"「현대해양」, 2019.7.8.

표나리, "중국의 북극진출 정책과 일대일로 '빙상 실크로드' 전략의 내용 및 함의,"『중소연구』, 제42권 제2호, 2018.

Alsharabati C., *Dynamics of Initiation*, PhD Dissetation, Claremont Graduate University, 1997.

Efird B., J. Kugler and G. Genna, "From War to Integration: Generalization Power Transition Theory," *International Interaction*, Vol. 29, No. 4, 2003.

Goldstein Lyle J., "Chinese Nuclear Armed Submarines in Russian Arctic Ports? It could

Happen," *National Interest*, 1. June, 2019.

Kugler. J and A.F.K Organski, *The War Ledger*, Chicago, IL: University of Chicago Press, 1980.

Organski, A.F.K, *World Politics*, New York: Alfred A. Knopf, 1958.

Organski A.F.K and J. Kugler, "Davids and Golianths: predicting the Outcomes of International Wars," *Comparative political Studies*, Vol. 11, No.2, 1978.

Tamman R., et al., *Power Transitions*, New York: Chatham House, 2000.

Tammen R., "The Organski Legacy: A Fifty-Year Research Program," *International Interactions*, Vol. 34, No. 4, 2008.

Marisa R. Lino, "Understanding China's Arctic Activities," IISS, 25 February 2020. https://www.iiss.org/blogs/analysis/2020/02/china-arctic(검색일: 2021. 4. 5)

"守正不移，与时俱进维护中美关系的正确方向——王毅国务委员在中美智库媒体论坛上的致辞"『新华社』(2020.7.9.)

북극 이사회 내 국가 행위자와 비국가 행위자 간의 정치적 역학관계: 고위급 관료와 과학 행위자 그룹(워킹 그룹)을 중심으로

배규성(경희대학교 국제지역연구원 HK연구교수)

Ⅰ. 누가 북극을 대변하는가?

북극 거버넌스는 초국가(국제)적 차원, 지역적 차원 및 국가적 차원에서 다양한 레짐, 조직 및 법규범 등으로 나타난다. 초국가적 차원에서, 북극해를 포함한 전 세계 해양의 헌법이라 할 수 있는, 구체적으로 북극권 국가들의 내수, 영해, 접속수역, 대륙붕, 해양 경계 등을 규정한 유엔해양법협약(UNCLOS), 북극해를 포함한 전 세계 해양의 항해와 관련된 규범을 관리하는, 특히 북극해를 포함한 극지해역운항선박국제규범(Polar Code)을 제시한 국제해사기구(IMO) 등이 있고, 지역적 차원에서, 즉 북극과 관련해 북극권 국가들 간의 정부 간 포럼인 북극 이사회(Arctic Council)가 가장 대표적이며, 발틱해연안국협의회(CBSS, Council of the Baltic Sea States), 노르딕 북극의 바렌츠해 지역에서 초국경 접촉을 위한 공식화된 구조들, 예를 들면, 바렌츠해 유로-북극 협의회(BEAC, Barents Euro-Arctic Council) 등이 있다. 국가적 차원에서, 연안 각국의 해양 관련 국내법, 러시아를 예로 들면, 북방항로 항해규칙, 북방항로 쇄빙선 및 도선에 관한 규칙, 북방항로 선박 구조 장비 및 비품 규칙, 내수 영

※ 이 글은『한국 시베리아연구』 25권1호에 게재된 논문으로, 2019년 대한민국 교육부와 한국연구재단의 지원을 받아 수행된 연구임 (NRF-2019S1A5C2A01081461)

해 및 접속수역에 관한 연방법, 배타적 경제수역에 관한 연방법, 러시아 상업 해운법 등이 있다.

그러나 이 중 가장 핵심적이고, 실질적인 북극권의 '권력관계', '정책을 수립하고 자원을 할당하는 공식 및 비공식 프로세스', '의사 결정 프로세스' 및 '정부에 책임을 부여하기 위한 메커니즘'은 북극 이사회라 할 수 있다.

본 논문은 북극 거버넌스의 핵심인 북극 이사회가 다양한 행위자들 간의 권력관계와 관련 규범, 대표성 및 위계질서에 의해 어떻게 특징지어지는지를 보여주고자 했다. 본 논문에서는 북극 거버넌스에서 과학 행위자들(WGs, Working Groups)이 국가 행위자들과의 관계에서 달성한 일종의 권위(authority)를 이해하기 위해 북극 이사회 고위급 회의에서의 고위급(SAOs)과 워킹 그룹 간의 상호작용 프로세스를 검토했다. 서로 다른 종류의 행위자들 사이에서 어떻게 책임의 선이 그어졌는지에 대한 이러한 연구는 다양한 행위자들 간의 권력관계와 관련 규범, 대표성 및 위계질서 등에 대해 종합적으로 생각할 수 있도록 해줄 것이다.

이것은 누가 북극 이사회를 또는 북극을 대변하는가?에 대한 더 광범위한 문제의 논의들에서 북극 이사회 외부의 전문가 기구들의 가시성(등장 빈도)과 관련이 있다. 흥미롭게도 북극을 거버닝하는 데 필수적이지만, 원주민들과 회원국들의 정치적 대표들은 과학자들은 특히 비북극권 또는 전 세계 관객과 관련하여 북극을 대변해서는 안 된다는 생각으로 강력하게 활동한다는 사실을 발견했다. 북극 이사회의 발전은 워킹 그룹의 의제 설정 및 (과학적) 증거 수집에 크게 의존하며, 그들의 기여는 다른 정책 분야 참가자들로부터 신뢰를 받고 있다. 그러나 정치 수준(국가 행위자들)과 영구회원기구들(6개 원주민 단체들) 모두는 북극 정책 결정의 마지막 과정으로서, 특히 북극 문제의 세계적인 대표로서 자신의 권위 있는 입장(지위)을 확보하려는 노력에 경쟁적으로 참여하고 있다.

현대와 같은 자유주의적 제도적 질서 내에서 군사적 갈등 또는 공개적 갈등으로 표시되지 않는 권력의 성과를 밝히고자 하는 학문적 관심의 증가는 권력이 무엇인지? 또는 누가 권력을 가졌는가? 를 이론화하려고 하는 대신, 실제로 권력의 성과를 이해하도록 해주는 국제관계와 지리학의 관점을 활용했다. 이것은 권력을 지배력의 수행 또는 존경/복종을 뒷받침하기 위해 필요한 자원을 휘두르고 관객이 그러한 수행(퍼포먼스)을 자격이 있는 합법적인 행위자의 행위로 인식하도록 하는 방식으로 퍼포먼스를 이끌어냄으로써 만들어지는 힘으로 이해하게 해준다. 이것은 북극 이사회 내에서도 적용된다.

이러한 종류의 퍼포먼스(성과) 또는 매우 성공적인 퍼포먼스에 대한 반복적인 노력은 정책 사이트에 강력하게 고정된 대표성, 위계질서, 외교 규범 및 권한이 있는 자의 권위적 권고를 제공하는 능력을 포함하여 행위자가 그들의 선호도에 따라 결과를 형성할 수 있는 능력을 강화한다. 북극의 지형과 지역에 대한 자세한 지식이나 그것들의 대표성을 전개하는 퍼포먼스는 '지오파워(geopower)' 또는 '북극 강대국들 간의 권력정치(Power politics among Arctic Powers)'로 이해될 수 있으며, 이것은 북극 환경(Arctic environment) 자체에 대한 특권적 관계와 북극 환경 자체를 대표하는 대표성으로부터 힘을 추출한다.

본 논문은 북극을 중심으로 겹치는 필드들의 서로 연결된 생태계가 될 수 있는 서로 다른 수준의 거버넌스(글로벌, 로컬, 국가적)와 서로 다른 정도로 확대되는 연구/조사의 위치를 개념화했다. 글로벌 정책 분야는 사회적 행동의 경계가 정해진 영역으로 이해될 수 있으며, 이 사회적 분야 내의 행위자들 사이에 불균등하게 분배된 자원에 의해 특징 지워진다. '북극 쟁점(Arctic issue)'과 북극이 어디에 있으며, 쟁점들은 어디에서 해결되어야 하는가? 에 대한 개

넘 정의는 종종 권력관계와 논쟁의 결과물이기 때문에 북극 초국경 거버넌스에 대한 연구/조사에도 적합하다. 게다가, 정책 분야 참가자라는 개념은 비즈니스 협회를 통해 개인-대-개인의 상호교류에서부터 (외무)장관회의와 같은 최고위 회의에 이르기까지 초국경 협력 사업에 종사하는 광범위한 북극 행위자들에게 열려 있다. 북극 정책 분야의 개념은 이런 초국경 정책 분야가 지역 및 국가적 셋팅 뿐만 아니라 기타 글로벌 거버넌스 문제와 밀접하게 연결되어 있다는 의미를 유지시켜 준다.

국제관계학, 정치지리학 및 과학과 기술 연구로부터 글로벌 거버넌스에서의 권력관계에 관한 광범위한 문헌의 단서들로부터 4가지 명제가 도출되었다.[1] 이러한 명제들은 권력관계에 의해 북극의 초국경 협력이 어느 정도, 어떻게 특징지어지는지를 밝히기 위해 고안되었다.

첫 번째 명제는 권력관계가 북극 정책의 대상과 지역의 정의(결정) 및 대표성에 의해 보다 광범위하게 나타나고 형성되는가이다. 이전 연구가 북극 공간의 주요 '프레이밍(framings)'을 잘 확인했지만, 로웨(L. W. Rowe)는 이러한 지역적 프레임들이 지역의 일상적인 외교에서 해당 지역에 대한 특정 관점을 장려하려는 행위자들에 의해 어떻게 실제 적극적으로 경쟁 되고 열성적으로 조정되는지를 예시를 들어 설명했다. 2015년 이콸루트(Iqaluit)에서 평화로운 북극 프레임을 재확인한 것[2]은 북극 국가들이 이 지역을 평화롭게 그리고 주로 그들 자신이 거버닝 하겠다는 공약에 대한 중요한 메시지였다.

더욱이, 지역 프레임에 나타난 바와 같이 더 광범위한 권력관계가 언제 위

---

1) 자세한 내용은 L. W. Rowe, *Arctic governance, Power in cross-border cooperation,* (Manchester University Press, 2018) 제2, 3, 4, 5장 참조. pp. 34-123.
2) Iqaluit Declaration(2015) https://oaarchive.arctic-council.org/handle/11374/662 (검색일: 2021.2.12.)

기에 처하는가를 이해하는 것은 즉각적인 이해관계의 중요성 또는 가능한 이해관계 충돌의 크기가 단순히 토론의 강도와 일치하지 않는 순간들을 더 잘 이해하게 해준다. 두 차례의 의장국 기간에 걸쳐 새로운 일괄 옵저버 신청에 대한 결정 지연과 2013년 장관 회의 전날에 그러한 옵저버 신청에 대한 심야 마지막 토론은 북극을 전 세계적으로 구성(프레임)하는 것과 북극을 한 지역으로 구성하는 것 간의 폭넓은 긴장관계가 어떻게 위험에 처했는지를 고려함이 없이는 이해하기 어렵다. 마찬가지로, 북극경제이사회(AEC, Arctic Economic Council)의 창설에 대한 논쟁은 비슷한 방식으로 이해될 수 있다. 상업 행위자들(Commercial actors)은 보존부터 경제 발전에 이르는 많은 북극 이사회 정책에 대해 이해관계를 가진 행위자들 중 하나이고, 북극 문제에 관한 한 신참자들이 아니다. 그러나 초기의 다양한 반복적 주장에서 북극경제이사회(AEC)의 창설은 수많은 북극 핵심 행위자들로부터 고위 수준의 논의를 끌어들였다. 로웨는 북극경제이사회가 어떻게 북극 이사회의 두 기둥인 보존(conservation)/환경(environment)과 지속 가능한 개발(sustainable development) 그리고 하나를 더 하자면 북극 공간의 더 폭넓은 관련 프레임들 사이에 끼어들어 오랜 줄다리기 또는 균형 잡기를 활성화했는지 예를 들어 설명했다.[3] 선택된 사례들과 경험적 통찰력을 통해 북극 거버넌스의 경험 많은 행위자들은 선호되는 권력관계와 정치적 결과를 실현할 수 있는 '지오파워'의 중요성을 아주 잘 인식하고 있다. 여기서 지오파워(geopower)란 다양하게 가중치가 부여된 (북극) 공간에 대한 정책적 논의에서 그들이 선호하는 것을 확보하는 힘이다. 그들이 선호하는 것이 변화하거나 새로운 고려 사항에 의해 압박을 받을 때 논쟁과 토론이 일어난다.

---

3) L. W. Rowe, op. cit., 제 2장 참조. pp. 34-57.

두 번째 명제는 정책 분야가 모여서 지속될 때, 일부 행위자들은 정책 분야에서 무엇이 중요한지를 정의(결정)함에 있어 사전 노력과 성공의 결과로서 바람직한 결과를 확보하기 위한 보다 유리한 입장을 점유하게 될 것이라는 것이다.[4] 이러한 형태의 계층구조(위계질서)를 식별한다고 해서 그것이 어떻게 그렇게 되었는지에 대해 반드시 알려주지는 않지만, 주어진 정책 분야의 참가자들이 어느 정도 지속적으로 그리고 조용하게 자리 잡는가에 대해 감을 잡게 해준다. 이 논의는 국가들 간에 형성되는 북극 국제관계에서 두 가지 종류의 클럽 회원 지위가 어떻게 중요한지를 보여준다. 두 가지 종류의 클럽 회원 지위는 '북극 5개' 연안 국가들과 일반적으로 말하는 북극 국가들 대 나머지 전 세계(비북극 국가들)이다.

로웨는 또한 미국과 러시아와 같이 국제적으로 중요한 '강대국들(great powers)'이 어떻게 북극적 맥락에서 '쉬고 있는 (그러나 결정적인) 강대국(resting powers)들'로 가장 잘 이해되는지를 설명했다. 북극 외교의 규칙적인 흐름에서, 이들 결정적인 강대국들은 그들의 선호와 기여에서 다른 북극 연안 국들과 매우 유사하게 행동한다. 그러나 결정적 시점 또는 핵심적 의제 설정 시점에서 그들의 참여는 다른 국가들에 의해 필수적으로 여겨지며, 실제로 지역 강대국들의 코스 설정 제스처는 북극 다자주의의 발전에 오랫동안 중요한 의미를 지니고 있었다.

동시에, 강대국 수준 이하에서 취해질 수 있는 많은 유용한 기능과 유리한 위치가 있다. 노르웨이는 스스로를 북극 정치의 '지식 강대국(knowledge power)'으로서 이미지를 굳혔고, 러시아와의 가교 역할로 자신을 스타일링했다. 그러나 2014년 이후의 시기가 보여주듯이, '러시아와의 가교'라는 이런

---

4) Ibid., pp. 58-82.

특정한 지위의 원천은 정치적 배경 또는 상황이 극적으로 바뀌었을 때 더 이상 사용할 수 없었다. 이것은 보다 제한되고 구분된 정책 영역에 대해 외부의 정치가 어떻게 그렇게 좁은 정책 영역 내에서 사용 가능하고 중요한 자원에 영향을 미쳐 변화를 가져올 수 있는지에 대한 중요한 예시이다.

또한 로웨는 이 분석에서 북극 지역의 사람 대 사람(people-to-people)의 정치에서도 오랫동안 수립되고 경쟁하여 온 계층구조(위계질서)가 얼마나 심층적인지 분석했다. 그런 '심층적' 계층구조는 사람 또는 세계의 일부를, 예를 들면, '선진(developed)' 및 '개발도상(developing)' 세계로 구분하는 것과 같은 식별작업을 동반한다. 어떤 측면에서 1990년대의 많은 북극 개발 노력이 그런 깊은 계층구조에 뿌리를 두고 있다고 볼 수 있으며, 그 경우, 러시아는 개발 이행국, 서구는 본받아야 할 교훈이 있는 선진 국가로 상상해 볼 수 있다. 또한 당시 북극 맥락에서 선진 국가와 개발도상국이라는 북극의 이러한 공간적 프레이밍이 어떻게 경쟁했는지를 살펴보았고, 러시아가 2000년대에 세계무대에서 다시 한 자리를 차지하면서 이러한 모습은 더욱더 생생하게 보였다.

세 번째 명제는 북극 초국경 협력은 비공식적 규범(informal norms)으로 표시되는 사회적 공간에서 이루어진다는 것이다.[5] 로웨는 이 명제의 논의에서 북극 이사회 내에서 무엇이 정통성이 있는 진술, 정책적 관심사 또는 정치적 행위자로 받아들여지는가를 조사함으로써 북극 이사회 내의 권력의 비공식적인 작용을 분석했다. *북극 초국경 협력은 비공식적 규범으로 표시되는 사회적 공간에서 이루어지고, 이러한 제약으로 인해 북극 지역에서 다소 성공적인 정도로 북극 외교가 수행되고, '강대국'의 경우에서조차도 그러한 행태가*

---

5) op. cit., pp. 83-103.

형성될 수 있었다. 로웨는 국가는 정책 분야의 규범적 제약에 의해 규율되어 왔고, 이를 변형시키려고 노력해왔다고 주장하면서, 북극 이사회에 대한 러시아의 역할을 조사하여 이러한 주요 사회적 제약 중 일부를 예시를 들어 설명하고자 했다. '하위 정치적' 협력에 대한 협력의 몇몇 성공적인 사례에도 불구하고, 러시아의 첫 10년간의 '북극 이사회'의 참여를 검토하면, 낮은 참여 수준을 보여주었다. 러시아의 제안들은 북극 이사회의 떠오르는 신규 규범과 절차에 맞지 않아서, 예를 들면, 다자주의에 반대되는 러시아에만 초점을 맞추었기 때문에, 자주 적중되지 못했다. 이 기간 동안 러시아가 인기 있는 제안을 추진하는 데 거의 성공하지 못했다는 점에 유의하는 것은 중요하다. 이는 아마도 모든 북극 국가들이 북극 거버넌스에 참여할 것이라는 기대와 같이 당연한 것으로 인식되는 참여의 규범을 가리킨다.

북극 이사회의 두 번째 10년에 러시아는 북극권 지도 국가로 적극적으로 자신을 프로파일했다. 합법적 마인드를 가지고 리더십의 역할을 이행하는 규칙에 따라 행동하는(play-by-the-rules) 북극의 행위자가 2008년과 2010년 사이의 러시아의 북극 정책의 핵심적 추구 사항이었다. 이러한 노력은 다른 북극 국가들의 호평을 받았다. 이것은 또한 지도력(리더십)에 대한 협력적 연합적 구축 접근법이 지도력을 표현하기 위한 지역적으로 가장 적절한 방법으로 여겨진다는 것을 암시했다. 더욱이, 북극 이사회의 두 번째 10년은 구속력 있는 협약을 만들기 위한 새로운 노력에서 처음 10년과는 차이가 있었다. 이것은 처음 10년부터 절차적 규범으로의, 즉 형식을 최소화하고 대신에 소프트-로(soft-law)와 최상의 관행의 결과만을 향해 노력하는 것으로의 중요한 발전이다. 공식적인 협약으로의 이러한 태도 변화는 아마도 북극 지역이 러시아가 법을 지키는 규범 기업가(norm entrepreneur)가 된 지역이기 때문이다. 이것은 북극 이사회를 구속력이 있는 조약에 기반한 합의가 준비되고 체결될 수 있는 장소로 전환시킨다. 이것은 또 하나의 규범과 관련이 있는데, 이 규범은 두 번째 10년 동안 더 결정적으로 나타났다. 북극 이사회의 첫 번째 10년의 규범이란 '강대국은 말하고, 북극 이사회는 듣는다'였다. 굳이 말하자면, 북극 이사회의 두 번째 10년의 규범이란 '북극 이사회의 모든 회원국들은 우선 규범에 합의하고, 이에 따른다'이다.[6]

네 번째 명제는 권력관계가 특히 다양한 '종류'의 행위자들 사이에서 얼마나 변하기 쉬우며, 어떻게 지속적으로 정의되고 또 재정의되는가이다.[7] 로웨는 북극 거버넌스에서 토착 원주민 조직들과 전문가 집단들이 행위자로서 달성한 일종의 권위(authority)를 이해하기 위해 북극 이사회 고위급(SAOs) 회의에서 '과학-정책(science-policy)'과 '민족/원주민-국가(peoples-states)' 인터페이스(상호작용)를 통한 협상을 검토했다. 서로 다른 종류의 행위자들 사이에서 어떻게 책임의 선이 그어졌는지에 대한 이러한 연구 결과는 권위를 명확하게 표현하거나 도전받을 수 있는 다양한 방법 또는 방식에 대해 종합적으로 생각할 수 있도록 해준다.

한편 북극 이사회(Arctic Council)와 같은 '범분야 지역 정책 영역(cross-cutting regional umbrella policy fields)'에서 상호 연결된 수많은 행위자와 쟁점들을 감안할 때 역사적 접근 방식은 한계에 직면한다. 역사적 접근 방식은 어떻게 행위자가 정책 분야 내에서 특정 위치를 확보하는가를 이해하는 데 적합하다. 그러나 이러한 계보(연구)를 수행하려면 통상 한 핵심 행위자, 예를 들면, 이누이트 정치 조직의 출현[8] 또는 한 특정한 글로벌 정책 분야, 예를 들면,

---

6) Ibid., p. 129.
7) Ibid., pp. 104-123.
8) 이누이트 정치 조직의 출현에 관해서는 J. Shadian, *The Politics of Arctic Sovereignty: Oil, Ice and Inuit Governance.* (Abingdon: Routledge, 2014) 참조.

인구 정치[9]에 초점을 맞춰야 한다. 또한, 오랜 역사적 노선을 추적하면 때때로 권위에 대한 경쟁을 구체화하고, 권위가 끊임없이 경쟁하고 재협상 된다는 사실을 밝히지 못할 수 있다. 전문가 기구들은 오랫동안 북극 거버넌스의 핵심 행위자로 인식돼 왔지만, 그들이 언제 그리고 어떻게 북극 이사회의 정치적 외교적 수준과 상호 간섭 및 작용을 하는지는 북극 거버넌스가 20년이 지난 지금에도 논란의 대상으로 남아있다. 다른 한편으로, 물론, 모든 것들이 재해석을 할 수 있는 것은 아니다. 실제로 자연과학자들을 사회과학자들로, 또는 토착(원주)민 단체를 지방정부 대표들로 대체하는 것은 상상하기 어렵다.

북극의 초국경 거버넌스의 사회-정치적 구조는 두껍고 다양하며 끊임없이 재창조된다. 본 논문은 북극 거버넌스에서 일어나는 많은 일들이 다양한 행위자들의 노력과 권력 수행(power performances)을 필요로 한다는 것을 보여주었다. 새로운 협력의 영역들이 광범위한 정책 네트워크에 의해 주도되고 있으며, 종종 그들의 전 직업 경력을 몇몇 핵심 영역을 이해하고 그 영역들에서의 발전에 바쳐온 최고위 관료들을 개입시킨다.

네트워크 정치의 이러한 조용한 작업들은 중요하지만, 진행 중인 거대한 북극 변화를 관리하기에는 충분하지 않다. 북극 지역 전체에 걸친 주요 사례 하나를 들어보면, 최근에 발표된 미국 국립해양기상협회(NOAA, National Oceanic and Atmospheric Association)의 북극에 대한 '보고서 카드(report card)'는 다시 한번 북극의 지속적 온난화에 대한 우리의 관심을 끌고 있다. 2016년의 평균 지표 기온은 1900년 이후로 가장 높았다. 2016년 여름이 끝날 무렵의 해빙(海氷) 범위는 1979년 해빙 범위의 위성 감시가 시작된 이후 2007

---

9) 인구 정치에 대해서는 O. J. Sending, *The Politics of Expertise: Competing for Authority in Global Governance*, (Ann Arbor: University of Michigan Press, 2015) 참조.

년의 충격적 기록과 함께 두 번째로 가장 낮았다.[10)]

이미 보았듯이, 많은 접합점에서 북극의 커다란 도전에 대해 국가 고위급 정치 개입이 절대적으로 중요해졌다: 2009년 코펜하겐과 2015년 파리 사이의 세계 기후 변화 협상에 대한 교착 상태 해결; 초국경 오염 물질에 대한 세계적 행동 창출; 최근의 중앙 북극해 어업 조약[11)]과 같은 새로운 협력 영역의 오프닝. 다시 말해서, 적극적이고 동시에 '결정적인' 강대국으로서 미국과 러시아가 북극 지역 정치에 계속 관여하는 것은 북극 협력을 유지하고 확대하는 데 필수적이다.

오늘날의 세계 정치는 지역 전쟁과 대리전쟁들; 국내 정치를 '우선시'하는 선입견 증가; 기후 변화에 대한 과학적 합의에 대한 반대를 포함하여 전문가의 지식에 대한 포퓰리즘적 반발 등에서 지속적이고 해결 불가능한 것처럼 보이는 투쟁과 고통을 겪고 있다. 따라서, 북극 지역 정치의 큰 위험은, 자주 반복되는 북극의 이분법 중 하나가 암시하는 것처럼, 극지방의 군사적 갈등이 아니라 오히려 현재 쟁점이 되고 있는 문제들에 맞게 조정된 해결책을 창출하기 위해 북극 협력을 우선시하고 또 그 범위 및 시야를 확장하지 못하는 것이다.

본 논문은 위에 언급한 네 번째 명제, 즉 *권력관계가 특히 다양한 '종류'의 행위자들 사이에서 얼마나 변하기 쉬우며, 어떻게 지속적으로 정의되고 또 재정의되는가*에 초점을 맞춰, 북극 이사회에서 전문가 집단들이 북극 거버넌스의 한 행위자로서 회원국들과 영구회원기관(원주민 조직들)과의 경쟁 속에서 달성한 일종의 권위(authority)를 북극 이사회 고위급(SAOs) 회의에서 로웨가 말하는 소위 '과학-정책' 인터페이스를 통한 협상을 통해 분석했다. 서로 다

---

10) L. W. Rowe, op. cit., p. 132.

11) 중앙 북극해 공해상 비규제 어업 방지 협정(International Agreement to Prevent Unregulated High Seas Fisheries in the Central Arctic Ocean).

른 종류의 행위자들 사이에서 어떻게 책임의 선이 그어졌는지에 대한 이러한 연구 결과는 "누가 북극을 대표하는가?", 또는 "누가 북극 이사회를 대표하는가?" 하는 권위를 명확하게 표현하거나 도전받을 수 있는 다양한 방법 또는 방식에 대해 종합적으로 생각할 수 있도록 해줄 것이다.

II. 북극 이사회 내의 과학 행위자 그룹의 구조와 기능

회원국 정부 간 고위급 포럼체인 북극 이사회의 구조[12]는 8개 회원국, 6개 워킹 그룹(WGs, Working Groups), 6개 영구회원기관(PP, Permanent Participants), 38개 옵저버 국가와 기관들(Observers)로 이루어져 있다.

쟁점을 발의/논의하고, 책임을 지는 8개 회원국은 노르웨이, 덴마크, 러시아, 미국, 스웨덴, 아이슬란드, 캐나다, 핀란드이다. 이 중 북극해를 접하는 연안 5개국은 노르웨이, 덴마크(그린란드), 러시아, 미국, 캐나다이다. 8개 회원국은 2년 임기로 돌아가며 의장국을 맡고 있다.

기후변화(온난화), 환경 등의 과학적 지식의 형성과 표출을 담당하는 6개 워킹 그룹은 다음과 같다. 북극 오염 물질 행동 프로그램(Arctic Contaminants Action Program)[13]; 북극 모니터링 및 평가 프로그램(Arctic Monitoring and Assessment Programme)[14]; 북극 동식물계 보존 워킹 그룹(Conservation of Arctic Flora and Fauna)[15]; 비상 예방, 대비 및 대응 워킹 그

---

12) 북극 이사회 공식 사이트 https://arctic-council.org/en/
13) 공식 웹사이트 https://arctic-council.org/en/about/working-groups/acap/home/
14) 공식 웹사이트 https://www.amap.no/
15) 공식 웹사이트 https://www.caff.is/

룹(Emergency Prevention, Preparedness and Response)[16]; 북극 해양 환경 보호 워킹 그룹(Protection of the Arctic Marine Environment)[17]; 지속 가능한 개발 워킹 그룹(Sustainable Development Working Group)[18].

6개 Working Groups	주요 관심사	설립	의장국
북극 오염 물질 행동 프로그램 (ARCTIC CONTAMINANTS ACTION PROGRAM)	북극 오염과 환경적 리스크 감소	2006	노르웨이
북극 모니터링 및 평가 프로그램 (ARCTIC MONITORING AND ASSESSMENT PROGRAMME)	오염원 및 기후변화가 북극 생태계와 인간건강에 미치는 영향의 측정과 감시	1991	스웨덴
북극 동식물계 보존 워킹 그룹 (CONSERVATION OF ARCTIC FLORA AND FAUNA)	생물 종 다양성 보존	1991	the Arctic Environmental Protection Strategy(AEPS)
비상 예방, 대비 및 대응 워킹 그룹 (EMERGENCY PREVENTION, PREPAREDNESS AND RESPONSE)	환경, 기타 긴급 상황 및 사고의 예방, 준비, 대응과 수색 구조	1991	덴마크
북극 해양 환경 보호 워킹 그룹 (PROTECTION OF THE ARCTIC MARINE ENVIRONMENT)	북극 해양 환경의 보호와 지속가능한 이용	1991	핀란드
지속 가능한 개발 워킹 그룹 (SUSTAINABLE DEVELOPMENT WORKING GROUP)	북극 원주민과 공동체들의 지속가능한 개발을 발전시키고, 환경적 경제적 사회적 조건을 개선	1998	아이슬란드

현대 국가가 북극 지역의 초국경 거버넌스 또는 정치에 상대적으로 새로운 행위자로 등장했다. 그러나 현대 국가는 북극에서 원주민과 지역 공동체를 압도하는 행위자이다. 우리는 북극 협력 거버넌스의 규칙을 정립하는 데 있어 국가 대 다른 국가의 문제가 얼마나 유리한 위치를 차지하고 궁극적으로 결과

---

16) 공식 웹사이트 https://eppr.org/
17) 공식 웹사이트 https://pame.is/
18) 공식 웹사이트 https://www.sdwg.org/

를 형성하는지, 그리고 국가 대 다른 국가의 문제에 얼마나 유리한 입장이 주어지고 이것이 궁극적으로 어떻게 결과를 형성하는지를 잘 알고 있다. 즉, 한마디로 북극 거버넌스의 가장 핵심적이고 강력한 행위자는 국가라는 점이다. 특히 국제법에 의해 법인격을 갖지 못한 정부 간 포럼인 북극 이사회에서 국가가 얼마나 압도적인 행위자인지는 국가(회원국)가 북극 이사회의 결정을 거부할 수 있는 비토권에서 명백하게 드러난다. 다음으로, 비국가 행위자인 북극 이사회 영구회원기구(Permanent Participants)인 6개 원주민 단체가 있다. 이들 원주민 조직들은 북극의 원주인으로 자신의 이익과 미래를 결정할 자결권을 주장하며, 북극에서의 광범위한 거버넌스, 즉 북극 이사회의 고위급(SAOs)회의와 장관 회의에 적극적으로 참여하고 있다.

마지막으로 비국가 행위자인 과학 행위자들이 있다. 권위에 중점을 둔다면, 북극 초국경 거버넌스에서 권력관계를 형성하는 자원과 성과의 종류에 대해 생각할 필요가 있다. 따라서, 권력관계가 변하기 쉬우며 끊임없이 새롭게 만들어지고, 논쟁 되고, 재정의된다고 가정할 수 있다. 또한 '무엇이 최선인가를 아는 것'과 관련된 권위에 대한 상식이 이러한 맥락에서 도움이 된다. 많은 북극 협력은 지식에 초점을 두었다. 즉, 북극 환경에 대한 평가에 지식을 적용하거나, 다양한 사람 대 사람(people-to-people)의 형식으로 북극권 국경을 가로질러 정책 지식을 교환하는 것 등이 그것이다.

위에 언급된 두 비국가 행위자는 북극 이사회 내 '고위 수준'에서, 즉 고위급 회의(SAO meeting)[19]와 장관회의(Ministerial meeting)에서 '국가 행위자'와 직접적으로 대응하고 협의 및 협상을 진행한다.

---

19) 고위급(SAOs, Senior Arctic Officials) 회의(meeting)는 매 6개월마다 의장국에서 개최된다.

로웨가 '과학-정책 인터페이스'라 부르는 영역에서 "과학적 지식 또는 과학자들의 존재 또는 과학적 자율에 대한 논의는 언제 고위정치 수준에서 중요하게 나타나는가?"라는 질문이 제기될 수 있다. 로웨는 과학과 기술 연구로부터 차용된 시민 인식론(civic epistemology)이란 개념을 도입하여 북극과 같은 크로스-커팅되고 지역에 기반을 둔 '범분야 지역' 즉 '엄브렐라(umbrella)' 정책 영역에서 권위에 대한 지속적인 역학을 포착하고자 했다. 어쨌든 위에 언급된 두 비국가 행위자에 의해 북극 이사회 내에서 다자간 다면적 다수준 거버넌스 시스템이 적용되고 있음을 알 수 있다.

III. 북극 이사회 내 고위급 관료(SAOs)와 과학 행위자 간의 정치적 역학관계

냉전 종식 이후의 급속한 세계화로 수많은 비국가 행위자와 사회적 운동이 점점 더 많은 초국가적 정책 분야를 형성하는 행위자가 되었다. 이 새로운 양적 증가와 가시성을 파악하기 위해, 글로벌 거버넌스를 연구하는 국제관계학자들은 먼저 글로벌 거버넌스에서 비국가 행위자들의 활동이 국가의 기능과 근본적으로 다르고 아마도 글로벌 거버넌스에서 국가를 밀어내고 있다는 암묵적 가정으로 연구를 개시했다.[20]

회원국과 영구회원기관을 포함하는 북극 이사회의 주요 행위자들은 서로 다른 관심사와 다소 유리한 또는 불리한 자원과 출발점을 가지고 있더라도 모

---

20) 이러한 개념에 대한 논의는 I. B. Neumann and O. J. Sending, *Governing the Global Polity.* (Ann Arbor: University of Michigan Press, 2010) 참조.

두 동일한 권위를 추구하는 것으로 간주된다. 다시 말해, 국가는 국익을 추구하고, 과학자들은 '전문가 권위'를 행사하고, 원주민들은 '도덕적 권위'를 통해 자신의 이익을 대변한다고 가정하기보다는 또 다른 질문이 필요하다는 것이다. 왜 특정 행위자가 다른 행위자들보다 주어진 정책 분야에서 더 신뢰할 만하고 더 관련성이 있다고 인식되는 이유는 무엇일까?

경험적으로, 지식에 대한 논쟁이 권위를 확보하기 위한 현대 정치의 주요 측면이라는 것을 알 수 있다. 다양한 지식 커뮤니티 또는 행위자 네트워크가 주어진 글로벌 거버넌스 분야에서 중요한 사안을 결정하고 정의하는 특권적 지위를 확보하기 위해 경쟁해 왔다. 광의로, 지역적으로 정의된 북극 정책 분야는 지역적, 국가적, (비북극권의) 국제적 정책 분야와 겹치는 많은 교차 정책 분야의 생태계를 이룬다. 다시 말해, 그 제도적 측면에 중점을 두지 않고 북극 이사회를 정책 분야로 생각하고 있다면, 서로 다른 많은 당사자들이 자신들의 정치적 발전의 역사를 가지고 다양한 정책적 쟁점들에 들여온 권위의 역학을 어떻게 포착해야 하는가에 대해 생각해야 한다. 이런 다양한 정책적 쟁점들은 또한 그들 자신의 지방적, 지역적 그리고 때때로 글로벌한 계보를 가지고 있다.

로웨는 과학 및 기술 연구에서 차용한 북극 거버넌스에서의 권위 문제를 밝혀내는 데 도움이 될 수 있는 접근방식으로 야사노프(Sheila Jasanoff)의 '시민 인식론'[21]을 도입했다. 야사노프는 독일, 미국 및 영국의 생명공학에 관한 정치적 논쟁에 대한 국가 간 비교에서 상대적으로 유사한 서구 국가들에서도 생명공학 토론에 의해 제기되는 몇 가지 일반적인 질문을 충족시키는 국가적 방

---

21) S. Jasanoff, *Designs on Nature: Science and Democracy in Europe and the United States*, (Princeton: Princeton University Press, 2005).

식의 지속적인 차이점을 확인했다. 그녀는 논의의 규범, 신뢰의 방식, 전문가와 전문지식에 대한 역할과 기대가 국가 간에 계속 다르게 나타난다고 주장했다. 그녀는 이러한 태도와 관행을 '시민 인식론'이라 표현했다. 이러한 시민 인식론의 지표는 누구의 지식이 중요하고, 그것은 어떻게 대표되어야 하는가에 대한 이미 확정된 또는 잊혀진, 현재 진행 중인 또는 미래에 등장할 지식에 대한 경쟁의 체계적인 견해를 제공하며, 권위의 정치에 대한 좋은 시각을 제공할 수 있다.

북극 이사회의 정책결정에 지식이 어떻게 적용되는가에 대한 논의, 다시 말해, 지식의 적절성(relevance)/적합성(appropriateness)/신뢰성(credibility)에 대한 논의는 북극 거버넌스의 맥락에서 권위 또는 영향력을 이해하는 데 의미가 있다. 왜냐하면, 지식은 수 세기 동안 북극의 '고위 정치'의 일부였기 때문이다. 지식과 과학을 주권과 지역적 영향력의 추구와 연계하는 것은 북극에서 오랜 역사를 가지고 있다. 초기 북극 탐험가들의 과학적 열정에서부터 20세기 북극 과학에 대한 국가적 강조에 이르기까지, 북극권의 국가 건설(state-building)은 과학을 통해 북극의 물리적 환경을 알고 있다고 주장하고 군사 시설과 과학 인프라를 통해 물리적 존재를 유지함으로서 이루어졌다.[22] 논리는 간단하다. '어떤 국가도 북극권 국가들만큼 북극과 북극의 도전을 알지 못한다. 그리고 어떤 국가도 북극권 국가들만큼 북극을 더 잘 통치할 수는 없다.' 지역적 계층구조에서 자신의 우위를 주장하는 노르웨이의 입장은 극북극(High North)과 북극(Arctic)에 대한 노르웨이의 지식이 가장 앞서 있다는

---

22) M. Bravo, "Mission gardens: Natural history and global expansion, 1720-1820", in L. L. Schiebinger and C. Swan (eds.), *Colonial Botany*. (Philadephia: University of Pennsylvania Press, 2005) pp. 49-65.

생각과 밀접한 관련이 있다. [23]

다음의 논의들에서 볼 수 있듯이, 지식 문제, 즉 누구의 지식이 중요하고, 누구의 발언이 들려져야 하고, 어떻게 들려야 하는지에 대한 문제는 북극 이사회에서 과학/지식 행위자와 만나는 국가의 관점에서 정치적 수준에서 적극적으로 명시적으로 논의된다. 이러한 논쟁들은 효과적인 권위의 행사에 관한 다양한 행위자들 간의 광범위한 경쟁을 보여준다.

북극 이사회에서의 과학 관련 국가와 지식 전문가 집단 간의 정치적 상호작용을 분석하기 위해 로웨가 도입한 '과학-정책 인터페이스(science-policy interface)'라는 개념은 몇 가지 일반적인 단점이 있다. [24]

첫째, 과학과 정책이라는 분류는 학자들 사이에서는 종종 논쟁적이지만, 일반 대중의 인식에서는 널리 퍼져있는 '어떻게 역할(roles)이 수행되는지'에 대한 개념을 바탕으로 한다. 즉, 과학자들은 항상 '권력에 대해서도 진리를 말함'으로서 정치적 역할을 하고, 그들의 '발언'은 전략적으로 판단하고 선택하는 정치인들에 의해 선택되거나 또는 무시된다. [25] 이러한 관점에서, 국제적 활동에 관여하는 지식 전문가들은 통합된 '지식/인식론적 공동체(epistemic community)'를 구성하고, 기후 평가와 같은 국제적으로 생성된 정보를 적극적으로 전파하는 지식 확산의 에이전트 또는 정보 기업가(informational

---

23) MFA, Norway. 'Nordområdene: Visjon og virkemidler. Melding til Stortinget (No. 7)' (2011). ['The high north: Vision and instruments. Paper to Parliament, no. 7' (2011)]. www.regjeringen.no/nb/dep/ud/dok/regpubl/stmeld/2011-2012/meld-st-7-20112012.html?id=663433(검색일: 2021.1.23.)

24) L. W. Rowe, op. cit., pp. 108-109.

25) R. Lidskog, G. Sundqvist (2015), "When does science matter? International relations meets science and technology studies", *Global Environmental Politics*, 15:1, (2015), pp. 1-20.

entrepreneurs)로서의 역할을 수행한다.[26] 반면, 과학 지식(scientific knowledge)은 '과학보다는 오히려 정치에 의해 형성되는' 프로세스에서 필수적이고, 요청되고, 공급된다는 베르스타인의 관찰[27]은 대부분의 과학-정책 상호작용에서 보다 분석적인 도구를 제공한다.

둘째, '과학-정책 인터페이스'라는 개념은 과학 역사와 과학 사회학에서의 많은 연구들이 보여주듯이, 관행 속에 존재하는 분류보다 오히려 훨씬 더 뚜렷하게 과학과 정치 사이의 경계를 긋는다.[28] 이런 학설은 과학적 연구 결과가 정치적이거나 편견이 있다고 말하지 않고 오히려 정치와 지식 생산이 어떻게 지속적으로 상호작용하는지에 대해 관심 또는 주의를 필요로 한다고 말한다. 예를 들어, 어떤 학문 분야나 공식적인 절차에 따른 조사 형태에 어느 정도의 재정 지원을 할지에 대한 문제는 종종 정치적 개입 및 논쟁의 대상이 된다. 정책 토론은 종종 우리가 알고 있는 것(과학, 사실)과 우리가 가치 있게 생각해야 하는 것에 대한 진술과 주장의 복잡한 혼합이다.[29] 이러한 혼합은 우연이 아니다. 정치가들과 정책 행위자들은 그들의 주장에 공평성(impartiality)을 더한 균형추를 제공하는 방법으로서 과학을 자신의 편에 두는 것을 선호한다.[30]

---

26) P. M. Haas, *Epistemic Communities, Constructivism and International Environmental Politics*. (Abingdon: Routledge. 2015)

27) S. Bernstein, *The Compromise of Liberal Environmentalism*. (New York: Columbia University Press. 2001), p. 487.

28) 예를 들면, D. Demeritt, "The construction of global warming and the politics of science", *Annals of the Association of American Geographers* 91:2 (2001), pp. 307-337.

29) A. Dessler, E. A. Parson, *The Science and Politics of Global Climate Change: A Guide to the Debate*. (Cambridge: Cambridge University Press. 2010).

30) Ibid., p. 56.

정책결정 수준에 근접하면 할수록, '과학-정책 인터페이스'의 '과학' 측면은 훨씬 더 광범위하게 재작업되고 정책지향적이 된다. 초국경 거버넌스(북극 이사회)에서 제시된 대부분의 과학은 사전에 심사 또는 선정되었다. 고위급 외교관과 정치인들은 여과되지 않은 연구 파일이나 최신 학술지 논문들 또는 이를 만들어 낸 학자들을 마주하지 않는다. 오히려, 예상되는 변화와 효과가 있을 수 있는 조치에 대해 신중하고 명료하게 확실성이 제시된 연구 자료를 제시한다. 북극에서의 북극 이사회 과학 평가 작업의 정책적 의미는 종종 워킹 그룹 대표단의 장들(WG HoDs, Heads of Delegation)과 그들이 소속된 국가의 고위급과 최초로 상호작용하는 여러 북극 이사회의 워킹 그룹들에 이르기까지 정치적인 사전조율 또는 허가를 받아 진행된다. 북극 모니터링 평가 프로그램(AMAP) 워킹 그룹 내의 이러한 활동이 대표적이다.[31] 또한 주로 자연적 프로세스나 환경변화보다 기술적 쟁점 또는 거버넌스 쟁점에 가까운 쟁점 영역에서 지식 기반 및 정책적 권고를 모두 포함하는 독립 컨설턴트들의 위탁 업무도 있다. 예를 들면, 국제 엔지니어링 및 경영 컨설팅사인 Det Norske Veritas(DNV)의 「중질 연료유(heavy fuels)에 대한 보고서(DNV, 2011)」와 「특별히 지정된 해역의 보고서(DNV, 2013)」가 있다.

본 논문에서는 북극 거버넌스의 국제적 수준에서 전문가의 지식이 정치적 고려사항을 충족시키는 '하류부문(downstream)'에 초점을 두었다. 워킹 그룹의 '상류부문(upstream)' 내에서는 상당히 다른 역학이 발견될 수도 있고, 그

---

31) AMAP WG 내의 이러한 활동에 대한 자세한 내용은 J. Spence, "Finding a place in the Arctic Council for non-Arctic actors: A social network analysis of the Arctic Monitoring and Assessment Programme", *Arctic Yearbook* (2016). www.arcticyearbook.com/scholarly-papers-2016/233-finding-aplace-in-the-arctic-council-for-non-arctic-actors-a-social-network-analysis-of-thearctic-monitoring-and-assessment-programme (접속일: 2021. 2. 11.) 참조.

들 간의 편차도 있을 것이다. 예를 들어, 원주민 조직이 지속 가능한 개발 워킹 그룹(the Sustainable Development WG) 내에서 북극 이사회의 '민족(원주민) 정치(people politics)'를 강조하는 강력한 발언권을 가질 것으로 예상할 수 있다. 바렌츠 협력기구[32]의 역동성과 다양한 지역 및 국가 차원의 역학은 그들 자신의 '지방적' 특성을 명백하게 지니고 있다. 그리고 확실하게, 국가적 하류부문 과학-정책 인터페이스의 역학은 훨씬 더 다양하다. 러시아의 북극 기후 과학 지식의 수용 사례가 대표적인 경우이다.[33]

과학-정책 인터페이스 하류부문(정책적 고려를 위해 지식이 전개될 때)에서의 권위의 역동성을 확인하기 위해, 북극 이사회에서 과학의 기능과 위치에 대한 활발한 토론/논쟁의 사례들에 대한 연구가 필요하다. 지난 10년 동안의 북극 이사회의 의사록(minutes)이 고위정치 회의에서 과학 연구의 지위와 적절성이 논의된 사례로서 분석되었다. 이러한 분석의 결과로 나타나는 핵심 주제들은 다음과 같은 질문들을 중심으로 한다. 누가 북극 이사회를 대변하는

---

32) 바렌츠 유로-북극 지역 협력(The cooperation in the Barents Euro-Arctic Region(BEAR)은 1993년 스웨덴, 핀란드, 노르웨이, 덴마크, 아이슬란드, 러시아 및 EU집행위원회가 바렌츠 유로-북극 이사회(Barents Euro-Arctic Council, BEAC)를 설립한 키르케네스(Kirkenes) 선언에 서명하면서 시작되었다. 노르웨이 키르케네스 외교부 회의에서 바렌츠 지역 카운티 주지사들과 원주민 대표들이 바렌츠 지역 이사회(Barents Regional Council, BRC)를 설립하는 협력 프로토콜에 서명함으로써 바렌츠 협력기구는 BEAC와 BRC의 두 트랙으로 시작되었다. BEAC BRC는 회원국의 13개 지역 간 협력을 목표로 하는 정부 간 협력을 위한 포럼으로, 토착민은 두 이사회와 관련하여 자문 역할을 수행한다. 토착민들은 또한 바렌츠 협력을 세계적 관점에서 독특하게 만드는 특징적 요소이다. https://oaarchive.arctic-council.org/handle/11374/1302(접속일: 2021. 2. 11.)
33) 러시아의 북극 기후 과학 수용의 사례에 대해서는 L. W. Rowe, "Pechenganikel: Soviet industry, Russian pollution and the outside world", Doctoral thesis, University of Oslo. (2013) 참조.

가? 과학은 언제 정책이 되는가? 정책적 결론은 어디에서 확인되는가? 과학은 언제 정치적 행동을 위해 충분한가?

북극 이사회의 과학-정책 인터페이스를 이해하기 위한 한 가지 시각은 세계 무대에서 북극 이사회를 누가 대표하는가? 또는 북극 환경 문제를 누가 발언하는가를 확인하는 것이다. 이 논쟁은 북극 쟁점에 대한 오랜 제도적 기억을 가진 때때로 반자율적(semi-autonomous) 워킹 그룹들과 정기적으로 변화하는 국가들의 외교 및 정치 대표들 간의 관계에 대한 광범위한 문제와도 관련이 있다.

2015-2017년 미국 의장국 기간 동안, 북극 이사회 구성 기구와 다른 거버넌스 기구들과의 외부적 관계에 대한 의문이 여러 가지 양태로 제기되었다. 의사소통과 북극 이사회를 누가 대변할 것인가에 대한 일반적인 토론에 대해 한 고위급(SAOs) 회의의 회의록은 '어떤 합일점도 찾지 못했다'라고 적혀있다.

> 대부분의 고위 대표들은 워킹 그룹 의장들(Working Group Chairs)과 대표단 단장(Heads of Delegations)들이 워킹 그룹 활동의 주요 대변인이며, 북극 이사회의 작업과 관련된 사실적/기술적 문제에 대해 말할 수 있지만, 대신 북극 이사회를 대표하여 정책 문제에 대해 공개적으로 대서특필하여 말해서는 안 된다는 견해를 표명했다. 북극 이사회의 일부 대표단은 사무국보다는 워킹 그룹 의장들이 공개적으로 말하는 것을 선호했다 [원문 그대로 sic].[34]

이 마지막 요점은 워킹 그룹 의장들은 그들의 정치적 목소리가 들릴 수 있

---

34) Arctic Council Secretariat, Summary report of Arctic Council SAO plenary meeting, Anchorage, Alaska, 21-22 October 2015. Arctic Council Archive. p. 6. http://hdl.handle.net/11374/1576(접속일: 2021. 1. 23.)

는 정기적인 국가 차원의 선발 과정을 거치는 반면 사무국은 정치적 선발 과정과는 약간의 거리를 두고 작동되고 있고, 때때로 장기 근무 직원들이 있다는 점에서 흥미롭다.

보다 구체적인 맥락에서, 이러한 표현과 발언의 문제는 세계 기후 정치와 관련하여 다시 등장했다. 2015년 앵커리지에서 개최된 북극 고위급(SAOs) 회의의 최종 보고서에 따르면[35], 획기적인 '기후 변화에 관한 유엔 기본 협약(UNFCCC)'[36] 제21차 당사국 회의(COP, Conference of the Parties to the UNFCCC)에서 북극 이사회의 가시성(투명성)이 논의되었다. 이 논의는 북유럽 장관 회의(Nordic Council of Ministers)가 주최한 COP21의 공개 행사에 참여하기를 원하는 워킹 그룹(AMAP)에 의해 촉발되었다. 그러나 "여러 대표들이 외부 국제기구에 의해 조직된 이런 종류의 행사에 북극 이사회의 한 워킹 그룹이 참여하는 것은 적절하지 않다고 생각했다."[37] 약간의 논의 후, AMAP가 제21차 당사국 회의(COP21)에 공개적으로 참여하지 않을 것이지만, 아이슬란드가 자신의 일부 부스 공간을 활용하여 파리에서 북극 이사회의 간행물을 전시하는 것으로 해결책이 제시되었다.

북극 이사회의 고위정치 회의에서 과학 연구의 지위와 적절성을 논의하기 위해 제기되는 두 번째 질문은 과학은 언제 정책이 되나? 이다.

워킹 그룹들은 종종 의장국 시작 초기에 평가 및 기타 과학 연구에 대한 계획을 작성하여 승인을 받고 의견을 제시받는다. 과학에 대한 국별 대표들의 논평은 중복을 피하고, 워킹 그룹들이 좀 더 협력하도록 노력하고, 자원과 데이터를 지원하는 것에 초점을 맞추는 경향이 있다. 회원국들은 또한 비록 드

---

35) Ibid.
36) United Nations Framework Convention on Climate Change(UNFCCC).
37) Arctic Council Secretariat, op. cit., 2015. p. 5.

물긴 하지만, 어떤 이유로든 그들이 반대하는 주제에 대한 자원제공을 보류할 수 있다는 점을 명심해야 한다. 한 가지 예로, 미국은 북극의 해양 관리 관행을 비교하는 연구 제안에 긍정적으로 반응하지 않았다. 그 이유는 다른 노력들과의 중복으로 인식되었고, 결과적으로 미국 대표는 한(미국) 장(챕터)의 저자를 임명하지 않고, 그 주제에 관한 기존 연구성과를 그 작업에 제출할 것이라고 선언했다[38] 전체적으로, 워킹 그룹 계획의 계획단계나 특정 과학적 발견 및 판단에 대한 정치적 수준의 의견은 때때로 거의 없다. 이것은 적어도 공식적인 회의록에 반영되지 않았다.

그러나 이러한 역동성은 평가의 대상 주제에 따라 다를 수 있으며, 평가가 마무리되고, 정책 권장 사항을 공식화하려는 노력이 이루어진다. 북극 이사회 기반의 평가 지식(assessment knowledge)이 국가 차원에서 어떻게 그리고 어떤 방식으로 수용되는지에 대한 문제는, 예를 들어, 「2007 북극 석유가스활동(OGA) 보고서(The 2007 assessment of oil and gas activities in the Arctic)」의 경우와 같이 심각한 쟁점이 되었다. 물론 북극 석유 및 가스 생산은 국제적 협력 평가를 시도할 고도의 기술적 경제적 전략적 쟁점 영역이다. 이「OGA 보고서」는 AMAP에 의해 조정되었고, 2007년 노르웨이 북부에서 개최된 고위급(SAOs)에 최종 양식으로 처음 제출되었으며, 고위급(SAOs)은 저자들에게 축하의 말을 전했고, 이 보고서는 여전히 그 단계에서 기밀로 유지되었다.

AMAP 의장이 트롬소의 북극 프론티어 회의(Arctic Frontiers Conference)와 다음으로 러시아와 알래스카의 두 지역 회의에서 이 보고서를 배포할 계획을 발표했을 때, 과학적 발견과 정책 및 대중 회람을 위해 편집한 '개요 보고

---

38) PAME, PAME progress report to SAOs, Narvik, Norway, 28-29 November 2007. Arctic Council Archive. http://hdl.handle.net/11374/793(접속일: 2021.1.23.)

서'의 권고 사항 간의 차이점에 대해 토론이 전개되었다. 보다 구체적으로, '개요 보고서(Overview Report)'의 권고가 과학적인 것을 의도하느냐 아니면 정책적인 권고를 의미하느냐를 두고 논쟁이 벌어졌다. 만약 정책적인 권고라면, 워킹 그룹 내에서 승인되거나 작업된 정책 권고를 다루는 북극 이사회의 절차와 워킹 그룹의 권고에 대응할 고위급(SAOs) [sic]의 역할이 무엇이어야 하는지에 관해 좀 더 명확해져야 한다.[39] 고도의 사회-경제적 적실성(관련성)을 가진 이 분야에서, 일부 고위급(SAOs)은 워킹 그룹이 제안한 정책 권고가 너무 규범적이고, 북극 이사회의 전문가와 정치 행위자들 사이의 규정적 절차와 노동 분업의 위임 범위를 어느 정도 넘어섰다고 생각하는 것 같았다.

이러한 관찰 결과는 워킹 그룹 산출물의 (정책) 권고 또는 (보고서) 보급을 형성하는 데 정치적 수준이 어떻게 그리고 언제 개입해야 하는지에 대한 논의를 불러일으켰다. 그 후, AMAP는 다음의 사항에 대한 이해를 명확히 하고자 했다.

과학자들은 과학적 평가를 준비하고, 과학적 결론과 권고 사항을 작성한다. 개요 보고서의 주요 연구 결과 및 정책 권고 사항은 과학적 평가의 과학 권장 사항을 기반으로 하며 광범위한 국가적 검토와 더불어 AMAP 워킹 그룹 대표자들 간에 협상 되었다.

AMAP 회의록은 이어서 한 워킹 그룹 참여자의 주장을 언급했다. '고위급(SAOs)이 워킹 그룹 보고서를 변경하는 것은 고위급의 정책이 아니었다. 이

---

39) Arctic Council, Final report of SAOs' meeting, Narvik, Norway, 28-29 November 2007. pp. 9-10. https://oaarchive.arctic-council.org/bitstream/handle/11374/380/ACSAO-NO02_Narvik_FINAL_Report.pdf?sequence=1&isAllowed=y(접속일: 2021.1.23.)

전에는 고위급(SAOs)이 워킹 그룹의 작업을 받고, 고위급(SAOs) 보고서에 가져올 (정책적) 요소를 추천했다.[40]

이러한 상설 절차는 '대부분의 고위급(SAOs)'으로부터 지지를 받았으며, 의장은 고위급(SAOs)의 역할은 (정책) 권고 사항을 받는 것이라고 덧붙였다. 다른 고위급(SAOs)들은 「2007 북극 석유가스활동(OGA) 보고서」에 '만약 정책 권고로 의도된 경우라면, 국가적 검토가 불충분했다 [고 암시했고] … 평가의 정책 부분에 대한 정부 내 승인 절차가 필요했다'는 발언이 포함되어 있다는 사실을 깨달았다.[41] 고위급(SAOs)은 1월 중순까지 (평가 보고서의) 정책 부분에 대한 검토를 마무리하기로 동의했고, 정책 권고 및 요약 보고는 계획된 북극 프론티어 회의(Arctic Frontiers Conference) 개회 이전에 각국 정부들의 논평이 나온 경우에만 배포될 수 있다고 동의했다.[42] 그러나 차후 회의에서, 「OGA」의 공식 출판은 고위급(SAOs)의 임무로 지정되었다.[43]

AMAP는 2010년 「북극의 눈, 물, 얼음, 서리(the Snow, Water, Ice and Permafrost in the Arctic, SWIPA) 평가 보고서」를 배포할 때, 아마도 「OGA」를 완료할 때의 고생스러운 경험을 바탕으로, 정책 권고 사항이 어떻게 개발되는지에 대한 주제를 다시 제기했다. 그리고 다음의 절차가 확립되었다.

AMAP는 AMAP 대표단 단장들(HoD)이 과학 보고서를 기반으로 정책 권고 사항을 개발하고, 이것들은 요약 보고서에 포함될 것이라는 사실을 확인했다 … 고위

---

40) op. cit., pp. 9-10.
41) Ibid., p. 10.
42) Ibid., p. 11.
43) Arctic Council, Draft minutes of SAOs' meeting, Tromsø, Norway, 12-13 April 2007. Arctic Council Archive. http://hdl.handle.net/11374/371(접속일: 2021.1.23.)

급(SAOs)은 정책 권고 사항과 관련하여 그것이 고위급(SAOs)에 전달될 때 보고서와 정책 권고 사항에 더 익숙해지도록, AMAP 대표단 단장들이 고위급(SAOs)과 긴밀하게 상호작용할 책임이 있다고 강조했다.

그러나 흥미롭게도, 고위급(SAOs)은 자연과학 기반의 「북극의 눈, 물, 얼음, 서리(SWIPA) 평가 보고서」를 북극 이사회와의 긴밀한 대화로 끌어들여, 그것이 북극 이사회의 보고서로 보이도록 요청했다. AMAP은 과학 기반 보고서에 일반적으로 북극 이사회 로고를 찍지 않지만, (연구 또는 평가) 주제에 대한 고위급(SAOs)의 지침을 요청했다고 지적했다. 그럼에도 불구하고, 고위급(SAOs)은 AMAP에 다음 회의 전에 '국가적 검토(national consultations)'를 할 수 있을 만큼 충분히 일찍 보고서를 완료하도록 격려했다.[44]

마찬가지로, 다른 경우에도, 회원국 대표들은 과학과 정책의 차이를 흐리게 하거나 적어도 과학적 협력을 정치적 성공으로 축하할 수 있도록 노력했다. 2015년 화이트호스(Whitehorse)에서 열린 고위급(SAOs) 회의에서 러시아와 서구와의 관계가 좋지 않은 시점이자 긴급 예방, 대비 및 대응(EPPR) 워킹 그룹[45]의 「북극의 얼음과 눈이 있는 지역의 기름 유출 대응에 관한 가이드(the Arctic Guide on Oil Spill Response in Ice and Snow)」 발표에 대한 응답

---

44) Arctic Council, Final report of SAOs' meeting, Illullissat, Greenland, 28-29 April 2010. Arctic Council Archive. p. 6.
https://oaarchive.arctic-council.org/bitstream/handle/11374/979/SAO_report_illulissat_Apr_2010.pdf?sequence=1&isAllowed=y(접속일: 2021.1.23.)

45) Arctic Council working group Emergency Prevention, Preparedness and Response (EPPR). 긴급 예방, 대비 및 대응(EPPR) 워킹 그룹은 환경 및 기타 비상 사태, 사고 및 수색 및 구조 (SAR)에 대한 예방, 대비 및 대응 임무를 수행하는 북극 이사회 실무 그룹이다.

으로, 러시아는 이 보고서가 '기술적이며 정치적인' 것이라고 긍정적으로 언급했다.[46] 화이트호스에서 열린 이 예비 장관급 고위급 회의(pre-ministerial SAO meeting)에서 러시아는 또한 AMAP의 연구에 특별한 관심을 기울였고, AMAP의 결과가 더 광범위한 대중과 정치인들에게 더 쉽게 접근할 수 있는 방법에 대한 논의를 개시했다.[47] 여기서 요점은 보다 광범위한 정치적 환경의 변화와 정기적으로 국가가 파견하는 외교관의 교체는 아마도 앞으로도 북극 이사회의 과학-정책 인터페이스의 지속적인 역동성에 기여할 수 있다는 점이다.

더욱이 북극 이사회의 과학-정책 인터페이스는 과학적 결과나 평가 결론 자체를 통제하려는 정치 행위자들에 관한 것이 아니라고 반복해서 언급하는 것도 중요하다. 이 관찰의 근거는 '북극 오염 물질 행동 프로그램(ACAP, the Arctic Council working group Arctic Contaminants Action Program)' 하에서 생산된 2개의 과학 논문에 대한 논의이다. 여기서 고위급(SAOs)은 과학적 발견의 타당성을 검토하거나 판단할 어떤 의도도 없음을 분명히 밝힌다. '북극 오염 물질 행동 프로그램(ACAP)' 워킹 그룹은 ACAP 실무 계획에 포함된 작업에서 비롯된 연구 결과를 심사를 받고 저널에 출판하려고 한 문제를 제기했지만, 이 논문들은 ACAP 또는 북극 이사회 로고 또는 로고 브랜딩을 쓰지도 요청하지도 않았다. 각국 대표들은 다음과 같이 동의했다고 보고되었다:

---

46) Arctic Council Secretariat, Plenary report of Arctic Council SAO meeting, Whitehorse, 4-5 March 2015 (final version, 22 April 2015). Arctic Council Archive. p. 18.
http://hdl.handle.net/11374/1412(접속일: 2021.1.23.)

47) Arctic Council Secretariat, Plenary report of Arctic Council SAO meeting, Whitehorse, 4-5 March 2015 (final version, 22 April 2015). Arctic Council Archive. p. 13.
http://hdl.handle.net/11374/1412(접속일: 2021.1.23.)

각국 대표들은 정책 권고 사항을 포함하지 않고, 심사를 받고 저널에 (또는 다른 방법으로) 공개될 준비가 된 과학 또는 기술 보고서는 준비가 되었을 때 발표할 수 있다는 데 동의했다. 워킹 그룹은 장관 회의를 기다리기 위해 출판을 지연시켜야 한다는 느낌을 받지 않아도 된다. 정책 권고 사항이 포함되지 않은 과학/기술 간행물은 고위급(SAOs)의 승인을 필요로 하지 않는다 ⋯ 그러나 제품(보고서)이 장관 회의 선언(Ministerial Declaration)의 지시에 직접 응답하거나, 정책 권고 사항이 포함된 경우, 다음의 적절한 장관급 회의에서의 배포를 위해 보관되어야 한다 ⋯ 또한 WG 의장들은 정책 권고 사항이 포함된 모든 제품(보고서)을 검토를 위해 고위급(SAOs)으로 가져와야 한다. [48]

정치적 관심사는 결과를 전달하는 방법(누가, 언제, 어떤 과정을 거쳐, 어떤 방식으로)에, 특히 정책 권고 사항을 구성하고 전달하는 방법(그리고 누구에 의해)에 훨씬 더 밀접하게 관련되어 있다.

한편, 과학 또는 전문지식이 글로벌 거버넌스의 정책 분야 참가자들에게 항상 유용한 것으로 간주되는 것은 아니며, 특정 선을 넘어서도 안 된다고 인식되고 있다는 점을 명심해야 한다. 예를 들어, 기후 변화 완화에 관한 국제 협상에서 외교관들은 특정 기술적 뉘앙스에 너무 매달린 나머지 협상의 정치적 취지가 명확하게 관계없는 방향으로 진행되었을 경우의 협상 참가자에 대한 좌절과 분노를 보고했다. [49]

---

48) Arctic Council Secretariat, Summary report of Arctic Council SAO plenary meeting, Anchorage, Alaska, 21-22 October 2015. Arctic Council Archive. p. 9. http://hdl.handle.net/11374/1576(접속일: 2021. 1. 23.)

49) 이에 대한 좀 더 확장된 논의는 L. Seabrooke and L. Henriksen, eds. *Professional Networks and Transnational Governance.* (Cambridge: Cambridge University Press. 2017) 참조.

북극 이사회 기록 문서는 적어도 과학을 '따라잡기' 위해 정치적 행동이 취해질 때까지 충분한 증거 베이스(과학 또는 전문지식)에 의해 설정된 이러한 종류의 한계를 보여준다. 요점은 미국 의장국 하의 초기 고위급(SAOs) 회의에서 미국 의장국 팀에 의해 제시되었다. 의장국에 의해 소개된 한 논문은 수많은 규제적 권고와 지식 기반 (정책) 권고에 대해 다음과 같은 요점을 제시했다. 한 계산에 의하면, '석유 및 가스 활동'에 관해 북극 이사회가 약 238건의 권고를 했다.[50] 이것은 보고서에서 북극 이사회가 '석유 및 가스 영역의 세계적인 실질적 변화를 표명할 정도로' 효과적으로 진화했다는 표시로서 환영받았다. 그러나 당시 '석유 및 가스' 문제에 관여하고 있는 북극 이사회 외부의 워킹 그룹, 태스크 포스, 전문가 그룹 및 기구, 예를 들면, 북극 해양 규제 기관 포럼(AORF, Arctic Offshore Regulators Forum) 등은 북극 이사회에 전체적으로 조정된 도전 과제를 제시한다.[51] 다시 말해서, 이사회는 석유와 가스에 대해 잘 확립되고 잘 연구된 여러 권고안을 작성했지만, 수많은 권고안과 권고안의 생성에 관여한 행위자들은 석유 및 가스와 관련하여 정책 결정이 이루어지는 국가 차원의 정치에서는 그것들의 실용적 사용을 제한했다.

이것은 과학-정책 인터페이스에 관해 위에서 논의한 지점으로 되돌아가게 한다. 과학은 요청될 수 있지만, 일부 프로세스에서 정책 결정의 기초로서 결정적이지도 충분하지도 않다.

---

50) US Chairmanship of the Arctic Council, Discussion Paper on the Arctic Council's work on oil and gas issues. (2016) Arctic Council Archive. pp. 2-3. http://hdl.handle.net/11374/1730(접속일: 2021.1.23.)

51) Ibid., p. 3.

Ⅳ. 결론

결국, '북극 이사회(거버넌스)에서 권위가 다양한 행위자들 사이에서 어떻게 협상 되고 형성되는가?', 즉 북극 이사회에서의 행위자들 간에 권위가 협상 되고 형성되는 방식과 관련된 일부 지속적인 특징을 구성하는 것이 무엇인가를 확인할 필요가 있다. 지금까지의 논의는 북극 이사회 내의 권위에 관한 행위자들 간의 경쟁과 그 결론을 확인한 것이 아니라, 과학 행위자(북극 이사회 내 워킹 그룹)와 같은 비국가 행위자들에 의한 북극 권력관계의 행위와 국가 행위자(고위급)와의 경쟁 또는 상호작용, 즉 북극 이사회의 정치적 외교적 수준과 상호 간섭하고 교류하는지에 관한 관찰을 체계적이고 비교적인 관점에서 분석했다.

북극 거버넌스의 비국가적 행위자인 과학 행위자들(워킹 그룹들)은 북극 거버넌스의 20년이상의 세월을 지나는 동안 북극 거버넌스의 중심 행위자로 인식되어져 왔다. 북극 이사회의 고위급 정치 회의에서 국가 행위자와 과학 행위자 간의 권위와 관련된 경쟁 및 상호작용을 분석한 본 논문은 다음과 같은 결과를 확인했다.

첫째, 북극 이사회 내 권위에 대한 행위자들 간의 경쟁에서 여전히 국가 중심적인 거버넌스 시스템이 존재한다는 것이다. 2009-2011년 덴마크 의장국 기간 동안, 북극 이사회의 6개 워킹 그룹 중 하나인 AMAP는 최근의 환경평가에서 다루어진 환경적 도전을 강력하게 전달하는 몇몇 영화를 만들었다. 일부 북극 이사회 고위급(SAOs)은 AMAP에 의해 영화가 제작된 것에 대해 우려를 표명했으며, '그러한 영화가 미래에 제작될 경우 더 많은 투명성이 필요하다는 점과 영화에 표시된 지리적 영역/지역'에 대해 논의했다.[52] 고위급(SAOs)은

---

52) Arctic Council, Final report of SAOs' meeting, Copenhagen, Denmark, 16-17

실제로 그들에게 정책 발견(policy findings)과 너무나 유사한 것으로 보이는 과학적 발견을 확보하는 것이나, 너무나 자주 공개적 무대로 나아가려는 것과 같은 과학 행위자의 과도함으로 간주되는 것 때문에 워킹 그룹, 특히 AMAP로 하여금 여러 차례 작업을 수행하도록 했다.

둘째, 북극 이사회 내 압도적인 행위자인 국가들의 행위는 보편적인 정치적 쟁점과 연결되어 있다는 것이다. 북극 이사회 회원국들이 그들이 약속한 것을 행하거나, 정책 결정의 기초로 수집되고 사용된 과학에 근거하여 북극에 최선인 것을 행한다고 자동적으로 믿어서는 안 된다. 그것은 마치 이들 회원국들의 실질적 대표들에 대한 불신보다 오히려 기후 완화(climate mitigation)와 같은 문제들에서 국가들의 행동 비용, 즉 광범위한 정치적 경제적 비용과 더 관련이 있다고 가정할 필요가 있다. 이것은 선거 주기를 앞지르는 장기적인 환경 문제에 관한 보편적인 정치의 쟁점과 연결된다.

셋째, 북극 이사회 내 과학 행위자 집단, 즉 전문가들(Experts) 및 워킹 그룹 대표자들은 북극 이사회 자체의 회의 및 관련 행사에서도 눈에 띄지만, 다른 국제적 조직 및 전문가 네트워크들과도 상호작용을 한다는 것이다. 이에 대해, 워킹 그룹의 독립적 외교 네트워크에서의 존재를 모니터링하고 그것들의 추가적 확장을 억제하는 것이 미국 의장국 기간 동안 고위급(SAOs)과 '영구회원기구들(PP)' 모두에 의해 장려되었다. 다시 말해, 과학적 인풋(inputs)은 북극을 거버닝하는 데 필수적이지만, 정치적 대표자들은 과학자들이 특히 전 세계 청중과 관련하여 북극을 대변해서는 안 된다는 강한 의미로 움직이고 있다는 것이다.

March, 2011, Arctic Council Archive, p. 4, http://hdl.handle.net/11374/1052 (검색일: 2020.12.11.)

종합하면, 누가 북극 거버넌스, 북극 이사회를 대표하는가? 무엇이 그들의 권위를 만드는가? 에 대한 대답은 북극 거버넌스의 큰 틀 내에서 상호 복합적으로 작용하는 다양한 행위자들 간의 다면적 다수준적 협력 메커니즘에 달려 있다. 북극 이사회의 정책적 발전은 워킹 그룹에 의해 수행된 과학적 의제 설정 및 과학적 증거 수집에 크게 의존하며, 그들의 기여는 다른 정책 분야 참가자들에 의해 신뢰 되고 적극적으로 활용된다. 그러나 국가 행위자인 회원국 대표들과 비국가 행위자인 '영구회원기구들' 모두는 자신들의 권위적인 지위, 특히 오래 지속된 사무국과 직원이 있는 반독립적(semi-independent) 워킹 그룹에 대항하여 정치적인 행위자로서 자신들의 권위적인 지위를 확보하려고 노력하고 있다. 이것은 주로 북극 이사회를 대변하는 사람들의 차원을 따라 발생하며, 특히 누가 북극권을 대표하여 비북극권 셋팅(기구나 회의)에서 발언할 것인가? 그리고 누가 전 세계 청중들에게 증거에 기반한 정책적 결론을 작성하고 전파할 것인가?에 대한 논쟁에서 특히 명백하게 나타난다. 회원국들과 '영구회원기구들' 모두 북극과 북극 원주민들을 대표하여 발언할 수 있는 지리적, 국가적, 민족적 뿌리를 둔 중복되는 권위를 주장한다. 이러한 것들은 과학 행위자가 가져올 수 있는 전문 지식 기반의 권위 행사를 뛰어넘는다. 다시 말해서, 북극 정책 분야가 과학적 인풋을 필요로 하지만, 정책 분야는 가장 성공적인 권위의 행사가 주권과 국가적 논리에 뿌리를 둔 명백하게 정치적인 것으로 여전히 유지되는 방식으로 발전해 왔다는 것이다.

〈참고문헌〉

Arctic Council, Draft minutes of SAOs' meeting, Tromsø, Norway, 12-13 April 2007. Arctic Council Archive. http://hdl.handle.net/11374/371 (접속일: 2021.1.23.)

Arctic Council, Final report of SAOs' meeting, Narvik, Norway, 28-29 November 2007. https://oaarchive.arctic-council.org/bitstream/handle/11374/380/ACSAO-NO02_Narvik_FINAL_Report.pdf?sequence=1&isAllowed=y (접속일: 2021.1.23.)

Arctic Council, Final report of SAOs' meeting, Illullissat, Greenland, 28-29 April 2010. Arctic Council Archive.
https://oaarchive.arctic-council.org/bitstream/handle/11374/979/SAO_report_illulissat_Apr_2010.pdf?sequence=1&isAllowed=y (접속일: 2021.1.23.)

Arctic Council, Final report of SAOs' meeting, Copenhagen, Denmark, 16-17 March. 2011. Arctic Council Archive. http://hdl.handle.net/11374/1052 p. 4. (검색일: 2020.12.11.)

Arctic Council Secretariat, Plenary report of Arctic Council SAO meeting, Whitehorse, 4-5 March 2015 (final version, 22 April 2015). Arctic Council Archive. http://hdl.handle.net/11374/1412 (접속일: 2021.1.23.)

Arctic Council Secretariat, Summary report of Arctic Council SAO plenary meeting, Anchorage, Alaska, 21-22 October 2015. Arctic Council Archive.
http://hdl.handle.net/11374/1576 (접속일: 2021.1.23.)

Bernstein, S., *The Compromise of Liberal Environmentalism*. (New York: Columbia University Press. 2001) p. 487.

Bravo, M., "Mission gardens: Natural history and global expansion, 1720-1820", in L. L. Schiebinger and C. Swan (eds.), *Colonial Botany*. (Philadephia: University of Pennsylvania Press, 2005) pp. 49-65.

Demeritt, D., "The construction of global warming and the politics of science", *Annals of the Association of American Geographers* 91:2 (2001) pp, 307-337.

Dessler, A. and E. A. Parson, *The Science and Politics of Global Climate Change: A Guide to the Debate*. (Cambridge: Cambridge University Press. 2010)

Haas, P. M., *Epistemic Communities, Constructivism and International Environmental Politics*. (Abingdon: Routledge. 2015)

Jasanoff, S., *Designs on Nature: Science and Democracy in Europe and the United States.* (Princeton: Princeton University Press, 2005)

Lidskog, R. and G. Sundqvist (2015), "When does science matter? International relations meets science and technology studies", *Global Environmental Politics*, 15:1, (2015) pp. 1-20.

MFA, Norway. 'Nordområdene: Visjon og virkemidler. Melding til Stortinget (No. 7)' (2011) ['The high north: Vision and instruments. Paper to Parliament, no. 7'] (2011). www.regjeringen.no/nb/dep/ud/dok/regpubl/stmeld/2011-2012/meld-st-7-20112012.html?id=663433 (검색일: 2021.1.23.)

Neumann, I. B. and O. J. Sending, *Governing the Global Polity.* (Ann Arbor: University of Michigan Press, 2010)

PAME, PAME progress report to SAOs, Narvik, Norway, 28-29 November 2007. Arctic Council Archive. http://hdl.handle.net/11374/793 (접속일: 2021.1.23.)

Rowe, L. W., "Pechenganikel: Soviet industry, Russian pollution and the outside world", Doctoral thesis, University of Oslo. (2013)

_____, *Arctic governance, Power in cross-border cooperation*, (Manchester University Press, 2018) pp. 34-123.

Seabrooke, L. and L. Henriksen, eds. *Professional Networks and Transnational Governance.* (Cambridge: Cambridge University Press, 2017)

Sending, O. J., *The Politics of Expertise: Competing for Authority in Global Governance.* (Ann Arbor: University of Michigan Press, 2015)

Shadian, J., *The Politics of Arctic Sovereignty: Oil, Ice and Inuit Governance.* (Abingdon: Routledge, 2014)

Spence, J., "Finding a place in the Arctic Council for non-Arctic actors: A social network analysis of the Arctic Monitoring and Assessment Programme", *Arctic Yearbook* (2016). www.arcticyearbook.com/scholarly-papers-2016/233-finding-aplace-in-the-arctic-council-for-non-arctic-actors-a-social-network-analysis-of-thearctic-monitoring-and-assessment-programme (접속일: 2021.2.11.)

US Chairmanship of the Arctic Council, Discussion Paper on the Arctic Council's work on oil and gas issues. (2016) Arctic Council Archive. http://hdl.handle.net/11374/1730 (접속일: 2021.1.23.)

북극이사회 워킹 그룹들의 공식 웹사이트

북극 이사회 공식 사이트 https://arctic-council.org/en/

북극 오염 물질 행동 프로그램(Arctic Contaminants Action Program) 공식 웹사이트 https://arctic-council.org/en/about/working-groups/acap/home/

북극 모니터링 및 평가 프로그램(Arctic Monitoring and Assessment Programme) 공식 웹사이트 https://www.amap.no/

북극 동식물계 보존 워킹 그룹(Conservation of Arctic Flora and Fauna) 공식 웹사이트 https://www.caff.is/

비상 예방, 대비 및 대응 워킹 그룹(Emergency Prevention, Preparedness and Response) 공식 웹사이트 https://eppr.org/

북극 해양 환경 보호 워킹 그룹(Protection of the Arctic Marine Environment) 공식 웹사이트 https://pame.is/

지속 가능한 개발 워킹 그룹(Sustainable Development Working Group) 공식 웹사이트 https://www.sdwg.org/

우랄-시베리아 자원지대와 북극항로 연계된 러시아 북극 철도회랑 개발정책 연구

박종관(경북대학교 러시아 · 유라시아 연구소 연구교수)

I. 서론

본 연구의 목표는 러시아 북극권의 지경학 및 지정학적 가치에 대한 다차원적이고 포괄적 분석을 통해 러시아 우랄-시베리아 자원지대를 연결하는 북극 철도회랑 개발 정책 연구다. 러시아 북극권은 바다를 통한 북극항로 뿐만이 아니라 내륙의 자원지대와의 연결 문제가 자원 개발과 수송이라는 측면에서 매우 중요하다. 북극의 내륙철도 교통망에 대한 연구의 필요성을 추동하는 핵심적 요인은 지구온난화현상이다.

지구온난화는 글로벌 생태계를 위협하는 재앙인 동시에, 북극항로의 상업화는 새로운 자원개발지의 탄생뿐만이 아니라 전 세계 무역 형태의 변화와 물류 혁명을 예고하고 있다.[1] 또한 개발에 제한적이던 북극의 광물자원 개발을 촉진하고 있다.

이렇듯 전 지구적 차원의 기후변화가 야기한 북극의 해빙현상은 자연 · 생태적 환경을 급격히 변화시키고 있으며, 북극권의 지경학을 중심으로 한 지정

※ 이 글은 『한국 시베리아연구』 25권1호에 게재된 논문으로, 2019년 대한민국 교육부와 한국연구재단의 지원을 받아 수행된 연구임 (NRF-2019S1A5C2A01081461)
1) 이재영 · 나희승, "북극권 개발을 위한 시베리아 북극회랑 연구,"『아시아문화연구』, 39, 2015. p. 193.

학 및 지전략적 가치의 재평가화는 물론이고 그에 수반되는 개발과 보존에 대한 각종 이슈들이 북극연안 5개국을 넘어 세계적인 국제정치 · 경제 · 안보 등의 주요 관심사로 부상하고 있다.

북극 전문가들은 이러한 북극환경 변화를 지정학, 지경학 및 생태 · 환경적 차원에서 근간이 바뀌는 '혁신적 변화(transformative change)'라 한다.[2]

21세기 들어 러시아는 해양 정책을 경제 이익 확보와 안보 수호 중심으로 다양화하고 있으며, 러시아를 강대국으로 부상시키는 전략적 요소로서 가능하도록 조율하고 있다.[3] 이 중심에는 러시아의 북극과 북극권이 위치한다. 북극이 지닌 경제적 가치로 인한 전략적 가치를 유용하게 활용하여 부국강병의 '강대국 건설'을 구가하겠다는 것이다.

북극에 대한 최고의 수혜국가는 러시아다.[4] 그 중요성을 좀 더 구체적으로 살펴보면 다음과 같다. 첫째, 북극항로 개발에 따른 해양물류수송루트로서 러시아를 통하는 북동항로의 상용화 가능성이다. 이는 물류수송의 다변화적 측면에서 러시아 경제발전에 지대한 영향을 줄 것이다. 둘째, 세계 최대의 천연가스 매장지역인 야말반도 Arctic-1 액화천연가스(LNG)에 이어 추진되고 있는 기단반도 Arctic-2 LNG 프로젝트로 인한 에너지 개발 확대로써 자원강국의 위상 재건이다. 러시아의 북극권 자원개발은 국가경제 발전의 핵심이다. 이 외에도 방대한 영토에 매장되어 있는 다양하고 유용한 광물자원의 개발과 활용인데, 특

---

2) Oran Young, "Artic Futures: The Politics of Transformation" in James Kraska, ed., *Artic Security in Age of Climate Change* (New York: Cambridge University Press, 2011), p. xxi.

3) 김정기, "러시아의 해양정책: 21세기 해양강국으로 부활?", 여시재-협력연구기관 공동기획: 각국의 싱크탱크 동향(ISSUE BRIEF), 2018, p. 2.

4) 박종관, "러시아 북극권 철도 회랑 연구: 벨코무르와 북위도 철도 회랑을 중심으로", 『한국 시베리아연구』 제23권 1호, 2019년, p. 112.

히 타이미르 반도는 지구상의 천연자원 보고다.[5] 셋째, 이에 따른 군사·안보적 인프라 확대 전략의 구축으로 지난 과거의 자존심인 군사강대국의 위상 재건이다. 과거 북극을 두고 미·소간 최첨단 기술이 동반된 주요 군사·안보 각축장이 북극이었다는 것. 러시아는 북극에 대한 군사·안보적 선점을 활용하여 자국의 안보영역을 확보한다는 목표로 군사인프라 구축을 가속화 하고 있다.

이러한 북극에 대한 러시아의 입장은 푸틴 대통령의 2018년 3월 연두교서에 「러시아연방 북극지역 사회-경제 발전」 프로그램의 강한 추진 의지[6]에 이은 2020년 3월 「북극정책원칙 2035」의 발표라 할 수 있다. 이에 대한 후속조치로 북극관련 국가 안보, 경제, 사회, 과학기술, 문화 등에 관한 「북극 개발 및 국가안보 전략 2035」를 발표함으로써 북극개발에 대한 중장기 로드맵을 재차 구축했다.

러시아는 국가안보 및 국익과 관련된 전통적인 지정학적, 지경학적 쟁점의 중요성을 현재 북극 문제에 우선순위를 점하고 있음을 시사하고 있다. 즉 북극의 항로 및 자원을 동반한 내륙과 연결되는 러시아 내륙철도 연결 문제에 관한 연구 필요성이다. 러시아는 북극해 연안 5개국 중에서도 가장 큰 영토를 갖고 있다. 영토의 북부지역은 북극해와 길게 연결되어 있는데, 러시아 지질학자들에 따르면 북극 영토의 북극연안 지대에서 러시아 해안은 북극해 해안선의 약 45%를 차지하고 있다.[7] 북극 해안선은 바렌츠 해, 카라 해, 랍테프

---

5) Информационное Агентство ≪Хакасия≫. https://19rus.info/index.php/ekonomika-i-finansy/item/104541-itog-izvesten-pravitelstvo-medvedeva-provalit-natsionalnye-proekty(검색일:2021.02.16.)

6) Александр Воротников, "Арктика - приоритет развития России", https://energy.s-kon.ru/a-m-vorotnikov-arktika-prioritet-razvitiya-rossii/(검색일:2021.02.02.)

7) "Российская карта островов Арктики. Кому принадлежит арктический сектор", ⟨https://goarctic.ru/news/rossiyskaya-karta-ostrovov-arktiki-komu-prinadlezhit-arkticheskiy-sektor/⟩(검색일:2020.10.02.)

해, 동시베리아 해 및 추코트카 해 및 북태평양의 베링 해로 이어져 있다. 러시아 북극의 전체 영토는 약 3백만 평방킬로미터(러시아전체 영토의 18%)이다. 이곳에는 약 250만 명이 거주하는 육지영토 220만 평방킬로미터가 포함된다. 이러한 인구는 러시아 전체인구(146.8백만)의 2% 미만이고, 북극전체 인구(460만)의 54% 이상이다.[8]

이렇듯 러시아는 자국의 입장에서 북극문제에 관련한 북방항로, 자원, 철도에 대한 접근이 「러시아연방 국가안보전략 2020」(2009), 「러시아연방 북극정책의 기초 2020과 장기전망」(2009), 「러시아 에너지전략 2030」(2009), 「러시아 교통전략 2030」(2008), 「러시아 해운항만 인프라 개발 전략 2030」(2010), 「러시아 내륙수운 개발 전략 2030」(2016), 「러시아 철도발전 전략 2030」(2011), 「러시아 북극지역 개발 및 국가안보 전략 2020」(2008)에 기초해 있으며[9], 최근의 「북극정책원칙 2035」[10](2020), 「북극 개발 및 국가안보 전략 2035」(2020)를 살펴보면 더욱 명확해 질 것이다.

따라서 본 연구는 러시아 북극전략 현황을 「러시아 교통전략 2030」, 「러시아 철도발전 전략 2030」 연구를 근간으로 하여 북극연구의 전통적 이슈인 탄화수소 에너지 자원, 광물자원, 거점항구 및 항만 인프라 구축의 북방항로를 동-서, 남-북 노선의 연결인 북극철도와의 연결 연구로써, 특히 러시아 우랄-

---

8) Назипова Е., "Полномочия Минвостокразвития России расширены на Арктическую зону Российской Федерации,"〈https://minvr.ru/press-center/news/21131/〉(검색일:2020.10.02.)

9) 박종관, "러시아 교통물류 발전전략: 북극지역을 중심으로,"『슬라브학보』제31권 1호, 2016, pp.32-33.

10) Основы государственной политики Российской Федерации в Арктике на период до 2035 года〈https://www.garant.ru/products/ipo/prime/doc/73606526/〉(검색일:2020.05.25.) 본 글에서는 「2030년까지 북극에서의 러시아 연방 국가정책 기초」를 분석하여 인용할 예정이다.

시베리아 자원지대와 북극권의 항로, 해운 항만의 인프라, 자원개발 지대와의 북극 철도회랑 개발정책 연구라는 점에서 타 연구와 차별성를 갖는다.

II. 우랄 및 서시베리아 북극권의 지경학적 중요성

1. 우랄의 지경학적 중요성

우랄은 아시아와 유럽을 경계한다. 남북의 길이가 2천km가 넘는 우랄산맥을 중심으로 동쪽으로는 서시베리아, 남으로는 카자흐스탄, 북쪽으로는 북극의 카라 해 및 서쪽으로는 유럽러시아 지역과 경계한다. 이러한 지리적 이점으로 인해 경제발전을 도모하는 지역으로 성장해 왔다. 특히 우랄은 다양한 산업적 발전 조건과 이에 따른 자연·지리적 조건은 동쪽과 서쪽지대 사이를 유기적으로 연결해 왔으며, 러시아에서 두 번째 산업경쟁 조건을 갖추고 있다.[11]

우랄 연방관구(Уральский федеральный округ: УФО)는 러시아 연방 행정 단위 중 하나로 우랄과 서시베리아를 연결한다. 2000년 5월 13일 러시아 연방 대통령령에 의해 4개의 주(스베르들롭스크 주, 칠랴빈스크 주, 쿠르간스크 주, 튜멘스크 주)와 2개의 자치구 (한티-만스크-유그라 구, 야말로-네네츠크 구)로 구성된다. 우랄 연방관구의 영토 면적은 1,818,497㎢로 러시아 전체 영토의 10.62%를 차지하고 있다. 행정도시는 예카테린부르크다. 인구는 2018년 기준 약 1200만으로 러시아 전체 8.40%에 달한다. 인구 밀집 주요 도시 현

---

11) FB, https://fb.ru/article/243702/prirodnyie-resursyi-urala-tablitsa (검색 일:2021.01.06.)

[그림 1] 우랄 연방관구의 지리적 위치

자료: https://prv-lib.ru/2020/04/23/uralskij-federalnyj-okrug-2/(검색일:2021.02.08.)

황으로는 스베르들롭스크 주 - 430만 명, 칠랴빈스크 주 - 349만 명, 한티-만스크 자치구(유그라) - 160만 명, 튜멘스크 주 - 149만 명, 쿠르간스키 주 - 845천 명, 야말로-네네츠크 자치구 - 538천 명 등이다. 인구밀도는 6.79명이다.[12]

특히 우랄지역은 러시아 미네랄 자원이 가장 많은 지역 중의 하나다. 주로 한티-만스크와 야말로-네네츠 자치구의 석유와 가스매장지에서 채굴되고 있으며, 서시베리아의 석유와 가스는 우랄지역 국내 석유자원의 66.7%(세계 6%), 가스는 77.8%로 전 세계의 26%가 매장되어 있다. 이 외에도 철, 티타늄, 마그네사이트, 구리, 금속, 희귀금속, 이탄, 석면, 비금속 건축자재, 귀금속 및 보석류가 매장되어 있다. 러시아 전체 10% 이상의 대규모 목재자원이

---

12) Официальный сайт полномочного представителя Президента России в Уральском федеральном округе, http://uralfo.gov.ru/district/(검색일:2021.02.08.)

있다.[13]

　러시아는 총 37개 지자체에 석유가 매장돼 있는데, 서시베리아·우랄 볼가 지역·북서지역·극동러시아에 집중적으로 매장돼 있다. 가스는 전체 매장량 이 236조1000억㎥인데, 이 중 160조3000억㎥은 육지에, 75조8000억㎥은 대륙붕에 위치한다. 그 중 우랄지역은 러시아 자원 최대 매장지역이다. 야말로-네네츠크 및 한티-만스크 자치구(카르스코예 대륙붕 포함)에는 300여 개의 석유 및 가스전이 분포돼 있다. 이 서시베리아 지역은 전 세계에 매장규모 기준 페르시아 만에 이어 두 번째로 큰 지역이다. 이 중 한티-만스크 자치구의 석유 매장량은 200억 톤이며, 러시아 전체 가채 매장량의 57%에 달한다.(세계 가채 매장량의 7.2%) 반면 가채 가스 매장량은 러시아 전체 매장량의 4%에 달하며, 2007년 석유생산은 2억8000만 톤으로 전년대비 2% 증가했으며, 가스 생산은 295억㎥로 전년대비 1.3% 증가했다.[14]

2. 서시베리아 북극권의 지경학적 중요성

　야말반도는 서시베리아의 가장 유망한 유전지대인데 26개 가스 매장지가 발견됐고 10조㎥의 가스, 2억5000만 톤의 액화가스, 2억9100만 톤의 석유가 매장돼 있다.[15] 지난 2013년 말부터 시작된 천연가스 개발 프로젝트가 시작되어 현재 야말반도는 총40억 배럴(barrel, 1배럴=42갤런=159L) 이상의 석유에 상응하는 천연가스 매장량을 자랑하고 있다.[16] 따라서 야말 프로젝트는 세계

---

13) 위의 자료
14) 박기원, "러시아 석유·가스 자원 현황조사(부존현황 편)", Kotra 해외시장뉴스, 2008.
15) 위의 자료
16) 중앙일보, https://news.joins.com/article/23628470(검색일:2020.12.20.)

가 석유경제에서 천연가스 경제로 넘어가는 시작이라고 할 수 있다. 이 지역의 천연가스 매장량은 9260억㎥로, 향후 30년 동안 생산이 가능하다고 한다. 연간 1650만t의 액화천연가스(LNG)를 생산하게 된다.[17] 즉 야말반도는 북극 개발에 힘입어 최근 러시아 최대 규모 천연가스 개발 사업으로 270억 달러 규모의 야말 LNG 프로젝트 및 원유생산량이 증가[18]하면서 러시아 경제의 최고 효자 지역이다. 러시아는 북극의 천연가스로 인해 매장량 1위지만, 겨울이면 결빙되는 항로에 수출길이 막혀 점유율이 4.5%에 불과했다. 하지만 야말의 LNG 수출길이 열리면서 수출량을 늘려 1, 2위인 카타르를 능가하겠다는 계획으로 2035년까지 러시아의 세계 LNG 시장 점유율을 현재 1050만 톤인 LNG 생산량을 최대 1억 톤까지 끌어올린다는 계획이다.[19]

야말반도 천연자원 개발 관련하여 수혜국은 우리나라다. 지난 2014년 대우조선해양은 척당 약 3천600억 원에 이르는 쇄빙 LNG선 15척을 모두 수주한 바 있다. 그리고 2019년 3월, 대우조선해양 옥포조선소에서 쇄빙 LNG선 4척 동시 명명식(함선이나 항공기 등에 이름을 부여해 주는 의식)이 있었고, 쇄빙 LNG선이 세상에 공개되었다. 이 선박들은 17만2600m³의 LNG를 싣고 최대 2.1m 두께의 얼음을 깨고 앞으로 나아갈 수 있는 아크 (ARC)-7급 쇄빙 LNG선이다. 다른 LNG선과 크기는 비슷하지만 앞머리가 뾰족하고 강판 두께가 3배나 두껍다.[20]

---

17) Economy Insight, http://www.economyinsight.co.kr/news/articleView.html?idxno=3542(검색일:2021.02.09.)

18) 에너지경제, http://www.ekn.kr/news/article.html?no=341488(검색일:2020.11.18.)

19) 에너지경제, http://www.ekn.kr/news/article.html?no=337484(검색일:2020.11.18.)

20) 연합뉴스, https://www.yna.co.kr/view/AKR20190328101700003(검색일:2020.12.20.)

3. 우랄산맥 북극해의 지경학적 가치

이 외에도 우랄 및 서시베리아 북극인 바렌츠 해와 카라 해에는 방대한 석유와 가스가 매장되어 있다. 카라 해에 러시아 대륙붕 에너지자원의 80% 가량이 매장되어 있는 것으로 추정되며 이는 총 900억 톤(석유 130억 톤, 가스 52조㎥)에 달한다. 하지만 대륙붕에서 생산되는 석유는 아직 미비한 상황이다. 대륙붕 자원개발 관련하여 러시아 최대 가스사인 가스프롬사가 주요 업체로서 가스프롬사 지질탐사대는 지난 2018년 우랄 북극권인 카라 해 대륙붕에 3D 기술을 동원한 자원탐사를 추진한 바 있으며, 이는 지난 2014년부터 시작

[그림 2] 우랄 산맥 북극의 바렌츠 해와 카라 해 석유가스 매장 분포도

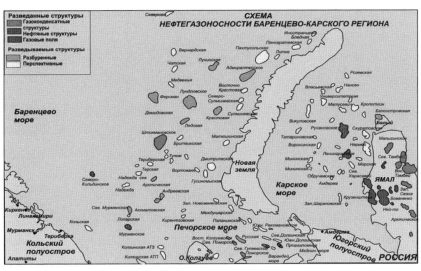

자료: Neftegaz, https://neftegaz.ru/news/Geological-exploration/198138-gazprom-geologorazvedka-zavershila-seysmorazvedochnye-raboty-na-nyarmeyskom-i-leningradskom-uchastka/jr/mr/(검색일:2021.02.09.)

하여 총연장 4만㎢를 탐사하는 기록을 세웠다.[21] 특히 가스프롬사는 바렌츠해의 슈토크만 가스전에 약 4조㎥에 대한 라이선스를 소유하고 있다. 이와 관련하여 가스프롬사는 슈토크만 가스전에서 생산될 가스의 대부분을 액화천연가스(LNG) 형태로 판매될 것이라 했다.[22] 러시아의 대륙붕은 620만㎢이며 이 중 400만㎢ 면적이 석유와 가스 개발이 유망한 지역으로 분석되고 있다. 총 가채 매장량은 1000억 톤에 달하며, 이중 석유가 135억 톤, 가스가 73조㎥로 예상된다.〈그림 2 참조〉

Ⅲ. 러시아 북극권 철도교통 시스템 구축의 필요성

지난 세기까지 북극은 과학연구나 경제활동 지역이 아닌 탐험의 대상이었다.[23] 지구의 가장 북쪽 끝 극지의 바다에 위치한 특성으로 인해 인간의 접근이 쉽게 용인되지 않는 혹독한 환경과 첨단기술 부재로 인한 이유에서다.

하지만 소비에트 말, 고르바초프는 무르만스크 선언(1987년)을 통해 북극을 개방과 함께 환경보호 및 자원의 공동개발 등 협력의 공간으로 제안했으며,[24] 이는 북극 거버넌스(governance) 구축의 시작이 되었다. 즉 고르바초프

---

21) Neftegaz, https://neftegaz.ru/news/Geological-exploration/198138-gazprom-geologorazvedka-zavershila-seysmorazvedochnye-raboty-na-nyarmeyskom-i-leningradskom-uchastka/jr/mr/ (검색일:2021.02.09.)

22) 연합뉴스, https://www.yna.co.kr/view/AKR20120526001700080(검색일:2020.12.17.)

23) 서현교, "한국의 북극정책 과제 우선순위에 대한 평가와 분석,"『한국 시베리아연구』제23권 1호, 2019년, p.45.

24) 참조, 〈Мурманские инициативы〉, 1987년 10월 1일 소련서기장 미하일 고르바초프는 무르만스크를 방문해 바렌츠/유럽북극지역에 관한 협력의 서막을 제시했다.

서기장은 선언에서 북극해의 거버넌스 체제 확립에 관한 기본적 구상을 제시했다.[25] 비록 북극을 중심으로 한 거버넌스의 범위와 수준을 논의하는데 해결해야 할 문제들이 8개의 북극이사회 회원국가 차원을 넘어서 전 인류를 포함하는 것으로부터 소집단을 포함하는 것에 이르기까지 매우 광범위하며 다차원적으로 산재해 있다[26]고는 하지만, 오랫동안 동서냉전으로 제한적이었던 북극의 접근 기회가 열리는 계기가 되었으며, 북극에 대한 인류의 수많은 수수께끼 해결을 위한 새로운 도전과 경쟁의 시대가 도래한 것이다. 특히 북극의 생태·환경적, 항로, 자원 및 관광, 북극권의 소수민족들의 삶 등을 비롯한 변화와 가능성에 대한 재인식과 글로벌 차원에서 공동의 해결이라는 과제를 제공하고 있다. 동시에 전 지구적 차원의 기후변화가 야기한 북극을 둘러싼 국가 간의 정치적, 군사·안보적 이해관계의 충돌 공간으로 확대될 개연성을 높이고 있다.[27]

이렇듯 북극에 대한 관심이 높아지면서 북극 및 북극권에 대한 연구가 단지 자원 및 항로를 활용한 경제, 안보, 군사적 측면에서만 아니라 그 근본적 토대연구 또한 요구되고 있다. 즉 북극이 왜 21세기 글로벌 차원의 '뜨거운 감자'인 국제적 협력과 경쟁의 지역으로 부상하게 되었는가에 대한 이론적 접근의 필요성과 미래에 대한 예측이다. 북극은 바다뿐만이 아니라 북극의 바다와 연결되는 북극권 중요성 또한 크다 할 수 있다. 바다를 연결하는 항로, 경제 발전을 지탱하는 자원 개발, 이 모든 것에 대한 활용의 주체인 인간의 활동 공간

---

25) Ю.Е.ФОКИН, А.И.СМИРНОВ. "Киркенесская Декларация о сотрудничестве в Баренцевм/Евроарктическом регионе: взгляд из России 20 лет спустя", Москва 2012. 6-7쪽.

26) 라미경, "기후변화 거버넌스와 북극권의 국제협력," 『한국 시베리아연구』 제24권1호, 2020년, p.41.

27) 박종관·정재호, "북극, 냉전시대로의 회귀 '新 냉전'의 군사·안보 공간으로 확대되나?", 한국해양전략연구소, KIMS Periscope. (2020.09.01.)

과의 연결이다. 북극권의 영구동토 지역의 교통로를 연결할 수 있는 주 교통 수단은 철도임을 고려했을 때, 철도교통망 연결은 역내 사회-경제발전의 주요 사항이다. 이러한 논쟁을 과거 해양세력과 대륙세력간의 국제정치적 담론과 쟁점의 중요성을 현 시점에서 북극과 러시아 북극권의 우랄-시베리아지역을 중심으로 한 지정학 및 지경학적 측면의 지역학적 논쟁에 대한 쟁점의 토대를 구축의 필요성이 다시 요구된다 할 수 있다. 북극에 대한 이론적 문제제기를 그 누구도 시도한 바 없다.

예로, 과거 서구권 국가들의 주축이었던 알프레드 마한(Alfred Thayer Mahan)의 씨파워(Sea Power)는 "바다는 세계의 공유물로 무역에 필수적이고, 한 국가의 하드파워(Hard Power)를 전개하는데 해양의 장악이 필수적임"을 주창한바 있으며, 강대국들은 바다를 장악해 왔다. 반면 20세기 초 핼퍼드 맥킨더의(Halford Mackinder)의 하트랜드(Heartland) 이론은 "광활한 대륙인 유라시아 대륙과 동부유럽대륙을 지배하는 자가 심장지역을 지배하고 심장지역을 지배하는 자가 전 세계를 지배한다"는 이론을 주창하면서 유라시아 지역의 중요성을 주목해왔다.[28] 그 중심에는 대륙세력을 위한 내륙교통망, 즉 철도 교통 기술의 발달이 필수적이라 강조했다. 전통적 대륙국가인 러시아 입장에서 북극권 철도회랑 구축은 필수적이고 동-서, 남-북을 연결하는 주요 자원 물류수송 수단이다. 지난 과거 스탈린이 '거대 북방철도길'(Великий северный железнодорожный путь) 건설을 비밀리에 추진했듯, 북극권과의 철도망 연결은 제 2의 시베리아횡단철도(TSR)가 될 가능성이 매우 크다. 특히 북극의 백해를 중심으로 우랄 북극과 서시베리아를 연결하는 아르한겔스크

---

28) 콜린 플린트, 『지정학이란 무엇인가?』(도서출판 길: 한국지정학연구회 옮김, 2007), pp. 44-54.

항, 사베타 항, 이가르카 항 등 주요 항만과 자원지대의 연결, 북극의 항만과 내륙을 통한 아르한겔스크, 시크티브카르, 페름을 지나 시베리아횡단철도와의 연결은 북극을 통한 러시아의 하트랜드 이론은 넘어 씨파워 구축의 토대가 될 것으로 판단된다. 이러한 가능성은 지구온난화로 인한 해빙현상의 지속, 혹독한 환경과 생태환경을 초월하는 첨단기술에 의해서 더 높아질 것이다.

IV. 러시아 북극권 철도회랑 개발정책 및 구축현황

1. 북극 철도회랑 연결 프로젝트

북극은 자원개발과 함께 북동항로와 북서항로의 개발이 핵심이다. 또 전략적 교통 및 수송지로서 새로운 물류혁명의 토대를 제공해 줄 것으로 기대된다. 북극항로는 북극권 개발과 유라시아 교통물류 인프라 기반에도 많은 변화를 가져다 줄 것이다.[29] 이 때문에 교통물류 영역 또한 새로운 변화가 요구되는데, 특히 북극권에서 가장 넓은 영토를 갖고 있는 러시아는 북동항로를 통한 강대국으로서의 재도약에 대한 야심을 품고 있으며, 실제로 자국의 철도를 비롯한 교통시스템 변화로 북극개발을 가속화 하고 있다. 북극권 개발의 최대 수혜국은 러시아다. 러시아가 북극에서 무섭게 세력을 확장하면서 미국의 위기감 또한 커지고 있다.[30]

---

29) 이재영 · 나희승, "북극권 개발을 위한 시베리아 북극회랑 연구", 『아시아문화연구』, 39, 2015. p. 194.

30) 아시아투데이, http://www.asiatoday.co.kr/view.php?key=20190411010008291(검색일:2019.04.12.)

러시아는 야말반도의 Arctic LNG-1에 이어 인근의 기단반도 Arctic LNG-2
의 가스전 개발은 물론 북극연안의 자원 활용과 수송로의 확보를 위해 해양과
육로를 연결하는 종합복합물류수송망을 구축하고 있다. 지난 과거를 되돌아
봤을 때도 그 중요성은 지속되어 왔다. 1932년부터 소비에트 정부는 페초라
탄전 개발 필요에 의해 우랄 북쪽의 코미공화국인 시베로-페초르 철도를 코틀
라드에서 보르쿠타까지 연결을 시작했다.[31] 특히 2차 세계대전 중 고립된 레
닌그라드(현 상트페테르부르크)에 대한 에너지를 공급하기 위해 약 1,200km
의 철로를 건설하게 된다. 이는 북극철도의 중심이었던 야로슬라프 철도국을
중심으로 한 소비에트 정치범 등 범죄자들이 보르쿠타 굴락(Гулаг)[32]에 강제
동원되어 건설되었다. 즉 우랄 북극권을 중심으로 한 러시아 북극권 철도교
통망 연결 구축 구상의 초석이었다. 이를 시작으로 최근 러시아는 우랄 및 시
베리아 북극권의 가능성과 함께 「철도발전 전략 2030」을 계획하며 이를 현실
화하기 위한 계획을 추진하고 있다. 또한 북극권 항만에서 내륙으로 이어지는
교통망 연결 구축 구상은 북극해로 연결되는 러시아 주요 강인 서시베리아의
오비 강, 중부시베리아의 예니세이 강, 동시베리아의 레나 강 등을 따른 교통
망 연계 및 복합물류 운송망 구축 확보로 연결될 것이다.

　　러시아는 전체적으로 북극의 주요 지역의 자원지대와 강 하구에 거점 항구
를 개발함과 동시에 내륙철도를 바로 연결, 내륙운송과 항만운송이 함께 이루
어질 수 있는 다기능 프로젝트를 추진하고 있다. 철도회랑 연결로 북극권의

---

31) Промышленное освоение Коми края, http://maxi4.narod.ru/02_nedra/u_02.
　　htm(검색일:2019.12.21.)

32) 굴락(Гулаг)은 소비에트 시대에 강제 노동 수용소를 말한다. 스탈린 서기장의 집권시
　　기인 1929년부터 1953년까지 약 1천 8백만 명이 굴락을 거쳤으며, 이중 수백만 명이
　　북극권 및 극동지역으로 강제이주 당했다. 그 중 대표적인 지역이 마가단의 콜리마,
　　노릴스크, 보르쿠타 지역이다.

영구동토지대를 철길로 연결한다는 것은 매우 흥미로운 계획이다.

그 대표적인 사업으로 러시아는 북극영토에 2023년까지 북극 철도회랑(Северный широтный ход)의 건설을 계획하고 있다. 러시아 정부는 자국의 극지역에 교통망이 연결되어 지역 발전이 촉진될 것이며, 시베리아횡단철도와 내륙과의 연결로 북극항로를 통하는 화물 운송량이 증가될 것으로 예상하고 있다. 전문가들의 견해에 따르면, 매년 북극 철도회랑을 따라 약 2400만 톤의 화물이 운송될 것이라 한다. 그 중 가스프롬사가 주요 당사자다. [33]

북극 철도회랑 건설에 대한 러시아 철도청 계획에 따르면 오비 강과 나딤 강의 다리를 통과하는 350km를 우선 건설한다. 현대화에 따른 필요한 인프라 구축 또한 동시에 진행할 계획이며 북극 철도회랑의 총 연장길이는 686km이다. 이 교통망은 우랄 북쪽 스베르들롭스크 철도와 연결되며, 북극 및 서시베리아와 우랄을 연결한다.

이와 관련하여 2016년 12월 푸틴 러시아 대통령은 "북극 철도회랑 건설은 경제에 대한 계획으로 필요하고 좋은 프로젝트라 했으며"[34] "이 철도망이 러시아의 교통시스템을 다각화화 할 것이며, 시베리아 횡단철도의 화물수송뿐만 아니라 사베타 항을 통한 러시아 LNG 수출 발전에 지대한 영향을 줄 것이다"라고 했다. [35] 또한 2017년 제 3회 철도대회 총회에서 북극 철도회랑 관련하여 서부시베리아 지역의 물량공급을 줄이고 북극과 북극 철도회랑 발전에

33) Zen. yandex, https://zen. yandex. ru/media/vgudok/sshh--jeleznaia-doroga-v-vechnoi-merzlote-i-lakomyi-kusok-dlia-krupneishih-podriadchikov--5b75ce09396caa00a8f8813d(검색일:2021.02.02.)

34) RIA, https://ria.ru/20161223/1484451500.html(검색일:2021.02.02.)

35) Zen. yandex, https://zen. yandex. ru/media/vgudok/sshh--jeleznaia-doroga-v-vechnoi-merzlote-i-lakomyi-kusok-dlia-krupneishih-podriadchikov--5b75ce09396caa00a8f8813d(검색일:2021.01.25.)

새로운 추진력을 제공할 것이라 했다. 북극 철도회랑과 관련하여 예비자금 2,360억 루블을 예상하고 있다.[36)]

북극 철도회랑 건설 현실화에 러시아 연방 정부와 지자체 정치권력뿐만이 아니라 거대 에너지 회사인 가스프롬과 노바텍사가 관심을 갖고 있다. 물론 러시아 철도청도 매우 큰 관심을 갖고 있다. 2030년까지 이러한 관점에서 북극 철도회랑 건설에 예상되는 비용이 2,360억 루블로 추정되는 것은 놀라운 일이 아니다. 거의 절반에 가까운 1,050억 루블이 철도청의 독자적 프로그램으로 진행된다. 정부 참여 자본 보조금 형태로 300억 루블이 투자된다.[37)] 핵심프로젝트로는 러시아 철도청 투자 프로그램의 일환으로 "코노샤 (Коноша) - 코틀라스(Котлас) - 춤(Чум) - 라브의트난기(Лабытнанги)" 북극 회랑도로로 이는 옵스카야 역이 포함되며, 또한 스베르들롭스크 철도의 철도지선인 "판고드이(Пангоды) - 노브 우렌고이(Новый Уренгой) - 코로체보(Коротчаево)"와의 연결이다. 가스프롬사는 "나딤(Надым) - 판고드이 (Пангоды)"간 철도지선인 104km의 건설과 시설관리를 진행한다.[38)]

본 프로젝트는 전문설계사인 "콘체시오네르(СПК-Концессионер)"가 옵스카야 - 살레하르트 - 나딤의 재정 및 회계, 건설, 설계 상호 컨소시엄 형태로 진행된다. 이는 오비 강과 나딤 강을 통과하는 교량의 철도 지선 부분과, 새로운 철도길 지역인 "살레하르트 - 나딤간" 353km의 건설이다.[39)]

36) Kommersant, https://www.kommersant.ru/doc/3205813(검색일:2020.10.23.)

37) https://ru.wikipedia.org/wiki/%D0%A1%D0%B5%D0%B2%D0%B5%D1%80%D0%BD%D1%8B%D0%B9_%D1%88%D0%B8%D1%80%D0%BE%D1%82%D0%BD%D1%8B%D0%B9_%D1%85%D0%BE%D0%B4(검색일:2020.10.35)

38) Zen.yandex, https://zen.yandex.ru/media/vgudok/sshh--jeleznaia-doroga-v-vechnoi-merzlote-i-lakomyi-kusok-dlia-krupneishih-podriadchikov--5b75ce09396caa00a8f8813d(검색일:2021.01.25.)

39) https://ru.wikipedia.org/wiki/%D0%A1%D0%B5%D0%B2%D0%B5%D1%80%D0%D0%

[그림 3] 북극 철도회랑 세부 건설 계획

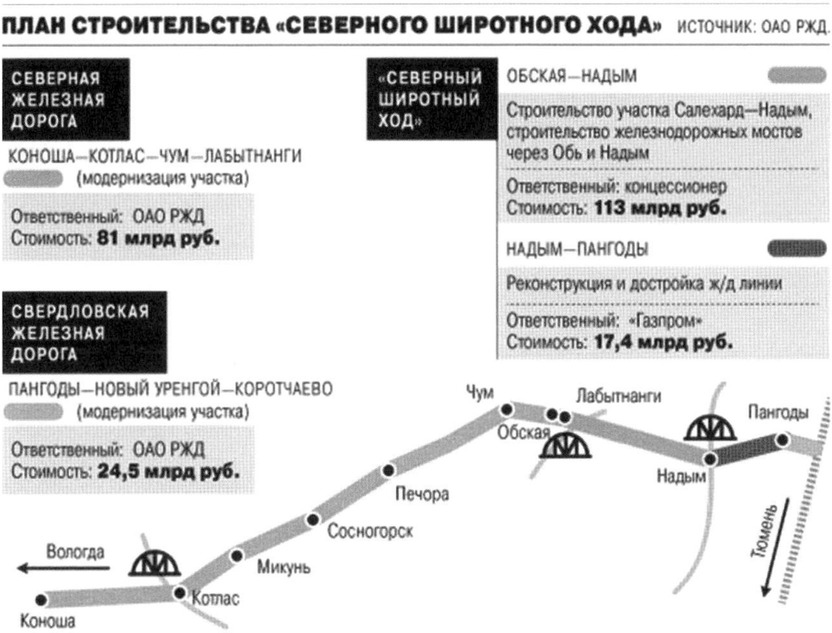

자료: Zen.yandex, https://zen.yandex.ru/media/vgudok/sshh--jeleznaia-doroga-v-vechnoi-merzlote-i-lakomyi-kusok-dlia-krupneishih-podriadchikov--5b75ce09396caa00a8f8813d(검색일:2021.02.09.)

북극 철도회랑은 2023년까지 완성을 목표로 하고 있다. 건설 소요 기간은 그리 중요하다 판단되지 않는다. 왜냐하면 이와 관련하여 모스크바에서는 두 가지의 의미를 부여하고 있는데, 첫째, 프로젝트는 중요하고 둘째, 프로젝트는 필요하다는 것이다. 또한 본 프로젝트의 의미는 다음의 프로젝트와 연결될 가능성이 더 크다. 즉 메가 프로젝트 구상으로 극동의 러시아 본토와 사할린 섬과의 철로연결 문제다. 본토와 사할린 간 교량 및 터널의 건설이 논의되고

BD%D1%8B%D0%B9_%D1%88%D0%B8%D1%80%D0%BE%D1%82%D0%BD%D1%8B%D0%B9_%D1%85%D0%BE%D0%B4(검색일:2020.10.35)

있으며, 푸틴 대통령 또한 이에 관하여 관심을 갖고 있다. 2020년 10월 러시아 정당대표와의 만남에서 푸틴 러시아 대통령은 사할린과 일본 간의 철로연결과 관련하여 다음과 같이 언급했다. 이는 "길 역사다", "사할린과의 교량 연결 문제는 매우 중요하며, 일본과의 연결이 향후 어떻게 진행될지 잘 모르겠다. 러시아를 위해서 매우 중요한 의미를 갖는다." 했다.[40] 푸틴 대통령은 중요한 것은 프로젝트에 대한 투자와 건설사에 대한 문제고, 향후 시간이 이 문제를 해결해 줄 것이라 생각된다고 했다. 이와 관련하여 최근인 2021년 2월 14일 푸틴 대통령과 대중매체를 대표하는 편집 기자와의 대화에서 "우리는 일본과의 관계발전을 희망한다"고 언급했다.[41]

2. 벨코무르 프로젝트

러시아 북극권 철도연결 프로젝트에 또 다른 벨코무르 프로젝트(Белкомур)가 진행되고 있다. 이는 지난 '2020년까지 러시아 북극권 발전 국가프로젝트 - 벨코무르'의 일환으로 시작되었다. 2019년 12월 러시아 연방 지령에 따르면, 벨코무르 철로건설 프로젝트는 새로운 동기를 줄 것이며, 프로젝트는 2035년까지의 러시아 북극항로 인프라 발전에 하나로 러시아 북극지역 발전 대규모 프로젝트 중 하나라고 발표했다. 그 중 2022년까지 러시아 정부 계획에 따르면, 아르한겔스크(Архангельск) - 시크티브카르(Сыктывкар) - 페름(Пермь, (솔리캄스크: Соликамск))의 연결이다.[42] 즉 아직 미완성된 카르포고리-벤딩

40) ТАСС, https://tass.ru/ekonomika/9644601 (검색일:2021.02.10.)
41) Российская Газета, https://rg.ru/2021/02/14/putin-zaiavil-o-planah-razvivat-otnosheniia-s-iaponiej.html?utm_source=yxnews&utm_medium=desktop
42) *Распоряжение Правительства РФ от 21.12.2019 г. №3120-р*, http://www.

가, 시크티브카르-가이니-솔리캄스크의 두 개 구역의 철도를 연결시킨 이후 러시아 북서쪽 백해로 통하는 인프라 구축을 통해 아르한겔스크 심해항의 확대 및 개발이다. 따라서 벨코무르 프로젝트는 손쉬운 운송을 가능케 하는 목재, 석유, 석탄 등을 내륙에서 백해로 뻗어 바렌츠 해로의 물류이동을 의미한다.[43] 이는 야말반도를 중심으로 한 야말, 우랄 프로젝트와 북극 철도회랑은 러시아의 북극권 자원개발과 항로개발이란 측면에서 매우 중요하다.[44]

벨코무르 프로젝트는 지난 1930년대 북극권 교통망 연결을 위해 계획되었다. 러시아연방 철도발전 전략 계획으로 시베리아 지역과 우랄지역을 직접 연결한다는 것이다. 이는 우랄과 시베리아를 연결하여 극동지역과 연결로 중국의 철도와 연결한다는 전략 차원에서 고안된 계획이다. 중국 철도와의 연결은 결국 서시베리아 연방관구 산업 전략과 연결되는 것이다. 벨코무르 프로젝트는 고리곱스키, 스베리들롭스크, 시베르니와 아크짜브리스키 철로와 연결되며, 즉 북극과의 연결이다. 총 연장길이는 1252km로 이중 712km를 새로 건설한다는 계획이다. 러시아 철도공사가 추진하던 기존에 건설 부분 중 중지되어 아직 건설되지 않은 부분은 현대화가 요구되고 있다. 이 프로젝트가 현실화 된다면 러시아연방의 경제적 안보는 물론이고 러시아의 서시베리아, 우랄, 시베리아 지역이 중앙아시아 국가들과도 경제적 연결 매개체가 된다. 이와 관련하여 지난 2015년 러시아 푸틴 대통령이 중국 건국 70주년 참가 차 중국을 방문하여 코미 공화국 수반인 비야체스라브 가이제르가 벨코무르 프로젝트

belkomur.com/news/index.php?ELEMENT_ID=2992(검색일:2021.02.10.)

43) 박종관. "러시아 교통물류 발전전략: 북극지역을 중심으로," 『슬라브학보』 제31권 1호, 2016년. p.48.

44) 박종관, "러시아 북극권 철도 회랑 연구: 벨코무르(Belkomur Corridor)와 북위도 철도 회랑(Northern latitudinal Railway)을 중심으로", 『한국 시베리아연구』 제23권 1호, 2019, p.112-113.

[그림 4] 벨코무르 프로젝트 노선

자료: Проект ≪Беломорский Морской Грузовой Терминал≫, http://bsfterminal.ru/
povyishenie-kapitalizacui/ (검색일:2021.02.03.)

현대화를 위해 중국과 상호협력하기로 약속했던 바 있다.[45]

3. 「러시아 철도발전 전략 2030」에 따른 북극철도 개발의 중요성

러시아의 우랄 및 서시베리아 북쪽의 철도건설에 관해서는 「러시아 철도발전 전략 2030」을 살펴보면 그 중요성을 확인할 수 있다. 2000년대 푸틴 대통령 집권 이후 철도 및 교통 인프라 발전을 위해 본격적인 노력을 보이기 시작했으며, 2005년 이후에는 보다 종합적이고 구체적인 철도교통 발전 전략을 발표하여 추진하고 있다. 이후 「2020 러시아 연방 교통전략」(2005년 수립)을 기

---

45) Комиинформ, https://komiinform.ru/news/126863/(검색일:2021.02.03.)

초로, 「2030 러시아 연방 교통전략」 (2008년 수정 및 채택)에 따른 세부 추진
계획인 「2030까지 러시아 연방 철도발전 전략」을 채택하여 현재까지 추진 중
에 있으며, 본격적인 러시아 철도발전에 대한 개발 및 투자 계획은 2008년 6
월 17일 발표된 「2030까지 러시아 연방 철도 발전전략」(№877-p)을 전략적 기
초로 하여 국가경제 단일화 및 천연자원 접근성 향상을 위한 철도교통 인프라
건설을 목표로 추진 중에 있다. 1단계(2008-2015년)는 철도물류 수송량 확대
를 위한 철도 인프라 개선과 일부 노후화된 철도망의 현대화 작업이며, 2단계
(2016-2030년)는 국제 철도물류 활성화 추진방안으로 러시아 전체의 대규모
철도망 확장 및 완공을 계획하고 있다.

[그림 5] 「러시아 철도발전 전략 2030」 계획[안]

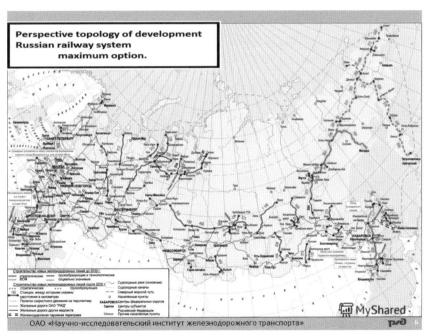

자료: 러시아 철도공사 사이트: https://www.rzd.ru/(검색일:2020.10.20.)

러시아가 「철도발전 전략 2030」을 중심으로 북극권, 특히 우랄과 시베리아 지역에 주목하는 주된 이유는 러시아 GDP의 약 20%, 수출의 약 22%를 러시아 북극권이 차지하고 있기 때문이다.[46] 주요 자원매장 지대가 바로 우랄과 서시베리아 북극권이기 때문이다. 러시아는 '에너지 초강대국'의 지향은 물론 북극에서의 최우선 관심사로는 자원-항로-철도와 연결된 상업적 이해관계다. 아래 표를 참조하면, 러시아 철도발전 전략의 주요 철도망 확장 중장기 프로젝트 구간은 주로 우랄-서시베리아를 중심으로 한 북극권의 연결이며, 이는 야말반도-우랄 산업단지 등의 연결로, 결국은 우랄-서시베리아에서 동시베리아로 이어지는 북쪽의 횡축 철도 연결망 구축이라 할 수 있다.[표 1 참조]

〈표 1〉 러시아 주요 철도망 확장 중장기 프로젝트 구간

철도 구간	길이	비고
니즈네바르토브스크~벨르이 야르~우스티 일림스크	1892 km	북시베리아 구간 확장
폴루노치노예~나딤	1200 km 이상	우랄 산업 지대 프로젝트 구간
옵스카야~보바넨코보~카르스카야	572 km	야말반도 개발 구간
톰모트~야쿠츠스크(건설완료)~레나~렌스크~하니~올료크민스크	11900 km	동시베리아 구간 확장

자료: ТРАНСПУТЬ, https://transway-ug.ru/perspektivy-razvitiya-zhd-transporta-v-rossii-do-2030-g/ (검색일:2020.03.20.)

러시아는 북극해 연안국들 중 가장 긴 해안선(전체 북극해 연안의 43%) 보유, 이들 해안은 가까운 미래에 연중 더 많은 기간 동안 선박통행(ship traffic)이 가능할 것으로 기대된다.[47] 또한 자국의 북극해, 특히 서북극해 지역은 접

---

46) Linda Edison Flake, "Russia's Security Intentions in a Melting Arctic," Military and Strategic Affairs 6, no. 1(March 2014), p. 105, http://www.inss.org.il/uploadImages/systemFiles/MASA6-1Eng%20(4)_Flake.pdf(검색일:2019.1.27)
47) 러시아는 북극항로의 선박통행 증가에 대해 낙관적이다. 따라서 러시아 교통부

근이 불가능했던 북극해 연안의 자원 개발에 대한 기대가 가장 큰 지역인 서
시베리아와 연결되어 야말반도와 티만-페초라 유전(석유ㆍ가스), 바렌츠 해
의 슈토크만 유전(석유ㆍ가스), 카라 해의 쁘리라즐롬노예 유전(석유ㆍ가
스) 등의 탄화수소 자원이 매장되어 있다.[48] 광물자원측면에서, 러시아는 2
만개 이상의 채굴 가능한 광물 매장지를 가지고 있고, 그 중 1/3은 현재에도
채굴되고 있다. 러시아는 세계 원유 매장량의 10% 이상, 천연가스 33%, 석
탄 11%, 철광석 26%를 가지고 있다.[49] 게다가 알루미늄, 비소(arsenic), 석면
(asbestos), 보크사이트(bauxite), 붕소(boron), 카드뮴, 숯가루(cement), 석
탄, 코발트, 구리, 다이아몬드, 플루오라이트(fluorspar), 금, 은, 철광석, 석회
(lime), 마그네슘 혼합물과 금속, 플레이크, 스크랩, 쉬트 형태의 운모(mica),
천연가스, 니켈, 팔라듐, 토탄(peat), 석유, 인산염(phosphate), 선철, 플라티
넘, 가성칼리(potash), 레늄(rhenium), 실리콘, 강철, 황, 티타늄 스폰지, 텅스
텐, 바나듐 등 다양한 광물의 세계적 생산국이다.[50]

앞서 설명되었듯이 러시아 북극권의 자원, 항만 개발의 촉진은 러시아 북극
철도회랑과 연결로 이어질 것이며, 이는 우랄과 시베리아 중심의 유라시아 대
륙의 남-북과 동-서를 가로지르는 북극과 내륙의 연결이다. 또한 철로를 통해
러시아의 극동지역을 시베리아를 거쳐 유럽 러시아와 연결하는 동시에 북극
과 연결되는 유라시아 대륙의 혈관이다. 북극철도는 서시베리아와 러시아 북
방영토 전반에 흩어져 있는 탄화수소를 비롯한 화석 에너지 자원과 광물자원

(Transport Ministry)는 2012년 모스크바에 북방항로의 해상운송 허가를 책임질 북방
항로청(Severny Morskoy Put or Sevmorput) 사무실을 개소했다.

48) Carlsson and Granholm, "Russia and the Arctic", pp. 19-20.
49) http://www.nrcc.no/rusbedin/database_mining.html (검색일:2014.02.04.)
50) U.S. Geological Survey, 2010 Minerals Yearbook - RUSSIA, (U.S. Department of
the Interior U.S. Geological Survey, 2012)

을 우랄 산업단지와 북방항로의 거점 항구들과 인프라에 연결하는 러시아의
혈관이 될 것이다.

V. 러시아 북극권 자원 개발과 우랄-시베리아 북극 철도회랑 연결 의미

　러시아 정부는 러시아 북극권의 석유와 가스 개발을 러시아 경제와 국가 전체의 지속적인 성장을 위한 핵심으로 인식한다. 러시아 연방 천연자원환경부의 전망에 따르면, 러시아의 북극 대륙붕은 155억 톤의 석유와 84조 5천억㎥의 가스가 집중되어 있다. 이는 세계 탄화수소 매장량의 약 20%를 차지한다. 특히 전체적으로 독특하고 큰 탄화수소 퇴적물의 대부분이 러시아의 북극 지대에 집중되어 있다고 밝혔다. 러시아 북극권은 육지의 43%와 대륙붕의 70%가 잠재적인 석유와 가스 매장지로 인식되고 있다.[51] 현재까지 광역권에서 594개의 유전과 159개의 가스전이 발견되었다. 러시아 북극권의 초기 석유 채굴 가능 매장량은 약 77억 톤에 이른다. 이 중 5억 톤이 대륙붕에 있다. 가스 매장량 670억㎥ 중 100억㎥도 대륙붕에 있다. 동시에, 발견되지 않은 북극권의 자원 잠재력은 대륙붕에서 90% 이상, 육지에서 53% 이상이다.[52]

　위와 관련하여, 러시아 철도 수송 현황과 문제점 또한 동시에 존재하는데,

---

51) Барковский А.Н., Алабян С.С., Морозенкова О.В. Экономический потенциал Российской Арктики в области природных ресурсов и перевозок по СМП // Российский внешнеэкономический вестник. No. 12. 2014. C. 44.

52) Исследования и освоение Арктики // портал Pro-arctic. http://pro-arctic. ru/30/12/2014/resources/12964(검색일:2020. 01. 14.)

첫째, 철도 화물 및 여객 수송량의 감소라 할 수 있다. 이는 동-서 축과 남-북 축의 연결의 부재로 인한 철도 운영의 비효율적 독점과 경쟁의 부재다. 둘째, 수송기간의 장기화 또는 지연이다. 현재 러시아는 시베리아횡단철도를 중심으로 동-서가 연결되고 있다. 하지만 광활한 영토에 비해 2019년 기준 러시아 철도의 총 운영연장선은 미국, 중국에 이어 총 85,600km의[53] 철도망을 보유한 세계 3위의 공용 철도 연장 보유국이긴 하나 러시아 시베리아 북극권이나 극동지역의 야쿠티아, 마가단, 추코트카 및 캄차카 지역에 철도노선이 부재하는 등 철도 보급률이 전반적으로 매우 낮은 실정이다. 따라서 종합적인 철도 인프라 투자가 요구된다. 셋째, 북극 및 시베리아-극동지역을 중심으로 한 '에너지 초강대국'을 향한 러시아 철도 수송 인프라 강화의 필요성은 복합운송시스템(철도-도로-내륙수운-북방항로)의 강화를 통한 트래픽 증가와 향후 북방항로와 평행한 대륙 동-서, 남-북 철도수송로의 확보 및 '신 동방정책'(극동개발전략)과 연계된 수송전략이 필요하다.

이런 문제점에 대한 해결책이 우랄-시베리아 지역의 철도교통 인프라 구축이 우선시 된다. 앞서 푸틴 대통령이 발표했듯이 북극 철도회랑 인프라 구축 문제는 전 러시아의 철로로의 연결을 의미한다.[54] 즉 현재 우랄산맥을 중심으로 형성된 우랄 및 서시베리아 산업-자원지대는 러시아 산업의 중심지다. 이 지역은 러시아 지하자원의 보고이며, 동시에 동서남북의 연결고리이며 지리적 자오선이기도 하다. 전통적으로 철도교통의 근접성은 지역의 산업화를 촉진시켰으며 러시아 또한 철도교통 시스템은 물류수송망을 확장시키며 국가발전을 이룩해 왔다. 이런 관점에서 우랄지역 철도교통 시스템은 물류수송망 시

---

53) 러시아 철도공사 사이트: https://www.rzd.ru/(검색일:2020.10.21.)
54) TACC, https://tass.ru/ekonomika/9644601(검색일:2021.02.10.)

스템과의 연결고리로서 우랄지역의 인프라 구축은 물론이고 경제 발전을 도모해왔다. 뿐만 아니라 우랄지역은 교통중심지로서 북극권을 포함한 전 러시아 산업의 발전에 대한 중요 지역이다.

　러시아 북극권 자원지대 횡단의 철로 연결인 '북극 철도회랑'은 러시아 북극권의 동-서를 연결해주는데, 이는 우랄을 중심으로 서시베리아와 크라스노야르스크의 북쪽산업도시인 노릴스크 지역을 연결로 전통적 산업 및 공업 발달 지역과의 연결을 의미한다.[55] 내륙으로의 연결이 결국에는 북극자원의 마지막 출로이고, 이는 우랄지역과의 이해관계로 확장된다. 따라서 우랄-시베리아의 철도교통망 연결은 북극권 철도연결 사업인 아르한겔스크 벨코무르 프로젝트를 시작으로 최대 자원매장지인 시베리아의 중심 크라스노야르스크와의 연결로 이어지며, 이는 사실상 북극권 자원의 보고지인 야말반도의 사베타, 서시베리아와 중앙시베리아의 자원지대의 횡단으로 향후 내륙교통망으로 연결한다는 계획이다. 북극 철도회랑 프로젝트는 북극항로 수송의 출발점이자 서시베리아 횡단철도의 종착역인 야말반도의 사베타 항에서 우랄 및 러시아 북서의 서시베리아 지역, 크라스노야르스크의 자원매장 지대에 이르는 내륙 철도와 연결된다는 데에 큰 의미가 있다. 또한 사베타 항을 거쳐 북극항로로 이동한다는 점에서 지경학적 중요성이 매우 크다고 할 수 있다. 특히 북시베리아 구간 확장 프로젝트인 니즈네바르토브스크(한티-만스크) - 벨르이 야르스크 - 레세시비리스크(크라스노야르스크) - 우스티 일림스크(이르쿠츠크)의 1892km[56]의 중장기 철도망 확장 프로젝트 구간으로 계획되어 있으며, 그

---

55) 박종관, "러시아 북극권 철도 회랑 연구: 벨코무르(Belkomur Corridor)와 북위도 철도 회랑(Northern latitudinal Railway)을 중심으로", 『한국 시베리아연구』제23권 1호, 2019, pp. 122-123.
56) ТРАНСПУТЬ, https://transway-ug.ru/perspektivy-razvitiya-zhd-transporta-v-

중요성이 크다 할 수 있다.

　북극철도는 우선적으로 지역개발의 건설자재 및 공산품의 운송수단뿐만이 아니라 매년 2,000만 톤 이상의 천연가스 및 자원을 최단 경로를 통해 유럽 및 아시아·태평양 지역의 선진국에 운송할 계획이다. 이것을 고려한다면 자원 매장지역에 경제성 있는 교통망을 확보하고, 북방지역의 균형 발전을 위해서 시베리아횡단철도와 종축으로 연결되어야 할 것이다. 심지어 러시아 북극권의 천연자원 개발은 이 지역의 개발 및 철도 인프라와 더불어 국가의 전략적 접근이 필요하다.

VI. 결론

　그간 남·북극 등 극지연구를 통해 축적된 기술력과 북극과 관련된 국제적 현안과 과제에 적극적으로 참여해 온 한국의 노력은 2013년 5월 15일 스웨덴 키루나에서 개최된 북극이사회(AC)의 각료회의에서 북극이사회의 정식 영구 옵서버 국가(한국, 중국, 일본, 인도, 이탈리아, 싱가포르)라는 결과로 결실을 맺었다. 이에 따라 한국은 북극과 더 이상 무관한 국가가 아니라 '인류 공동의 자산'으로 발전할 수 있는 북극에 대한 국제적 거버넌스의 일원으로서, 북극의 자원을 바탕으로 한 지정학적, 항로 상용화를 통한 지경학적, 철도망 연결을 중심으로 한 지정, 지경학적, 북극의 대 자연의 생태학적 및 북극의 다양한 소수민족 문화의 인류문화학적 잠재력이 우리에게 무한한 가능성을 열어 줄 것으로 기대된다. 이와 관련하여 우리나라는 북극정책기본계획(2013~2017)

rossii-do-2030-g/ (검색일:2020.03.20.)

과 북극활동진흥기본계획(2018~2022)을 세워 단계적 북극전략 로드맵을 세웠다.[57]

북극 공간은 한국사회에 에너지 · 자원 확보/수입원/공급처의 다변화, 물류유통, 해양세력과 대륙세력으로의 확장, 생활공간의 확대, 풍부한 수산업 등의 해외 식량 기지의 확보, 환경과 생태에 대한 글로벌 이슈의 충족, 녹색성장의 토대, 남북한 통합 촉진과 북한경제의 연착륙유도 등을 제공할 수 있는 미래 한국사회의 '기회의 공간'으로 작용할 수 있다.[58]

북극은 한국의 산업경제 측면에서 이상적인 지역이다. 즉 한반도의 미래성장 공간으로써 상호보완적 관계를 형성하고 있기 때문에 시베리아 및 극동지역과 연계한 한반도 통합과정에 있어서도 그 중요성이 매우 크다. 과거 국가전략을 중심으로 한 국제정치학적 거대 담론이 지정학 및 지경학적 차원에 유라시아 중심이었다면, 21세기 현재의 국제정치학적 거대 담론은 북극을 중심으로 한 시베리아지역의 막대한 자연자원과 긴밀한 상관성을 지니고 있음을 주지하는 바다. 따라서 러시아의 북극정책, 에너지정책 등 핵심 국가발전 전략의 분석은 러시아의 해양과 대륙세력간의 대립과 논쟁적 문제로 발전 가능하며, 이 논쟁을 통해 러시아 미래 전략 방향성을 세울 것으로 예상된다. 이 중심에는 유라시아지역 최북단의 북극 바다와 풍부한 자원지대를 항만과 내륙을 연결하는 철도개발에 중심을 두며, 북극과 시베리아지역 개발에 대한 러시아의 국가 발전전략, 즉 본 연구의 중심에는 맥킨더의 하트랜드 이론의 내

---

57) 서현교, "우리나라 남 · 북극 기본계획 통합방안과 평가," 『한국 시베리아연구』 제24권 1호, 2020, p. 65.
58) 박종관, "러시아 북극권 철도 회랑 연구: 벨코무르(Belkomur Corridor)와 북위도 철도 회랑(Northern latitudinal Railway)을 중심으로", 『한국 시베리아연구』 제23권 1호, 2019, p. 113.

류교통망 중요성과 우랄-시베리아 자연지대의 철도연결망 구축에 무게를 둔다. 북극항로가 개발되면 북극해와 맞닿은 시베리아 지역에 대한 지하자원 개발이 힘을 얻게 되어 시베리아와 북극해 주변, 특히 서시베리아를 중심으로 한 우랄 북극권에 매장되어 있는 가스, 석유와 같은 에너지 자원뿐 아니라 알루미늄, 니켈, 구리와 같은 광물, 산림자원, 수산물들이 생산, 수송되는 물류의 실크로드가 될 것이다. 또 러시아 지역 균형발전과 국가성장 모델 속에 우랄 산업지대와 자원지대, 시베리아 지역 및 극동지역 발전 계획과 더불어 북극지역이 연계되면서 지정·지경학적 중요성이 더더욱 높아진 것이 현실이다. 맥킨더의 주장을 확대 해석하여, 내륙의 교통망 구축이 하트랜드적 의미를 넘어 해양으로 뻗어나가는, 즉 우랄지역을 중심으로 시베리아 극동지역과 인적 물적 교류의 활성화의 목적으로 내륙교통망시스템 구축은 유럽과 아태지역을 연결하는 상호 경제적인 이익뿐만 아니라, 한국의 경제적 이익창출에 도움이 될 것으로 기대되며, 우리나라도 러시아 북극 철도회랑 인프라 구축에 대한 참여의 길을 모색해야 할 것이다.

〈참고문헌〉

김정기, "러시아의 해양정책: 21세기 해양강국으로 부활?", 여시재-협력연구기관 공동 기획: 각국의 싱크탱크 동향(ISSUE BRIEF), 2018. p. 2.

라미경, "기후변화 거버넌스와 북극권의 국제협력,"『한국 시베리아연구』제 24권 1호, 2020년, p. 41.

박기원, "러시아 석유 · 가스 자원 현황조사(부존현황 편)", Kotra 해외시장뉴스, 2008.

박종관, "러시아 북극권 철도 회랑 연구: 벨코무르와 북위도 철도 회랑을 중심으로",『한국 시베리아연구』제23권 1호, 2019년, p.112.

박종관, "러시아 교통물류 발전전략: 북극지역을 중심으로,"『슬라브학보』제31권 1호, 2016, pp.32-33.

박종관 · 정재호, "북극, 냉전시대로의 회귀 '新 냉전'의 군사 · 안보 공간으로 확대되나?", 한국해양전략연구소, KIMS Periscope. 2020.09.01.

서현교, "한국의 북극정책 과제 우선순위에 대한 평가와 분석,"『한국 시베리아연구』제23권 1호, 2019년, p.45.

서현교, "우리나라 남 · 북극 기본계획 통합방안과 평가,"『한국 시베리아연구』제24권 1호, 2020, p. 65.

이재영 · 나희승, "북극권 개발을 위한 시베리아 북극회랑 연구,"『아시아문화연구』, 39, 2015. p.193.

콜린 플린트,『지정학이란 무엇인가?』(도서출판 길: 한국지정학연구회 옮김, 2007), pp. 44-54.

Carlsson and Granholm, "Russia and the Arctic", pp. 19-20.

Oran Young, "Artic Futures: The Politics of Transformation" in James Kraska, ed., *Artic Security in Age of Climate Change* (New York: Cambridge University Press, 2011), p. xxi.

Linda Edison Flake, "Russia's Security Intentions in a Melting Arctic," Military and Strategic Affairs 6, no. 1(March 2014), p. 105, http://www.inss.org.il/uploadImages/systemFiles/MASA6-1Eng%20(4)_Flake.pdf(검색일: 2019.1.27)

U.S. Geological Survey, 2010 Minerals Yearbook - RUSSIA, (U.S. Department of the Interior U.S. Geological Survey, 2012)

Александр Воротников, "Арктика – приоритет развития России", https://energy.s-kon.

ru/a-m-vorotnikov-arktika-prioritet-razvitiya-rossii/

Барковский А.Н., Алабян С.С., Морозенкова О.В. Экономический потенциал Российской Арктики в области природных ресурсов и перевозок по СМП // Российский внешнеэкономический вестник. №. 12. 2014. С. 44.

Е.Назипова, "Полномочия Минвостокразвития России расширены на Арктическую зону Российской Федерации," ⟨https://minvr.ru/press-center/news/21131/⟩

ФОКИН Ю.Е., СМИРНОВ А.И., "Киркенесская Декларация о сотрудничестве в Баренцевм/Евроарктическом регионе: взгляд из России 20 лет спустя", Москва 2012. 6-7쪽.

중앙일보, https://news.joins.com/article/23628470

에너지경제, http://www.ekn.kr/news/article.html?no=341488

에너지경제, http://www.ekn.kr/news/article.html?no=337484

연합뉴스, https://www.yna.co.kr/view/AKR20190328101700003

연합뉴스, https://www.yna.co.kr/view/AKR20120526001700080

아시아투데이, http://www.asiatoday.co.kr/view.php?key=20190411010008291

Economy Insight, http://www.economyinsight.co.kr/news/articleView.html?idxno=3542

러시아 철도공사 사이트: https://www.rzd.ru/

Информационное Агентство «Хакасия». https://19rus.info/index.php/ekonomika-i-finansy/item/104541-itog-izvesten-pravitelstvo-medvedeva-provalit-natsionalnye-proekty

Исследования и освоение Арктики // портал Pro-arctic. http://pro-arctic.ru/30/12/2014/resources/12964

Промышленное освоение Коми края, http://maxi4.narod.ru/02_nedra/u_02.htm

Распоряжение Правительства РФ от 21.12.2019 г. №3120-р, http://www.belkomur.com/news/index.php?ELEMENT_ID=2992

"Российская карта островов Арктики. Кому принадлежит арктический сектор", https://goarctic.ru/news/rossiyskaya-karta-ostrovov-arktiki-komu-prinadlezhit-arkticheskiy-sektor/

Основы государственной политики Российской Федерации в Арктике на период до 2035 года. https://www.garant.ru/products/ipo/prime/doc/73606526/

FB, https://fb.ru/article/243702/prirodnyie-resursyi-urala-tablitsa

Официальный сайт полномочного представителя Президента России в Уральском
федеральном округе, http://uralfo.gov.ru/district

ТРАНСПУТЬ, https://transway-ug.ru/perspektivy-razvitiya-zhd-transporta-v-rossii-do-
2030-g/

Kommersant, https://www.kommersant.ru/doc/3205813

Neftegaz, https://neftegaz.ru/news/Geological-exploration/198138-gazprom-
geologorazvedka-zavershila-seysmorazvedochnye-raboty-na-nyarmeyskom-i-
leningradskom-uchastka/jr/mr/

RIA, https://ria.ru/20161223/1484451500.html

Zen.yandex, https://zen.yandex.ru/media/vgudok/sshh--jeleznaia-doroga-v-
vechnoi-merzlote-i-lakomyi-kusok-dlia-krupneishih-podriadchikov--
5b75ce09396caa00a8f8813d

ТАСС, https://tass.ru/ekonomika/9644601

Комиинформ, https://komiinform.ru/news/126863/

Проект 《Беломорский Морской Грузовой Терминал》, http://bsfterminal.ru/
povyishenie-kapitalizacui/

Российская Газета, https://rg.ru/2021/02/14/putin-zaiavil-o-planah-razvivat-otnosheniia-
s-iaponiej.html?utm_source=yxnews&utm_medium=desktop

http://www.nrcc.no/rusbedin/database_mining.html

https://ru.wikipedia.org/wiki/

한국북극연구컨소시엄(KoARC)의 진단과 미래방향

서현교(한국북극연구컨소시엄(KoARC) 사무총장, 극지연구소 정책개발실)
최영준(극지연구소 정책개발실장)

1. 서론

우리나라 정부는 지난 2020년 7월 '한국판 뉴딜 정책'의 정책방향으로 '디지털 뉴딜'을 제시하고 지속적으로 투자를 강화해나가고 있다. 이미 현실세계를 똑같이 구현한 '디지털 트윈' 기술은 정책결정에 필요한 정보를 분석하고 미래예측을 위한 시뮬레이션 플랫폼으로 적극 활용되고 있다. 또한 가상이라는 '메타'(Meta)와 '세계'(Unoverse)가 결합하여 '3차원 가상현실세계'를 의미하는 '메타버스'(Meta-verse)라는 단어가 일상용어로 등장하였으며, 온라인 게임상에서 현실을 재현하는 등 국내외 기업들이 온라인 세계로 진출하고 있다.

뿐만 아니라 기상 예측, 홍수 등 자연재해의 피해예측에 이르기까지 디지털 트윈이 정보 획득과 예측 플랫폼으로 쓰이고 있다. 이러한 디지털 트윈 기술이 과학, 산업, 인문 등의 분야를 넘어 다양한 분야와 융합이 가능하고, 우리나라가 관련기술을 선도할 수 있는 분야인 것은 확실하지만, 활용에 있어 아직까지 크게 관심을 받지 못하고 있는 지역이 있다. 바로 북극 지역이다.

※ 이 글은 극지연구소가 정기 발간하는 '극지와 세계'(POLES & GLOBE) 2021년 3호 (Vol. 03)에 게재된 '우리나라 북극연구 협력 플랫폼으로서의 한국북극연구컨소시엄(KoARC)의 역할 진단과 미래방향'(서현교·최영준 공저)의 내용을 기반으로 보강하여 완성된 논문으로, 극지연구소 정책과제 (PE 21330)의 지원을 받아 작성되었음

북극에서는 실제로 현지 원주민의 포함하여 400여 만명의 인류가 혹한의 환경과 상호작용을 하며 살아가고 있으며, 에너지 자원과 미래 물류의 중심축으로서 기후·환경변화 등의 과학연구 뿐만 아니라, 안보, 자원, 거버넌스(Governance), 통신/인프라, 원(거)주민 복지 등 사회 전(全) 분야를 포괄하는 접근이 필요한 지역이다. 특히 환경적 요인 때문에 실제 관측 데이터를 활용하여, 안전을 위한 선박 운항용 사전 시뮬레이션 등이 필수적인 곳으로 디지털 트윈 기술의 활용 가능성이 무한한 지역이라 할 수 있다. 현재 우리나라가 디지털 트윈 기술 등을 활용해 한국형 북극 신항로 활용기술과 경제·안전운항 시뮬레이터 등을 개발한다면, 북극권을 앞서는 선제적 진출 역량을 확보할 수 있을 것이다.

다만, 이를 위해서는 과학기술을 활용한 해빙관측 분석 기술이 필요하고, 이를 바탕으로 디지털 트윈 등으로 실제 환경과 동일하게 북극환경을 구현하는 기술, 또한 해당 기술을 적용하는데 필요한 선박 관련 기술, 최종적으로 북극권의 정책 동향 등이 융합되어야 최종 목표 달성이 가능할 것이다. 이러한 특성 때문에 북극은 각 분야 간 유기적 협력과 융합이 있어야 실제 활용 가능한 성과를 도출할 수 있는 지역이라 할 수 있다.

앞서 제시한 '한국형 북극 신항로 활용기술과 경제·안전운항 시뮬레이터 기술 개발'연구는 우리나라 대표적인 북극연구 플랫폼인 한국북극연구컨소시엄(Korea Arctic Research Consortium〈KoARC〉, 이하 KoARC)이 과학, 산업, 정책 분야 대표 기관들의 수요를 발굴하고 융합하여 2020년에 제안한 융복합 사업이다. 이처럼 실제 활용 가능한 북극 연구 성과 창출을 위해서는 KoARC과 같은 협력 플랫폼을 통해 북극권 동향을 바탕으로 북극 연구방향을 제시하고, 각 분야의 연구 수요 발굴과 융·복합 과제 수행을 위한 연구생태계 구축, 또 이러한 필요성을 정부에 제시하고 납득시키는 역할수행이 필수적이다.

이에 우리 정부도 북극권의 환경변화 뿐만 아니라 북극 거버넌스 체제 내에서 일어나는 다양한 이슈에 대응하고, 미래 북극 진출을 위한 우리나라의 역량 강화를 위해 KoARC을 출범시켰다. 즉, 지난 2013년 우리나라가 북극이사회(Arctic Council)[1] 정식옵서버 지위를 획득하고, 이에 대한 후속조치로 범부처 북극정책기본계획(2013)이 수립되면서 주요 시책 중의 하나로 '정책·과학·산업 네트워크를 기반으로 하는 'KoARC 출범'이 세부과제로 포함됐다. 이를 근거로 해양수산부는 산·학·연 간 유기적 협력을 통한 북극권 차세대 융복합 연구주제 발굴과 북극연구 활성화를 위한 회원기관 연구와 북극 거버넌스 활동을 지원하기 위해서 2015년 당시 23개의 정부출연(연), 대학, 산업체 기관들이 참여한 KoARC을 설립했다.

2. KoARC 역할과 운영 성과

설립 당시 KoARC의 역할은 다음 세 가지로 요약될 수 있다. 첫째, 해외 북극연구 동향을 수집하고 분석하고 국내 연구수요를 결합하여, 우리나라의 '북극연구 방향'을 제시하는 역할이다. 둘째, KoARC이 제시한 북극연구 방향에 따라 연구가 수행될 수 있도록 과학-산업-정책 분야 간 '북극연구 생태계를 구축'하는 것이다. 북극의 다양한 이슈를 반영하여, 과학, 산업, 인문·사회 연구가 균형 있게 수행될 수 있도록 연구 수행 기관을 발굴하고 상호 협업체계

---

1) 북극이사회(Arctic Council)는 북극의 기후/환경, 해양, 생물다양성, 오염, 긴급사태, 북극원주민 등을 주요 아젠다로 하여 1996년 출범한 북극권 국가 정부 간 포럼임. 회원국은 총 8개국으로 미국, 캐나다, 러시아, 노르웨이, 덴마크(그린란드), 스웨덴, 핀란드, 아이슬란드임. 문진영 외(2014), pp. 16~22. 및 북극이사회 웹사이트 참조 https://arctic-council.org/en/

를 마련해나가는 역할을 수행하는 것이다. 마지막 세 번째로 KoARC이 제시한 연구 방향이 우리나라의 북극 정책 수립시 정부의 정책 방향과 재원 투자로 이루어질 수 있도록 '북극정책 방향'을 제시하는 것이다.

이러한 3대 기대 역할에 따라 KoARC은 중장기 북극연구 방향 제시를 위해 '2030 북극연구 중장기 로드맵('17년)'을 수립하고 과학, 산업, 정책분야의 16대 핵심분야와 세부 연구주제들을 이 글의 맨 뒤에 제시된 〈첨부 1〉과 같이 발굴하였다.[2] 이어 2018년에는 정책, 산업, 과학 융복합 연구를 통한 북극연구 생태계 구축의 일환으로 '북극해빙변화와 북극항로의 운항 조건 분석' 연구를 수행하여 해빙변화에 대한 과학연구 성과를 바탕으로 운항 가능한 북극항로를 제시하는 운항정보 가시화 시스템을 구축하였다.

〈표 1〉 한국북극연구컨소시엄(KoARC)의 연도별 해양수산부 용역과제 수행 목록

연도	과제명	주요성과물
2017	2030 북극연구 중장기 로드맵 수립	분류주제 도출
2018	북극해빙변화와 북극항로 운항조건 분석	시각화자료(GIS)
2019	북극이슈리포트 발간	책자, 인포그래픽, 동영상
2020	극지이슈리포트 발간	책자, 인포그래픽, 동영상
2021	극지이슈리포트 발간	책자, 인포그래픽, 동영상

이 시스템은 과거 10여 년 간 북동항로를 운항한 선박의 항적데이터와 같은 기간 북동항로 해빙 데이터를 병합(Overlap)한 시각화 자료(GIS)의 '프로토 타입'(시제품 버전)으로. 향후 국내 해운업계가 활용할 수 있는 기초가 마련된 셈이다. 아래 〈그림 1〉은 2017년에 러시아 북쪽의 북동항로를 운항한 선박의 운항궤적

---

2) 동 연구성과를 통해 당초 과학-산업-정책분야별 5개 주제씩 총 15대 핵심분야가 발굴되었으나, 2019년 회원기관을 대상으로 추가 의견수렴을 통해 16대 핵심분야 및 관련 세부과제들로 업데이트됨.

(실선)과 당시 북극해 해빙변화를 시각화 자료의 표현한 GIS프로그램을 제시하였다. 이같은 시각화 시스템이 앞으로 더욱 발전하면, 미래 북극해빙 상황에 따른 최적의 안전항로를 예측하여 해운선사에 제공해 줄 수 있을 것으로 기대된다.

이와 함께, KoARC은 정부의 북극 정책방향 설정에 기여할 수 있도록 북극

[그림 1] 2017년 하계 북동항로 운항선박들의 항로궤적과 해빙상황을 병합한 시각화자료(GIS)

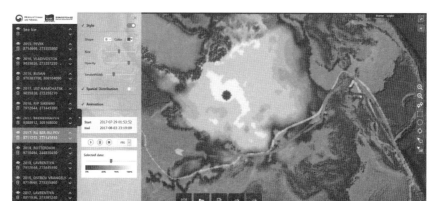

권 최신 이슈를 발굴하고 전문가 분석을 바탕으로 정책을 제시하는 '극지이슈 리포트'(Polar Issue Report)를 2019년부터 아래의 〈표 2〉와 같이 연단위로 발간하고 있다.[3] 이를 통해 우리나라에 북극권 생태계 변화에 대응을 위해 다

---

3) 극지이슈리포트(는 미국의 국립해양대기청(NOAA)가 지난 2006년부터 '북극의 환경 시스템 구성 요소(Component)'라는 단일 주제로 매년 발행하는 북극리포트카드(the Arctic Report Card)를 벤치마킹한 것으로부터 출발하였으되, 주제를 과학, 산업, 정책 분야로 주제를 넓하고, 주제범위도 남·북극을 포괄하는 범위로 확대한 발간물(ISBN) 임. NOAA의 북극리포트카드의 세부 내용은 아래 웹사이트 참조
https://arctic.noaa.gov/Report-Card

음의 [그림 2]와 같은 'One Health' 개념[4]을 소개하는 등 다양한 분야를 포괄하면서 북극에 대한 종합적인 이해도를 제고하기 위한 연구활동을 활발하게 수행하여 왔다.[5]

[그림 2] 원헬스(One Health) 개념도[6]

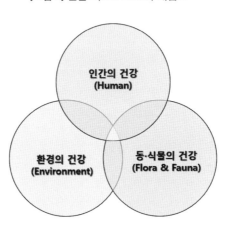

---

4) 원헬스(One health) 개념은 '인간의 건강', '환경의 건강', '동·식물의 건강'을 하나(One)로 합친 개념이며, 북극이사회 지속가능개발워킹그룹(SDWG)은 이러한 원헬스 개념을 도입하여 북극의 감염병 및 자연재난을 통합관리하고, 관련 기관 간 네트워크를 구축하는 사업을 수행 중에 있음. 이에 대한 자세한 내용은 다음의 웹사이트 참조 https://sdwg.org/what-we-do/projects/one-health-iii/

5) KoARC은 극지이슈리포트 발굴 주제를 기반으로 매년 12월 국내행사로 열리는 '북극협력주간'과 매년 10월 아이슬란드(Iceland)의 수도 레이캬빅(Reykavik)에서 열리는 '북극서클총회'(Arctic Circle Assembly)에서 KoARC 브레이크아웃 세션을 개최하여 주제발표와 외국인 전문가 지정토론을 통해 성과를 국내·외에 공유하고 있음. 또한, 발간물이 다룬 주제를 대상으로 동영상과 인포그래픽을 제작하고 유투브 채널 및 유관기관 홈페이지에 게재하여 대국민 인식제고에 기여하고 있음.

6) 극지연구소는 2020년부터 북극이사회 SDWG의 '원헬스' 프로그램에 기여하기 위해, 소내 연구과제인 '온난화로 인한 극지 서식환경 변화와 생물적응 진화연구(PE21140)의 세부과제로 '지구온난화에 따른 북극 유해 미생물의 잠재적 위험성 평가(연구책임자 이영미 박사)' 연구사업을 수행 중에 있으며, 이 사업에 본 논문의 저자인 서현교 박사가 핵심연구진으로 참여 중임.

〈표 2〉 연도별 극지이슈리포트 주제(제목)

연도	주제(제목)	저자
2019	각국의 최근 쇄빙선 건조 동향과 시사점	김현수
2019	북극에 적용되는 환경 보호 관련 규범과 제도	한승우
2019	중국의 북극권 투자 동향	표나리
2019	북극 온난화와 온실 기체 순환의 교란	김일남
2019	북극 항로 안전 운항 기술 IMO 표준화 현황과 향후 전망	오수현
2019	북극 물류 활성화를 위한 4차 산업 기술 적용 가능성	이성우
2019	기후 변화 격동의 시대 우리는 왜 극지를 주목하는가?	김백민
2019	플라스틱 오염의 종착역도 북극이 될 것인가?	신형철
2019	러시아 북극 관련 법제 최신 현황과 시사점	제성훈
2019	일본의 러시아 야말 LNG 사업 진출 현황과 시사점	최수범
2019	극한지(極寒地) 에너지 · 자원 개발을 위한 건설 기술	김영석
2020	북극협력을 위한 규범의 첫걸음 : 중앙 북극해 비규제어업 방지협정과 우리의 대응 방안	김민수
2020	2020 북극권 신정세 : 북극의 안보적 도전과 시사점	유준구
2020	미생물을 통해 본 극지와 우리: 극지 환경변화에 따른 바이오 위협과 대응방안	강호정
2020	극지 생명 자원이 우리의 미래를 구한다 : 극지와 생명자원, 그리고 미래	백경화
2020	이제는 선박도 친환경 : 친환경 선박 기술과 지속가능한 북극항로	천강우
2020	이제 에너지도 북극이다 : 세계 에너지시장 변화와 국내 에너지산업에서 북극 에너지 자원의 중요성	이성규
2020	남극에서의 글로벌 한국 : 우리의 길, K-루트와 남극 첨단연구의 오늘과 미래	이종익 전성준
2020	첨단 인공위성을 활용한 북극권 환경변화 원격탐사 : 극지빙권 관측위성 활용 국제공동 연구 현황과 전망	김현철

이처럼 중장기 로드맵 수립 등을 통해 우리나라 북극 연구 방향을 제시하는 등 설립 당시의 기대 역할을 일부 수행했다고 볼 수 있지만, 그 파급력이나 정부 정책 반영 등의 측면에서 당초 기대했던 북극연구 방향 설정과 정부의 북극 정책 수립에 있어 기여도에 대해서는 냉철한 평가가 필요한 상황이다. 북극연구 생태계 구축에 있어서도 초기 23개 기관에서 〈표 3〉과 같이 현재까지 36개 회원기관으로 그 수는 증가해왔다.

〈표 3〉 한국북극연구컨소시엄(KoARC) 36개 회원기관 명단(2021.6.26. 기준)

번호	기관	분과/분류
1	극지연구소	과학
2	극지기술연구회	산업
3	한국해양수산개발원	정책
4	국립생태원	과학
5	국립수산과학원	과학
6	광주과학기술원	과학
7	한국해양과학기술원	과학
8	한국기초과학지원연구원	과학
9	한국지질자원연구원	산업(과학, 정책)
10	선박해양플랜트연구소	산업
11	배재대 북극연구단	정책
12	외국어대 러시아연구소	정책
13	연세대 동서문제연구원	정책
14	영산대 북극물류연구소	산업
15	(주)지오룩스	산업
16	(주)지오스토리	산업
17	한국가스공사 가스기술연구원	산업
18	한국극지연구진흥회	정책
19	한국해양재단	정책
20	강원연구원	정책
21	부산연구원	정책
22	인천연구원	정책
23	연세대 지구환경연구소	과학
24	㈜네이버시스템	산업
25	해양환경관리공단	과학
26	기상청 국가기상위성센터	과학
27	㈜환경과학기술	산업
28	국립해양생물자원관	과학
29	인천대 미래도시의 탐색형 창의교육사업단	정책
30	국립외교원 국제법센터	정책
31	경북대 러시아 · 유라시아연구소	정책
32	세종대 북극연구소	산업
33	경희대 유라시아연구소	정책
34	인천대 동북아 물류경영연구소	정책
35	한국선급	산업
36	대우조선해양 중앙연구원	산업

또한 2020년에는 '북극 환경변화 대응 및 북극진출 활성화를 위한 4차 산업 혁명 핵심기술 활용 융복합 기술개발' 기획연구를 회원기관인 극지기술연구 회(회장 최경식 한국해양대 교수)의 주도와 다른 회원기관들의 적극적인 지 원 속에 성공적으로 완수하였다. 이 기획연구를 통해 제시되는 미래상은 크게 '한국형 북극 신항로 활용기술 개발'([그림 3]의 左)과 '북극환경을 고려한 선박 의 경제·안전운항 시뮬레이터 개발'([그림 3]의 右)로 요약될 수 있다.

[그림 3] 북극 환경변화 대응 및 북극진출 활성화를 위한 4차 산업혁명 핵심기술 활용 융 복합 기획연구 주요성과물

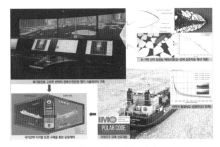

(좌) 한국형 북극신항로 활용기술 개발 (우) 북극환경을 고려한 선박의 경제안전운항 시뮬레 이터 개발

이러한 성과에도 불구하도 회원기관 간 분야를 뛰어넘는 공동연구 수행과 협력에 있어서 아직 더 큰 성과를 창출하지 못하는 실정이다. 운영적인 측면에 서도 출범 당시 신속한 안정화를 위해 정부 출연연구기관 중심의 운영이 지속 된 결과 현재 대학과 산업체 등의 활동 및 참여가 상대적으로 미미한 실정이다.

결국 국내 북극연구 생태계 구축에 있어 KoARC 기대역할에 비해 현재 성 과들은 아쉬운 점이 있다고 할 수 있다. 그럼에도 KoARC의 활동과 연구성과 는 이전에 개별적으로 수행되던 우리나라 북극 연구에 연구협력 체계가 필요 함을 연구자들과 정부 관계자 등에게 널리 인식시키고, 북극 전반에 걸친 연

[그림 4] '2020 북극 프런티어 컨퍼런스'에서 발표된 'KoARC의 성과와 비전' 영문 포스터

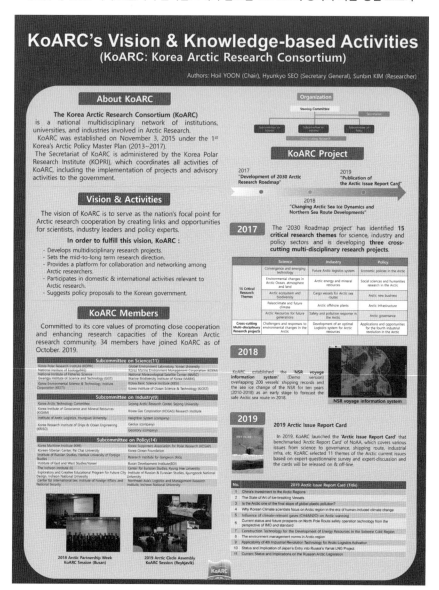

구 주제 발굴과 향후 과제 방향을 설정했다는 점에서 최초 설립의 목적을 어느 정도 달성했다고 볼 수 있다. KoARC 사무국은 이러한 활동연혁과 성과를 국제사회에 소개하기 위해 코로나 사태가 시작되기 직전인 2020년 1월 노르웨이 트롬소에 개최된 북극 프런티어(2020 Arctic Frontiers) 컨퍼런스[7]에 참여하여 [그림 4]와 같이 'KoARC's Vision & Knowledge-based Activities'라는 주제의 영문포스터 발표를 통해 국제사회와 그 간의 KoARC 성과와 비전을 공유하였다.

그러면 앞으로 당초 설립 취지의 역할을 강화하는 수준으로 KoARC이 운영될 수 있도록 기능별 개선 방향이 검토되어야 할 필요가 있다. 이를 위해 다음 장에서는 해외 북극연구 컨소시엄 사례를 검토하고 기능 및 운영상 특징을 검토하기로 한다.

3. 해외 북극컨소시엄 사례

우선 해외 북극연구 관련 컨소시엄이 구성되어 있는 국가로 미국과 일본을 들 수 있다. 미국은 지난 1988년 '미국북극연구컨소시엄'(Arctic Research Consortium of the United States: ARCUS)'을 구성하여 현재 활발하게 운영 중에 있다. 이 컨소시엄 형태는 비영리 사단법인(Limited Liability Company: LLC)[8]이며, 사무소는 알래스카 주 페어뱅크스(Fairbanks)에 소재하고 있다.

---

7) '북극 프런티어 컨퍼런스'에 대한 보다 자세한 사항은 웹사이트 참조 https://www.arcticfrontiers.com/
8) LLC는 법인 주주(이사회 이사)들이 운영재원(즉, 연구사업비 등) 제공자(채권자, 정부 등)에 대해 해당 액수에 대한 법적인 책임을 지는 법인임.

2021년 7월 1일 기준, 조직도를 살펴보면 현재 이사회(Board) 13인 및 자문위원회(Advisory Council) 5인 등 임원이 총 18명이며, 사무국에는 사무국장을 포함하여 총 13명의 직원이 소속되어 있다. 이 13명 중 5명은 ARCUS가 발주하는 프로젝트를 관리하는 매니저로 일하고 있다. 또한 각 이슈별 6개 위원회(Committee)를 설치하여 해당 업무에 대응하고 있다.[9]

　　ARCUS의 주요 기능은 △북극 관련 다학제 연구사업 지원 · 관리, △교육사업(북극과학교육 프로그램: 교실 및 현장체험), △워크숍, 세미나 개최 지원 등 회원 간 협력 및 논의의 장 제공, △북극관련 정보 제공(행사, 뉴스, 출판, 공고, 이벤트 등, Arctic Info), △북극연구자 목록 및 북극 연중 행사계획 정보 제공(Arctic Calendar) 등이다. 주요 재원은 소속 회원기관 및 개인회원 연회비와 정부 연구사업비로 운영된다. 특히 정부 연구사업비의 대부분은 미국 국립과학재단(NSF: National Science Foundation)[10]의 연구비 예산을 지원받아 사업을 배분 및 관리하고 있다. 또한 ARCUS는 미국 국립해양대기청(NOAA), 에너지부 등 다른 정부기관에서도 예산을 지원받고 있다. 현재 회원을 살펴보면, 아래 〈표 4〉와 같이 미국, 핀란드, 러시아 등 전세계 연구기관과 대학 등 26개 기관과 75명의 개인회원으로 구성되어 있다. 특히 노르웨이극지연구소(Norwegian Polar Institute: NPI), 트롬소 대학교(Univ. of Tromso: UiT) 등의 해외 유수 기관도 ARCUS 회원기관이다.

---

9) ARCUS의 자세한 내용은 웹사이트 참조 https://www.arcus.org/
10) 미국 국립과학재단(https://www.nsf.gov/)은 미국의 기초와 응용과학분야를 포함한 연구사업을 지원하고 예산을 관리하는 미국 유일의 독립연방정부기관임(우리나라의 과학기술정통부)에 해당됨. 미국의 극지과학분야 연구와 극지인프라 운영도 NSF-OPP(the Office of Polar Programs)이 담당. 미국은 별도의 극지연구전담기관이 아닌 자국 내 대학과 연구기관들이 경쟁을 거쳐 연구예산을 받는 시스템임.

연번	기관명	국가
1	ABR, Inc. — Environmental Research and Services	미국
2	Alaska Ocean Observing System	미국
3	Arctic Centre, University of Lapland	핀란드
4	Arizona State University	미국
5	Cold Climate Housing Research Center	미국
6	Consortium for Ocean Leadership	미국
7	Dartmouth College	미국
8	Kawerak, Inc.	미국
9	Norwegian Polar Institute	노르웨이
10	Russian State Hydrometeorological University	러시아
11	Rutgers University	미국
12	Sandia National Laboratories	미국
13	Sitka Sound Science Center	미국
14	Texas A&M University, College Station	미국
15	The George Washington University	미국
16	U.S. Arctic Research Commission	미국
17	UiT: The Arctic University of Norway	노르웨이
18	Ukpeaġvik Iñupiat Corporation (UIC) Science	미국
19	University of Alaska Anchorage	미국
20	University of Alaska Fairbanks	미국
21	University of Northern British Columbia	캐나다
22	University of the Arctic	핀란드
23	University of Virginia	미국
24	University of Washington	미국
25	Woods Hole Oceanographic Institution	미국
26	Woodwell Climate Research Center	미국

이러한 ARCUS가 발주 및 관리 중인 주요 프로그램은 다음의 〈표 5〉와 같이 '사회, 자연, 환경, 엔지니어링, 컴퓨팅 및 정보 과학 전반에 걸쳐 근본적인 융합 연구'를 지원하는 사업인 'Navigating the New Arctic'과 북극환경변화연

---

11) ARCUS 회원기관 명단은 아래 웹사이트 참조
    https://www.arcus.org/arcus/members/representatives

구(Study of Environmental Arctic Change: SEARCH) 프로그램을 포함하여 총 14개 사업이다. 여기서 ARCUS의 대표적인 'SEARCH' 프로그램을 소개하면 북극과학 간 융합(Synthesis)을 촉진하고, 북극의 급격한 환경변화에 사회가 대응하는 데 도움을 주도록 현재의 지식 교환에 기여하는 북극연구자와 연구지원 기관, 기타 관련기관 간 협력프로그램이다.[12] SEARCH는 육상 빙하의 감소, 해빙의 감소, 동토층(Permafrost)의 변화가 북극 및 글로벌 시스템에 미치는 영향에 연구의 중심을 두고 있다. 이 프로그램은 지난 2019년 미국 워싱턴에서 '2050 북극의 미래'(Arctic Futures 2050) 국제컨퍼런스를 개최하였다.[13]

〈표 5〉 미국 북극연구컨소시엄(ARCUS)이 운영하는 프로그램(2021.7.1. 기준)

연번	프로젝트명	기간
1	Navigating the New Arctic	'17-'21
2	ARCUS Early Career Conference Funding Award	'21
3	Study of Environmental Arctic Change	-
4	Sea Ice Prediction Network	-
5	Sea Ice Outlook	-
6	Sea Ice for Walrus Outlook	-
7	Indigenous Scholars	-
8	PolarTREC	-
9	External Collaborations for the Interagency Arctic Research Policy Committee	'22-'26
10	The Arctic in the Classroom	-
11	Logistics	-
12	Arctic System Science Program	-
13	Bering Ecosystem Science	-
14	Joint Science Education Project (JSEP)	-

---

12) SEARCH 프로그램에 대해 보다 세부적인 정보는 아래 웹사이트 참조
https://www.searcharcticscience.org/vision
13) 본 논문의 저자(서현교)는 'Arctic Futures 2050' 컨퍼런스 포스터 세션에 참여하여 'The Study on the Priorities on the Arctic Challenges, current and future Arctic Policy perspectives of Korea'라는 주제로 발표를 함.

한편, 일본은 지난 2011년 '북극환경연구컨소시엄(Japan Consortium for Arctic Environment Research: JCAR)'을 출범하여 현재 운영 중에 있다. JCAR는 비영리연구자단체로서 별도의 법인이 아닌 내부 운영규정에 기반하여 운영되고 있다. 사무소는 일본 동경의 일본국립극지연구소(National Institute of Polar Research: NIPR)[14] 내에 위치하고 있다. JCAR은 15-20인 이내의 운영위원(임원)으로 구성된 운영위원회와 사무국에는 사무국장이 상주하고 있다. JCAR의 기능은 △북극환경연구에 관한 종합적인 연구계획과 연구관측 인프라, 국제협력 추진방안 등에 대한 검토와 관계기관에 정책 조언, △회원 간 협력 및 교류활동 지원, △정보공유 및 행사주관, △국제회의 참가 및 주관(ISAR)[15], △인재육성 및 기타 사업이다. 또한 일본의 북극환경연구에 대한 10년~20년 장기계획(Long Term Plan for Arctic Environmental Research)을 지난 2014년에 발표하는 등 장기 연구계획도 수립하고 있다.[16] JCAR의 운영재원은 NIPR 운영예산 중 일부를 지원받고 나머지는 개인회원 회비로 충당된다. 현재 개인회원은 440여명이다.[17]

---

14) 일본국립극지연구소(NIPR) 관련 세부내용은 아래 웹사이트 참조
   https://www.nipr.ac.jp/english/
15) ISAR(International Symposium on Arctic Research: 북극연구국제심포지엄)는 일본 JCAR이 주관하는 대표적인 국제심포지엄으로 매년 개최됨. 2020년 개최된 제6차 ISAR 심포지엄(ISAR-6)의 세부내용은 다음의 웹사이트 참조 https://www.jcar.org/isar-6/
16) 일본의 북극환경연구에 대한 장기계획 보고서는 아래 웹사이트 참조
   https://www.jcar.org/documents/longterm-e20150330_summary.pdf
17) 일본 북극환경연구컨소시엄(JCAR)에 대해 보다 자세한 내용은 다음의 웹사이트 참조
   https://www.jcar.org/e/

[그림 5] 일본 북극환경연구컨소시엄(JCAR) 홈페이지

4. KoARC 미래 발전방향

이처럼 미국과 일본 사례에서 볼 수 있듯이, 연구 네트워크를 구축하고, 이러한 전문가 네트워크를 활용하여 연구계획 수립과 이에 기반한 다양한 사업을 운영하여 연구성과를 창출하고 이를 확산시키는 한편, 교육과 연계하여 미래 세대를 육성하는 선순환 시스템을 구축하고 있다. 특히, ARCUS의 경우 법인으로서 안정적인 운영 기반과 NSF의 사업비 지원 하에 러시아, 핀란드, 노르웨이, 캐나다 등 해외 유수 연구기관들을 회원기관으로 영입하는 등 국제 네트워크도 구축하고 있다. 그래서, 앞서 기술된 KoARC의 운영현황 진단과 해외 컨소시엄의 운영 특징을 고려하여 향후 KoARC의 기능별 개선방향과 발전방향을 제시하면 <표 6>과 같으며, 다음의 3가지로 제시될 수 있다.

첫째, KoARC의 연구 방향성을 제시하는 역량이 강화되어야 한다. 이를 뒷

받침하기 위해서는 KoARC의 동향 수집과 현안 분석 능력이 확보되어야 한다. KoARC이 창출한 연구 성과가 실제로 북극권에서 의미를 가지려면, 북극권에서 관심도가 높고, 성과의 실질적 활용성이 높은 연구성과가 창출되어야 한다. 이를 위해서는 KoARC이 북극권에서 주목받는 이슈와 연구 동향을 수집·분석하여, 국내 북극 연구 및 정책 수요와 연계하여 방향성을 제시할 수 있어야 한다. 특히 연구방향 제시 기능을 통해 우리나라 북극연구 분야가 균형있게 발전할 수 있도록 우리나라 북극연구 분야 중 더 강화가 필요한 인문·사회 분야, 정책 분야 및 산업분야 등에 기여하는 연구 조정자(Coordinator)로서의 역할 수행을 통해 우리나라 전체의 북극연구 발전에 기여할 수 있어야 한다.

〈표 6〉 KoARC의 기대 역할과 미래 방향[18]

KoARC의 기대 역할	현재 진단	▶	미래 방향
○ 북극연구방향 제시 - 최신 북극연구 동향 분석을 바탕으로 정부 정책, 연구수요를 결합하여 북극 연구방향 제시	- 연구 동향 수집·분석 역량 부족 - 북극항로 등 한정된 분야의 연구방향 제시	▶	- 동향·수집 분석능력 확보 - 북극권과 실질적 협력이 가능하고 국내 연구수요에 부응하는 연구방향 제시
○ 북극연구생태계 조성 - 과학-산업-정책 분야 간 다양한 분야가 참여하는 균형잡힌 융·복합 연구 생태계 조성	- 출연(연) 중심의 운영, 대학, 산업체 등의 참여 미흡 - 인문·사회, 정책 기여형 연구 수행 부족	- 참여유인 강화를 통한 분야별 수요기관의 참여 확대 - 과학, 산업, 정책, 인문·사회의 균형잡힌 연구 수행 지원
○ 북극 정책방향 제언 - 북극권에 협력을 제안할 수 있는 의제제시와 관련 연구성과 창출로 정부 정책 수립에 기여	- 이슈리포트 발간을 통한 이슈 소개 및 정책 제언 - 북극권에서 정부 활동을 지원하는 정책 기여 부족	▶	- 북극권에서 우리정부의 협력활동 확대에 기여하는 연구 수행 - 융합 연구를 기반으로 분야별 실질적 활용이 가능한 정책 방향 제시

18) 서현교, 최영준(2021), p.11. 인용

둘째, KoARC이 협력 플랫폼으로서 각 분야별 위상을 갖춘 대표 기관들의 참여와 협력을 통해 북극연구 생태계 구축에 핵심 역할을 수행해야 한다. 북극연구 방향을 제시하는 것도 북극연구 기관들의 참여를 이끌어 낼 수 있는 요인이 되겠지만, 각 기관들의 수요에 맞추어 참여 유인을 제시할 수 있도록 제도를 마련해야 한다. 단순히 연구재원을 제공하는 것을 넘어서, 하나의 개별기관이 수행하기 힘든 역할을 '협력 플랫폼'이라는 틀에서 시너지 효과를 창출 할 수 있도록, '북극연구 생태계' 구축을 위해 KoARC이 주도적인 역할을 해야 한다. 이를 위해서는 과학-산업-정책분야가 협업하여 융복합 북극연구 과제를 발굴하고, 국가 R&D 및 정책사업으로 수행될 수 있도록 '연구방향 제시'-'과제발굴'-'과제수행 지원'-'성과활용'의 「북극연구 전주기 프로세스」 구축을 통해 북극연구 생태계가 조성되도록 핵심적 역할을 수행해야 한다. KoARC이 제시한 연구방향과 구축한 생태계를 바탕으로 국내 북극연구가 수행된다면, 우리나라 북극연구는 한층 더 명확한 방향과 함께 체계적인 협력을 바탕으로 시너지 효과가 창출되는 전략적 북극연구 수행이 가능해질 것이다.

셋째, 궁극적으로 KoARC의 역할은 정부와 우리나라 전체의 북극활동 강화에 기여할 수 있어야 한다. 즉, 우리나라 북극 이슈에 대한 싱크탱크(Think-Tank)로서, 정부의 북극정책 수립과 해당 정책에 따라 우리나라의 북극연구가 수행될 수 있도록 정책방향 수립 및 실행에 기여해야 한다.[19] KoARC이 북극 거버넌스 내에서 주목받고 활용될 수 있는 수준의 아젠다를 제시하고 관련 연구를 수행하여 아젠다 해결에 기여하는 성과를 창출 할 수 있어야 한다. 이

---

19) 서현교(2018)는 우리나라가 북극 자원개발 참여나 북극 이슈에 효과적으로 대응하기 위해 KoARC 중요성을 강조하면서, KoARC이 분야별 전문성을 바탕으로 하는 싱크탱크 기능을 최우선 역할로 제시함. (서현교, 중국과 일본의 북극정책 비교 연구, 한국시베리아 연구, 22(1), 2018 p.145. 참조)

러한 성과가 실제 북극이사회 등의 북극 거버넌스 내에서 주목받고 기여할 수 있다면, 결국 북극권에서 우리나라의 활동 확대를 통해 영향력이 확대될 수 있기 때문이다. KoARC이 우리 정부가 북극권의 관심을 이끌어내고 우리나라와의 협력 유인으로 역할을 할 수 있는 북극권 아젠다를 제시할 수 있도록 성과를 창출한다면 정부정책에 KoARC이 설정한 정책 방향이 반영될 수 있는 가능성은 높아질 것이다. 따라서 KoARC이 제시한 정책방향에 따라 수립된 정책이 다시금 북극연구와 생태계 강화에 기여하는 선순환체계 구축에 기여해야 한다.

끝으로, 위에서 언급된 KoARC의 기능의 강화를 위해서는 KoARC의 법인화[20] 등을 통해 설립취지에 부합하는 운영체계 마련과 함께, 기대역할 수행을 위한 자체역량을 확보할 수 있도록 독립적인 기반 마련을 검토해야 한다. KoARC의 독립적 운영 기반이 마련된다면, KoARC의 설립 취지에 부합하는 보다 창의적인 융·복합 연구 발굴과 수행 프로그램이 운영되면서, 분야별로 보다 균형 있고, 시의성 있는 북극연구 수행이 가능해지고, 연구수행 주체 간에 보다 유기적인 협력을 통해 진정한 의미의 북극연구 협력 생태계 구축이 가능해질 것이다.

다양한 현안이 복합적으로 공존하는 북극의 특성에 맞게끔 우리나라의 북극 연구도 분야 간 균형을 유지하고, 명확한 방향성을 가지고 북극에 접근해야하는 전환의 시점에 다가와 있다. 북극의 현안과 우리나라의 북극 연구 수

---

20) KoARC 출범 이전인 2015년 9월 극지(연)은 해수부 용역사업으로 '북극연구 컨소시엄 설립 타당성 운영방안 기획연구'를 수행하여 국내 융복합연구 수요조사를 통한 과제(안) 도출과, 사무국 및 3개 분과(과학-산업-정책) 등의 조직구성(안)도 마련하였음. 또한, 출범 후에 비영리 법인화를 통한 조직의 안정화도 고려한다는 방침도 세웠음. 보다 자세한 내용은 관련 기획연구 보고서(2015) 참조

요를 연계하여 북극 연구의 방향을 전략적으로 제시하고, 이에 따른 연구 수행이 가능한 북극 연구 생태계를 구축한다면, 우리나라도 비국극권 국가이지만 북극권 현안에 당당히 입장을 표명하고 영향력을 확대할 수 있는 북극 연구 성과를 창출할 수 있게 될 것이고, 이를 기반으로 국제사회와 교류를 넓혀나갈 것이다.

결론적으로, 북극이 협력을 통해 점점 기회의 지역으로 변화되고 있다. 이에 우리도 북극권 진출을 통해 '신뢰가능하고 소통가능한 협력파트너'로서의 위상 확보에 기여할 수 있는 연구성과를 창출하는 '북극연구 수행 협력체계'를 구축해야 한다. KoARC이 우리나라 '북극연구 협력 플랫폼'으로서 이러한 역할 수행이 가능하도록 KoARC의 미래 방향 실현에 관심과 지원이 필요한 시점이다.

<첨부1> 북극연구 중장기 로드맵 16대 핵심분야 및 세부 연구주제 (2019년 업데이트 버전)

과학분야

1. 응복합 및 첨단기술
- 북극권 위성 감시체계 구축(통합)
- 극지 해양관측 위성 개발/운용을 통한 극지영권 정보화
- 지능정보 응복합 기술을 활용한 환경변화 모니터링
- 극지 4차 산업혁명 실현을 위한 극지통신 인프라 개발/구축
- 극지 무인관측 및 항행 기술 개발
- 북극 개발과 첨단도시 구축

2. 해양/대기/육상 환경변화
- 해수면/해빙 변화 탐지
- 북극 육상 생태계 및 대기경계층 모니터링
- 극지 지표 대기감시시기계 모니터링
- 응빙해역 해양·해양·생태계 상호작용
- 북극 개발에 따른 오염물질 거동 및 영향
- 탄소순환 및 수문순환 추정을 위한 감시
- 온실가스 배출 감시 및 배출 최소화 기술 개발
- 동양대생물 및 특성 변화

3. 북극생태계 및 생물다양성
- 동토층 지질 생태변화
- 북극해 해양생물다양성 변화 모니터링
- 이동성 조류의 보전·관리 기술 개발
- 북극 해양 생태계 변화와 탄소순환

산업분야

6. 미래 북극 물류 체계
- 북극 항로 활용 운송 서비스 요구 회주 및 회물 운송 수요분석
- 북극 자원 운송 체계
- 운송 수요에 대응하는 최적 운송 체계 개발
- 북극물류 자원 인프라 건설에 따른 미래 북극 물류체계변화
- 4차 산업혁명에 접목 북극 항로 물류 인프라 조사
- 미래 북극항로 활용한 최적의 비즈니스 모델 수립
- 북극과 연결되는 내륙수운 정림 검토

7. 북극 에너지·광물 자원
- 북극권 에너지·광물 자원 매장량 평가 및 탐사 요소 기술 개발
- 북극 에너지 자원(석유, 가스) 생산 기술 개발
- 북극해 자원 개발 프로젝트 참여 및 수용 받안(참여연가 스 배당 유동성 확보 기술 개발 포함)
- 북극 자원 활용 동북아 에너지 허브 구축 방안
- 북극 에너지 자원(석유, 가스) 회수 증진 기술 개발

정책분야

11. 북극권 경제 정책
- 북극권 북극경제정책 비교분석
- 우리나라의 북극권 경제협력 추진방안
- 비북극권 국가의 북극진출 노력과 전망
- 북극권 소권역별 경제개발정책

12. 북극 뉴비즈니스
- 북극해 수산업 현황조사 및 종합분석
- 북극권 관광산업의 미래전망
- 북극권 경제활동 기반으로서의 통신산업 전망
- 북극권 바이오산업 전망
- 북극권 즉시부두시설(Prompt Port Facility) 사장분석과 건설방안
- 극동러시아 북극권과의 자원협력 추진방안

13. 북극 인프라
- 북극권 항만인프라 정밀조사 연구
- 국가별 쇄빙선 건조 동향 및 활용에 대한 연구
- 공항/철도/내륙수운/도로 등 운송수단별 물류인프라 현황조사
- 북극진출을 위한 인력양성 및 교육기반 강화방안
- 신한국 북극정보제공을 위한 종합시스템 구축
- GIS 기반 북극 DB구축

14. 북극 인문사회

- 러시아 북극권 사회인프라 및 소수민족 문화
- 북극권 원주민그룹의 법적 지위 및 권한
- 북극권 원주민의 지식과 문화, 생활습관, 적응
- 북극권 주민의 사회경제적 수요와 인식
- 북극권 역사 문화 연구
- 우리나라와 북극 문화생태권과의 연계성 규명
- 북극권 개발 참여에서 한국의 실제 사례와 시사점 연구

15. 북극 거버넌스

- 북극이사회 등 북극 거버넌스 변화방향 연구
- 북극이사회 쟁점별(기후변화 등 논의)동향 및 워킹그룹 활동방향
- 북극이사회 관련협정 참가방안
- 북극항로 이용 대비 규제화 대응
- 북극해 수산업 규제동향과 대응
- 극지환경 변화 인식 제고 및 대국민 홍보
- 거버넌스 대응 컨트롤타워 구축 및 국내외 협력체계

16. 북극 안보

- 북극 해양관할권 갈등과 해결 방안
- 북극 국가 군비확장 동향과 항로 안전성
- 북극 안보를 위한 다자협력방안
- 한국의 포괄적 북극안보 전략과 정책 방향
- 아시아 주요국 북극진출과 북극권 국가 협력

8. 북극 항로 화물 수송 선박

- 운항 해역·항로·화물의 종류를 고려한 한국형 표준 극지 운항 선박 개발
- 방 성능 평가기법 개발 및 성능 평가(정도 향상(방성성능 등 평가)용 대형 인프라인 빙해수조 성능 개선 포함)
- 북극항로 화물 수송 선박 운 기자재 방한 설계 및 방한성능 평가기술 개발(방한 성능 표준화 및 인증체계 구축 포함)
- 극지 해양 내하중 평가 기술 개발 및 인프라(보서의 활용 방안)
- 북극항로 최적 운항지원 시스템 고도화

9. 북극해 해양플랜트

- 북극해 운용 고정식 및 최적화 부유식 해양플랜트 설계기술개발
- 북극해양플랜트 기자재 설계, 시험 평가 및 인증 기술 개발(방한 성능 시험·해석·평가 인프라 확충 포함)
- 해양플랜트 Ice management 기초·응용기술
- 북극 자원운항선박 및 친환경 선박기술 개발
- 북극해 해양구조물의 운용 고도화 및 원격 운용기술 개발

10. 북극 안전·방제

- 북극 위험/위협 유해물질 유출 방제 및 대응기술
- 북극 표류 선박 및 실종자 수색 구조 기술
- 북극 해양 두께 및 밀집도 모니터링 기술
- 북극 해양환경에서 유빙의 직외선 등 해석
- 북극 위험 유빙 유입 탐지 및 경보시스템

4. 고기후 및 미래예측

- 북극해 진화 및 빙하 해빙 역사 복원
- 북극권 장거리 이동 해양오존 규명
- 극지환경 및 기후 변화 예측 모델·관측 결합
- 탄소순환 및 수문순환 변동 예측
- 북극항로 일기 예측 기술
- 고층 대기 현상 이해 및 예측

5. 북극미래자원

- 급격한 북극해 변화에 따른 해저환경 변동과 지질재해
- 북극 생물자원 기반 저분자 의약품 및 천연물질 개발
- 신종 전염병 감염대응 전략

〈참고문헌〉

【논문】

서현교, "중국과 일본의 북극정책 비교 연구", 『한국시베리아 연구』, 배재대 한국-시베리아센터, 22(1), 2018.

【단행본/보고서】

서현교 · 최영준, 우리나라 북극연구 협력플랫폼으로서의 한국북극연구컨소시엄(KoARC)의 역할 진단과 미래 방향, '극지와 세계'(POLES & GLOBE) 2021년 Vol. 3, 극지연구소, 2021

문진영 · 김윤옥 · 서현교, 『북극이사회의 정책동향과 시사점』, 대외경제정책연구원(KIEP) 연구자료 14-06, 2014.

극지연구소(KOPRI), 『북극연구 컨소시엄 설립 타당성 및 운영방안 기획연구』, 해양수산부/한국해양과학기술진흥원, 2015.

【인터넷】

미국 국립과학재단(NSF) https://www.nsf.gov/

미국 국립해양대기청(NOAA) 북극리포트카드 https://arctic.noaa.gov/Report-Card

미국 북극연구컨소시엄 웹사이트 https://www.arcus.org/

미국 북극연구컨소시엄 회원기관 명단
        https://www.arcus.org/arcus/members/representatives

미국 북극연구커소시엄 SEARCH(북극환경변화연구) 프로그램
        https://www.searcharcticscience.org/vision

북극이사회 웹사이트 https://arctic-council.org/en/

북극이사회 SDWG의 원헬스 프로그램
        https://sdwg.org/what-we-do/projects/one-health-iii/

북극 프런티어(Arctic Frontiers) 컨퍼런스 https://www.arcticfrontiers.com/

일본국립극지연구소(NIPR) https://www.nipr.ac.jp/english/

일본 북극환경연구컨소시엄(JCAR) https://www.jcar.org/e/

제6차 일본 북극연구 국제심포지엄(ISAR) https://www.jcar.org/isar-6/

러시아 내륙수운 및 NSR 현황과 활성화

예병환(배재대학교 한국-시베리아센터 연구교수)

1. 서론

러시아의 시베리아와 북극권은 석유 및 천연가스 등을 비롯한 풍부하게 매장된 자원의 개발가능성과 함께 풍부한 수산자원의 보고지역이다. 이들 공간은 한국사회에 광물자원과 에너지 자원의 확보와 공급처의 다변화를 통한 안정적인 에너지 자원공급, 시장의 확대와 해양물류기반의 확대, 그리고 녹색성장의 토대 마련을 통한 21세기 한반도의 잠재적인 미래 성장공간으로 대두하고 있다.

러시아의 주요 에너지 자원은 시베리아 내륙을 중심으로 매장되어 있으며, 석유개발 유망지역은 톰스크 · 옴스크 · 노보시비르스크주이고 석유가스 유망지역은 이루크추크주 · 크라스노야르스크 지방이며 가스 개발 유망지역은 타이므르스크 자치구이다. 시베리아와 북극을 중심으로 하는 러시아의 2018년 기준 석유매장량은 1,062억 배럴, 가스는 38조9,800억 ㎥이다.[1]

또한 시베리아 지역은 러시아 주요 하천의 발원지이며, 길이가 4,000km에 달하는 주요 하천(오비, 이리티슈, 예니세이, 레나, 아무르강 등)이 북극해로

※ 이 글은 2019년 대한민국 교육부와 한국연구재단의 지원을 받아 수행된 연구임 (NRF-2019S1A5C2A01081461)

1) BP, BP Statistical Review of World Energy 2019.

흐르고 있어 수운의 이용가능성이 매우 높은 지리적인 특성이 있으며, 러시아의 내륙수로는 수자원 공급, 전력생산, 생태균형 유지, 관광사업 발전, 그리고 개발된 자원의 수송수단으로서 매우 중요한 역할을 담당한다.

북극해는 얼음으로 덮혀 있기 때문에 쇄빙선의 호위 없이 북극해 구간의 항행은 불가능하였으나, 지구온난화로 인해 북극해 얼음이 예상보다 빠른 속도로 소멸하면서 북극해 지역의 항로 이용 가능성이 높아지고 있다. 북극해를 지나는 북극항로는 수에즈 운하를 경유하는 현재 항로보다 거리가 짧아 항해일수와 물류비를 크게 단축할 수 있다는 장점이 있다. 이러한 이유로 북극지역은 에너지자원의 개발과 러시아의 장기적인 경제발전전략을 구상하는 핵심 전략지역으로 부상하고 있다.

러시아는 장기적인 경제발전을 목표로 인적 자원개발, 비즈니스 및 투자환경 개선, 국가 혁신시스템 개발 및 인프라 개발을 강조하고 있다. 러시아의 주요 미래 발전전략으로는 최근 2020년에 발표된 「북극정책 기본원칙 2035」, 「북극 개발 및 국가안보 전략 2035」, 「러시아 교통전략 2030」, 「북극항로 인프라 개발계획 2035」, 「러시아 연방 에너지 전략 2035」, 「러시아 해운항만 인프라 개발 전략 2030」, 「러시아 철도운송 개발 전략 2030」, 「러시아 내륙수운 개발 전략 2030」이 있다. 이들 주요 발전전략은 시베리아와 북극이 긴밀하게 연계됨을 시사하고 있다.

이러한 러시아의 국가발전전략은 한국의 신북방정책과 매우 밀접하게 연계되어 있다. 문재인 정부는 지속가능한 성장을 위해 신북방정책을 주창하였고 신북방정책을 추진할 플랫폼인 북방경제협력위원회를 설립하였다. 위원회는 동북아시아를 포함한 유라시아지역의 교통·물류·에너지 등 인프라를 연계해 우리 경제의 미래 성장 동력을 창출하고 남·북한 통일의 기반을 구축하는 임무를 맡고 있으며, 목표달성을 위해 러시아 극동개발 협력을 위한

9-BRIDGE 전략을 추진하고 있다. 9-Bridge는 농업, 수산업, 철도, 전력, 가스, 항만, 조선, 북극항로, 산업단지이다.

한국과 러시아가 지속가능한 경제성장을 위한 전략으로 추진하는 공통의 관심영역은 러시아의 에너지 자원개발과 에너지 자원의 효율적인 수송, 그리고 북극항로의 활성화이다. 러시아는 지속가능한 경제성장을 견인하기 위해서 시베리아지역에서 개발된 에너지자원을 효율적으로 수송하기 위한 철도, 하운 그리고 북극항로를 연계하는 복합 물류시스템의 구축이 절실히 필요하다. 물류수송에서 장거리 운송을 위한 가장 환경친화적이며 효율적인 수송수단은 선박을 이용하는 것이다. 이러한 이유로 러시아 정부는 정책적으로 내륙수운을 활성화하고자 하는 다양한 구상을 하고 있다. 따라서 러시아의 수운현황을 알아보고 북극항로의 활성화를 위한 연계가능성과 지금까지의 북극항로 현황을 살펴본다

2. 러시아 내륙수운 현황과 활성화

2.1 러시아 내륙수운 현황

거대한 하천과 수로들이 러시아 전역에 걸쳐 펼쳐져 있다. 러시아 내륙수로 네트워크는 세계에서 가장 크며 내륙수운의 총 길이는 101,700km에 달하고 있다.〈표 1 참조〉러시아의 하천은 대부분 〈그림 1〉에서 보는 바와 같이 러시아 내륙에서 발원하는 주요 하천 들은 북극해, 대서양, 태평양 등 3대양으로 유입되고 있다.

출처: https://en.wikipedia.org/wiki/File:Siberiariverroutemap.png

시베리아 내륙지역의 대표적인 강인 예니세이강은 몽골에서 발원하여 북쪽으로 흘러 투바와 크라스노야르스크 지역을 지나 툰드라 지대를 지나 북극해로 흘러 들어간다. 바이칼호에서 이데르(Ider)강-셀렝가(Selenga)강-안가라(Angara)강으로 이어지는 지류와 합류하여 크라스노야르스크 북쪽으로 연결된다. 예니세이강(Yenisei)을 중심으로 크라스노야르스크 외에도 이르쿠츠크, 두딘카, 이가르카, 예니세이스크 등의 도시가 유역에 위치하고 있어 수운수송을 위한 기본적인 수요가 존재하고 있다. 그리고 백해-발트해 운하, 모스크바-볼가 운하, 볼가-돈 운하들에 의해 러시아는 서유럽의 핀란드만과 상트페테르부르크 그리고 카스피해의 아스트라한까지 연결되는 하천수로 체계를 건설하였으며, 수도인 모스크바는 거대한 운하와 강들을 연계한 수운 시스템을 통해 백해, 발트해, 카스피해, 아조프해, 흑해의 5개 바다로 접근할 수 있다.

〈표 1: 러시아의 대형 내륙수로〉

하천	유출지역	전장 (km)	유역면적 (천㎢)	연평균 유량 (㎥/s)
오브강 (이르티쉬강 포함)	카라해	5,410	2,975	12,600
아무르강	오호츠크해	4,510	1,855	12,500
레나강	랍테프해	4,400	2,490	17,000
예니세이강	카라해	4,090	2,580	19,600
볼가강	카스피해	3,690	1,360	8,000
칼리마	동시베리아해	2,600	644	3,800
알레녹	랍테프해	2,270	219	1,210
인지기르카	동시베리아해	1,977	360	1,850
돈강	아조프해	1,870	422	900
페쵸라강	바렌츠해	1,809	322	4,060
한탄가강	랍테프해	1,636	364	3,286
알라제야	동시베리아해	1,590	70	320
야나강	랍테프해	1,492	238	1,000
타즈강	카라해	1,400	150	1,270
북(北)드비나강 (수하강 포함)	백해	1,302	357	3,491
아나드리강	베링해	1,145	191	1,400

자료 : В. М. Воронцов, В. А. Кривошей, А. Б. Разгуляев, В. И. Савенко, Внут- ренние вод
ные пути Росси, По Волге, 2003, р. 14.
성원용, 러시아 교통물류정보 조사, 한국교통연구원, 2005. p.141. 재인용.

러시아 내륙수운체계의 핵심은 세계에서 그 유래를 찾아볼 수 없는 4m에
서 5m의 수심이 보장되는 총연장 6,500km에 달하는 러시아 유럽지역의 단일
심수체계(Единая глубоководная система)이다.[2] 단일심수체계를 구성하는
주요 수로는 볼가강, 카마강, 볼가-발트해 수로 및 볼가-돈강 수로, 백해-발트
해 운하 및 모스크바 운하 등이며, 이들 수로들은 러시아 전체 내륙 수로의 약

---

2) В. М. Воронцов, В. А. Кривошей, А. Б. Разгуляев, В. И. Савенко, Внутренние вод-
ные пути Росси, По Волге, 2003, р. 13.

7%에 불과하지만, 물동량의 수송에서는 전체 내륙수운의 2/3 이상을 수행하고 있다.[3] 또한 최근 이들 수로들은 종합적인 수력구조물 건설 사업 등 러시아 정부의 투자에 힘입어 볼가강과 카마강이 3.3m 에서 4.0m의 보장 수심을 가진 강력한 수운 수송로로 변모되면서 러시아의 수운체계가 현저하게 개선되고 있다. 모스크바-상트페테르부르크-볼가그라드-아조프해로 이어지는 수로도 비슷한 수심을 유지하고 있으며 오비강, 예니세이강, 레나강, 아무르강 등 주요 하천에서도 3m 이상의 수심이 보장되고 있다.

러시아에서 큰 비중을 차지하고 있는 강은 볼가, 오비, 예니세이, 레나강이다. 이들 강 외에도 28개의 강을 기반으로 항만들이 있으며, 이들 강 하구에 위치한 항구들은 석유제품, 목재 및 석탄과 같은 산업자재의 운송 이외에도 식료품과 승객 수송을 위한 허브항의 역할을 수행하고 있다. 산업자재의 대부분은 볼가-발트 운하(Volga-Baltic Canal)나 백해-발트해 운하(White Sea-Baltic Canal)를 따라 상트페테르부르크(St. Petersburg)로 이동하며, 철광석은 체레포베츠(Cherepovets)지역으로 수송되어 진다. 러시아의 내륙수로는 여러 하천유역을 따라 발전되어 있는데, 이중에서도 볼가-카마강 수역, 서시베리아 수역, 북서지역 수역의 항행이 화물운송에서 매우 중요한 역할을 담당하고 있다.[4] 러시아의 수운에서 가장 큰 비중을 차지하고 있는 수로는 볼가-카마강 수로이다. 이 수로는 러시아에서 인구밀도가 높고 경제적으로 가장 발전된 지역에 위치한 수역으로 내륙수운 전체 화물운송의 50% 정도가 이 수로를 이용하여 수송되고 있다. 볼가강과 카마강을 연결하는 수로시스템에는 니즈니 노브고로드(Nizhny Novgorod)항, 볼고그라드(Volgograd)항, 아스트라

---

3) 성원용/임동민, 『러시아 교통물류정보 조사』, 한국교통연구원, 2005. p.142.
4) В. Е. Шувалов, "Транспорт," А. Т. Хрущев (ред.), Экономическая и социальная геог-рафия России: Учебник для вузов. 2-е изд., Дрофа, 2002, p. 326.

한(Astrakhan)항 등이 주요 항만으로 위치하고 있다. 오비강을 중심으로 하는 수로에는 남부 내륙도시인 노보시비르스크(Novosibirsk), 톰스크(Tomsk), 하류에 위치한 살레하르트(Salekhard)항이 주요 항구이며, 북드비나강을 중심으로 구성된 북서지역 수로에는 가장 주도적인 역할을 하는 아르한겔스크(Arkhangelsk) 항이 있다. 이러한 관점에서 러시아의 근본적인 수운 시스템은 시베리아를 중심으로 하는 수운 루트와 다양한 운하에 의해서 해운과 연계되는 시스템이다.

하천과 운하 등으로 연결되는 내륙 수운은 러시아의 자원개발과 교통체계를 구성하는 매우 중요한 요소이며, 러시아는 인공운하 1만 6,000km를 포함하여 총 700여 개 이상의 수력구조물을 갖춘 내륙수로가 장장 10만여 km 이상 건설되어 있다.

2.2 러시아의 내륙수운 물류 현황과 활성화 방안

러시아의 교통전략은 지역교통 접근성의 보장, 자연환경의 보존, 생활조건의 개선 등을 기본원칙으로 하고 있는데 이러한 측면에서 내륙수운은 중요한 의미를 갖는다. 그러나 현재 시점에서 러시아의 내륙수운이 화물운송체계에서 차지하는 비중은 그다지 크지는 않다. 아래의 <표 2>에서 보는 바와 같이 러시아의 총 화물 운송량은 2005년 91억 6,700만 톤으로 나타났다. 그러나 이후 경기침체로 인해 화물 운송량은 2010년에는 77억 5,000만 톤, 2015년 78억 9,800만 톤으로 소폭 감소하였다. 이후 2015년을 기점으로 화물 운송량은 소폭 증가하기 시작하고 있으며, 2016년 79억 5,400만 톤, 그리고 2017년 80억 7,100만 톤으로 증가하여 전년 대비 약 1.5% 증가하였다. 2017년도의 화물 운송량을 운송수단별로 살펴보면 철도운송이 13억 8,400만 톤으로 약 17%, 도로운송이 54억

400만 톤으로 약 67%, 그리고 파이프라인을 이용한 운송이 11억 3,800만 톤으로 약 14%를 차지하고 있다. 이들 운송수단에 의한 수송이 전체 운송량의 98%로 대다수를 차지하고 있다. 러시아에서 해상운송과 내륙수운에 의한 화물운송 분담률은 각각 0.3%, 1.5%로 매우 미미하게 나타나고 있다.

〈표 2: 러시아의 운송 수단별 물동량〉

〈단위: 백만 톤〉

구분	2005	2010	2015	2016	2017
총	9,167	7,750	7,898	7,954	8,071
철도	1,273	1,312	1,329	1,325	1,384
도로	6,685	5,236	5,357	5,397	5,404
파이프라인	1,048	1,061	1,071	1,088	1,138
해운	26	37	19	25	25
내륙수운	134	102	121	118	119
항공	0.8	1.1	1.0	1.1	1.3

자료 : ТРАНСПОРТ В РОССИИ 2018, ФЕДЕРАЛЬНАЯ СЛУЖБА ГОСУДАРСТВЕННОЙ СТАТИСТИКИ(Росстат), Москва, 2018, p. 33.

비록 화물수송에서의 운송 비중은 낮지만 러시아의 내륙수운이 갖는 의미는 특별하다고 할 수 있다. 러시아에서 내륙수운의 역할을 공정하게 평가하기 위해서는 내륙수로의 지리적 환경, 계절적 성격에 의해 다르게 평가되어야 한다는 것을 고려해야 한다. 실제로 러시아의 일부지역과 수송회랑의 일부영역에서 내륙수운은 자원의 수송과 주민들의 물류수요를 충족시키는 데 매우 중대한 역할을 담당한다. 러시아의 동북지역, 철도노선에서 원거리에 위치한 시베리아 내륙지역, 다른 운송수단이 발달되어 있지 않거나 전무한 북방지역에서 하천은 근간이 되는 운송수단이거나 유일한 운송수단이기도 하다. 이 지역 중 내륙수운을 이용하는 러시아 연방주체의 전체인구 대비 내륙수운 이용 인구비중은 아무르주 84%, 아르한겔스크주 77%, 하바롭스크주 55%, 코미공화국 47%, 사하공화국 26%, 한티-만시자치구 26%, 볼고그라드주 45%, 야로스라브스크주 42%, 사마르스크주 30% 로 높게 나타나고 있어 내륙수운이 주민들의 이동에 중요한 역할을 하고 있다. 이들 특수지역에서 내륙수로의 운송 분담률은 매우 높게 나타나고 있어 내륙수운을 효과적으로 이용할 수 있는 조건이 구비된 지역에서 내륙수로를 이용한 수송비율은 평균을 훨씬 넘어서고 있다.

러시아 정부는 내륙수운의 활성화를 위해 2016년 2월 29일, '러시아 연방 내륙수운 개발전략 2030'[5]을 승인하였다. '러시아 연방 내륙수운 개발전략 2030'의 주요 목표는 다음과 같다.

① 도로와 내륙수로 간 균형적인 화물 흐름을 위한 환경 조성

② 내륙수운과 다른 운송수단과의 연계성 강화 및 내륙수운의 경쟁력 확보

③ 화주를 위한 내륙수운 서비스 질과 접근 용이성 향상

④ 여객 운송 기능 강화

⑤ 내륙수운 이용 시 안정성 및 친환경성 향상에 두고 있다.

이러한 목표의 실현을 위해 '러시아 연방 내륙수운 개발전략 2030'에서는 〈표 3〉에서와 같이 내륙수운을 이용한 화물 예측 운송량이 2030년까지 2억 4,220만 톤으로 증가할 것으로 전망하고 있으며, 내륙수운을 이용하는 여객 이용자의 수도 2020년에는 1,570만 명, 그리고 2030년에는 년간 이용객이 1,660만 명으로 증가할 것으로 전망하고 있다.[6]

---

5) Стратегия развития внутреннего водного транспорта Российской Федерации на период до 2030 года, распоряжением Прави тельства Российской Федерации от 29 февраля 2016 г. №. 327-р

6) 한국해양수산개발원, 『KMI 극동러시아 동향 리포트』, 제 8호, 2016년 3월, p.6.

〈표 3: '2030 내륙수운 개발전략' 화물 및 여객수송 전망〉

(단위: 백만 톤, 십억 톤 · km/백만 인, 십억 인 · km)

구분		2013	2014	2015	2018	2020	2024	2030
화물수송	화물적재량	137.3	124.8	124.8	147.5	172.6	199.5	242.2
	화물회전량	81.4	74.4	74.4	76.7	82.4	95.7	16.9
여객수송	여객수송량	13.2	12.7	13.6	14.9	15.1	15.7	16.6
	여객회전량	0.61	0.54	0.59	0.72	0.73	0.76	0.8

자료 : Стратегия развития морской портовойинфраструктуры Росии до 2030 года

러시아 내륙수운의 화물 운송량 및 여객 이용자 수가 증가하기 위해서는 도로 및 철도 등과 같은 다른 운송수단과의 연결이 중요하다.[7] 내륙수운과 육상운송의 전환이 원활히 이루어 질 때 러시아는 유럽내에서 가장 경쟁력이 있는 물류산업국가로 성장, 발전하게 될 것이다. 시베리아 지역을 중심으로 하는 자원개발과 함께 원자재와 에너지자원 및 농산물 생산의 증가가 예상되어 추정된 운송량의 증가는 무난히 달성될 것으로 예상되며, 내륙수운을 이용한 화물운송량은 지속적으로 증가할 것으로 예상된다. 러시아의 내륙수운은 운송량의 지속적인 증가뿐만 아니라 여객 이용자 수도 크게 증가할 것으로 예측하고 있다.

러시아 정부는 정책적으로 내륙 수운을 활성화하고자 하는 다양한 구상을 하고 있으며, 이와 함께 내륙수운의 활성화를 위한 긍정적인 사회적, 경제적 환경의 변화들이 나타나고 있다.

1) 나딤(Nadym)과 오비강을 연결하는 대규모 프로젝트로 살레하르트

---

7) 러시아 연방 내륙수운 개발전략 2030, 2016, p.10. (Стратегия развития внутреннего водного транс порта Российской Федерации на период до 2030 года, распоряжением Правительства Росси йской Федерации от 29 февраля 2016 г. №. 327-р, p.10

(Salekhard)와 나딤을 총 50여개의 교량으로 연결하며,[8] 2020년까지 오비강에 인접한 살레하르트와 라비트난기(Labytnangi)를 2,4km의 교량을 건설하여 철도로 교통을 연결하는 계획을 추진하고 있다.[9]

2) 최근 카자흐스탄을 통해 중국까지 석유를 수출할 수 있는 운송경로 개발에 큰 관심이 있음에 따라 북극항로와 내륙수로의 연결을 긍정적으로 검토 할 수 있다.

3) 시베리아 철도노선의 운송지체 만연, 도로 화물 운송량의 포화, 대중량 및 초대형 화물 운송의 증가, 지구 온난화에 따른 경지면적의 증대와 북극해의 수운 활용기간 확대, 환경오염, 북극권 경제 개발 등의 이유로 시베리아 내륙 수운의 역할과 기능은 점차 그 중요성이 더해지고 있다.[10]

4) 러시아 정부는 북방지역의 하천을 연계하여 수송하게 될 서시베리아, 크라스노야르스크지방, 사하공화국 산지의 석유 및 석유제품을 중심으로 하는 물동량이 약 800만톤 이상으로 증가될 것으로 전망하고 있다. 또한 북극해로가 기간교통망으로 활용될 경우 시베리아지역 기업의 제품을 세계시장에 공급하는 데 있어 시베리아지역 하천의 이용가능성을 더욱 높여줄 것으로 기대하고 있어 내륙 수운의 발전에 대해 매우 낙관적으로 전망하고 있다.[11]

---

8) "На строящейся дороге Сургут-Салехард открылся мост," 「Сделано у нас」, 2012. 08. 21. http://www.sdelanounas.ru/blogs/20765/ (검색일: 2020년 5월 19일)

9) "Мостовой переход Салехард - Лабытнанги построят раньше за счет банков", https://pravdaurfo.ru/news/mostovoy-perehod-salehard-labytnangi-postroyat-ranshe-za-schet-bankov (검색일: 2020년 5월 4일)

10) 홍완석, "러시아 내륙 복합물류체계에 주목해야 하는 이유", 『KMI 북방물류리포트』, Vol. 101, 2019년 8월, p. 8.

11) Министерство транспорта Российской Федерации, Федеральная целевая программ-а "Модернизация транспортной системы России(2002~2010)". Подпрограмма "Внутр-енний водный транспорт". Редакция 2.0(проект), Москва,

5) 러시아는 장기적인 국가발전전략으로 미개발된 지역을 개발함으로써 비약적인 경제성장을 실현하고자 하는 계획을 수립하고 있다. 장기적인 발전계획의 일환으로 볼가-돈 운하체계를 보완할 새로운 유라시아 운하의 건설계획과 풍부한 자원이 매장된 시베리아 극지의 개발계획 등을 구상하고 있다. 시베리아 극지의 자원개발 계획은 효율적인 자원의 수송을 위한 주요 하천의 수운인프라 구축계획과 함께 카스피(Caspie)해까지 연장되어 길이 1,400km · 가 넘는 카라쿰(Kara Kum)대운하의 건설과 유럽연합이 구상하는 발트해를 중심으로 하는 국제운송루트를 연결하는 중요한 역할을 러시아의 수로체계가 수행하게 될 것으로 전망된다.[12]

6) 러시아의 북극개발전략에 따라 북극지역의 인구는 지속적으로 증가할 것으로 예상된다. 이는 러시아 북극에서 생산된 지역 총생산이 2014년 5%에서 2018년 6.2%로 증가한 요인 중 하나였다.[13]이러한 지역 총생산의 증가는 내륙수운의 활성화를 위한 물류수요의 증가로 나타나게 될 것이다.

7) 러시아의 항만개발은 새로운 석탄터미널의 건설과 기존 터미널의 증설을 중심으로 하고 있다. 2020년에서 2022년까지의 신규 석탄 터미널 건설계획사업이 순조롭게 완성될 경우 러시아의 석탄생산과 수송량은 2016년 대비 1억 2,200만톤으로 증가할 것으로 추산되고 있다. 2017년 러시아 석탄 수출은

2004. pp. 6-7.

12) 유럽연합은 육상운송체계의 부담을 부분적으로 낮추고 일부를 해상운송으로 전환하려는 다양한 국제운송루트를 계획하고 있다. 구상하고 있는 대표적인 국제운송루트로는 INTRASEA(INland TRansport on SEA routes)와 SEB Trans-Link가 있으며, 발트해를 중심으로 러시아를 경유하여 중앙아시아를 연결하는 국제운송회랑을 구상하고 있다. 유리 쉐르바닌, "러시아와 국제운송회랑", 『교통정책연구』, 한국교통원구원, 2006, 13권 1호 pp. 3-10쪽 참조.

13) Aleksandr V. Krutikov, Strategy for Development of the Russian Arctic, Results and prospects. Arctic and North, no. 40, 2020, p. 222.

전년대비 8% 증가하였으며, 대부분 아시아, 태평양 국가들로 수출되었다. 따라서 러시아의 석탄 터미널 건설을 중심으로 하는 항만개발정책은 러시아의 수운물류의 활성화에 긍정적인 영향을 미칠 것으로 예상된다.

3. NSR 현황과 활성화

3.1 NSR 현황

북극항로는 시베리아 북극해를 경유하여 동북아시아와 유럽을 연결하는 북동항로(NSR: Northern Sea Route), 베링해와 캐나다 북극해를 경유하여 북미 동부지역으로 연결하는 북서항로(Northwest Passage), 북극점을 경유하는 트랜스 북극항로(Cross Pole Route)로 구분된다.[14]

NSR은 대서양에서 태평양까지 시베리아 · 북극권을 따라 유럽과 아시아를 연결하는 최단 항로이다. 한국을 비롯한 일본에서 화물을 운송할 경우 파나마 운하를 거치는 것보다 무려 7,000여㎞를 단축할 수 있다. NSR은 1932년에 첫 번째 선박이 아르한겔스크부터 베링 해까지 항해한 이후 쇄빙선 함대의 덕택으로 러시아 북부지역의 화물운송 루트로 집약적으로 이용되어 왔으며, 1980년대 말 NSR의 화물운송 규모는 670만 톤을 기록하기도 하였다. 2011년 기준으로 NSR의 연간 항해일은 141일로 항해 가능기간은 7월초부터 11월 중순까지이다. NSR의 장애요인으로는 유빙문제 뿐만 아니라 바닷물의 물보라와 강

---

14) 한종만, "러시아 북극권 지역에서의 자원/물류 전쟁: 현황과 이슈",『한국 시베리아 연구』, 배재대학교 한국-시베리아센터, 제 18권 1호, 2014. p. 4.

풍 등의 자연 지리적 조건, 구조와 긴급 활동을 위한 시설물 부재, 신뢰할만한 기상예보의 부재 등이 있다. 겨울과 봄에는 NSR의 동부구간 항행은 매우 어려운 상황이다. 여름에도 수많은 빙하와 빙산이 유동적이기 때문에 아이스 클래스 기능을 가진 선박이나 쇄빙선의 호위가 필요하다.

이러한 여러 제약조건은 지구온난화로 인해 급격히 변화하기 시작하였고, 북극해의 에너지 자원개발이 가속화되면서 상업화의 가능성은 크게 증가하고 있다. NSR의 경제성분석은 다양하게 진행되고 있으며 최근 발생한 수에즈 운하 사고로 인해 대체 운송로의 가능성이 높아지고 있다.

[그림 2: NSR과 수에즈운하 항로 비교]

<표 4: 항로별 아시아-유럽 운송로 비교>

항구명	~ 네덜란드 로테르담 운송로 길이(해리)			
	희망봉 (남아공)	수에즈 운하	북극해 항로	북극해항로 운송로 단축 % (수에즈 운하 대비)
일본, 요코하마	14,448	11,133	7,010	37
대한민국, 부산	14,084	10,744	7,667	29
중국, 상하이	13,796	10,557	8,046	24
홍콩	13,014	9,701	8,594	11
베트남, 호치민	12,258	8,887	9,428	-6

자료원: Buixade Farre, Norwegian University

<그림 2>와 <표 4>에서 나타나는 것 처럼 수에즈 운하를 이용하여 아시아에서 유럽까지 수송하는 거리는 약 20,900km(10,744해리)이며, 운항일수는 평균 24일 정도가 소요된다. 그러나 NSR을 경유하여 아시에에서 네델란드 로테르담까지 운항하면 운항거리는 약 13,700km(7,667해리)이며 운항일수는 평균 14일 정도 소요되어 운송거리는 약 7,000km가 적어지고 운송 시간은 10일 정도를 절약할 수 있게 된다.

그러나 NSR은 대부분의 구간이 얼음으로 덥혀 있어 항행하기 위해서는 쇄빙선의 호위가 절대적으로 필요하며, NSR의 운항에는 쇄빙선 에스코트에 따른 추가적인 비용이 발생한다. 이를 반영한 북극항로의 경제성 추정은 Pham(2019)의 분석에 따르면 다음과 나타났다. NSR의 경제성을 추정한 운항구간은 중국의 상하이와 스웨덴의 고덴부르그(Gothenburg)로 운항선박은 컨테이너선(Sub-Panamax급)과 일반화물선(Handymax급)의 운항으로 추정하였다.

<표 5: 수에즈 항로와 NSR 경제성 분석>

Factors	Units	Vessel Y	Vessel X
Vessel type	-	General-Cargo Handymax	Container-ship Sub-Panamax
TEU	-	-	2808
Ice class	-	IA	IA Super
DWT	tons	37,130	40,882
Light ship	tons	12,082	17,669
Length Overall (LOA)	m	190	232
Length between Perpendiculars (Lpp)	m	186.4	230
Breadth (B)	m	28.5	32.2
Draft (T)	m	10.7	10.8
Displacement volume (∇)	m³	49,159	52,030
Design speed	knots	14.8	24
Main engine power	kW	10,470	25,426

	Cost components	Tian Hui				Vessel X			
		SCR	NSR			SCR	NSR		
			Sept	Oct	Nov		Sept	Oct	Nov
Time (days)		35.8	23.8	25.5	28.5	28.8	20.0	20.4	23.2
Capital cost	Capital cost	100,732	66,909	71,835	80,068	138,546	96,039	98,289	111,564
Operational cost	Repair & maintenance	33,625	22,335	28,775	32,073	45,012	31,202	38,319	43,495
	Insurance	20,462	18,009	19,335	21,551	17,268	16,530	16,917	19,202
	Crew	111,606	81,545	87,549	97,582	100,250	76,442	78,233	88,799
	Ice training	-	3,410	3,410	3,410	-	3,782	3,782	3,782
	Administration	20,000	20,000	20,000	20,000	20,000	20,000	20,000	20,000
	Other expenses	-	700	700	700	-	700	700	700
Voyage cost	Fuel cost	422,715	287,399	301,156	323,235	642,798	438,926	448,069	496,012
	Suez Canal toll	105,361	-	-	-	138,392	-	-	-
	Ice breaker fee	-	-	114,910	183,853	-	-	166,361	266,183
TOTAL COST		814,501	500,308	647,671	762,471	1,102,266	683,621	870,671	1,049,738

출처: Thi Bich Van Pham(2019), p.57

Pham의 분석에 따르면 NSR의 운항에는 쇄빙선 에스코트에 따르는 비용이 수에즈 운하의 통행료보다 높게 발생하게 되나, 운항거리의 단축에 따른 연료비의 절감이 더욱 크게 나타나 NSR의 이용이 총운항비용에서 약 10% 이상 절감되는 것으로 나타났다. 이러한 분석은 향후 NSR의 이용 가능성을 더욱 높이게 될 것이다.

장기적으로 시베리아 지역의 석유, 천연가스, 원목, 광물자원 등 자원개발과 수송을 위해서는 내륙수운과 북극항로를 연계하는 효율적인 수송방법이 요구된다. 러시아는 NSR 및 자원개발을 적극적으로 추진하고 있다. 러시아 정부의 공세적 전략 추진의 성과로 NSR의 물동량은 2016년 748만 톤을 기록한 이후, 2017년 처음으로 1,000만 톤을 돌파하였고, 2018년 1,968만 톤, 2019년 약 3,150만 톤으로 4배 이상 증가하였다. 장기적으로는 북극항로를 이용하는 물동량을 2030년까지 1억 톤 이상으로 예측하고 있다.

〈표 6: 북극항로 및 항만 예상 물동량〉

(단위: 백만톤)

	북극항로 물동량				항만 물동량	
	2016	2020	2025	2030	2020	2030
총 합계	12.4	47.7	75.0	104.4	38.7	67.5
석유	9.6	19.7	31.7	36.7	5.9	6.2
LNG	0.0	16.5	19.1	32.7	28	51.4
금속 · 철광석	0.7	1.0	1.0	1.0	0.5	0.5
석탄	1.0	8.0	20.0	30.0	1.8	5.4
기타	1.1	2.5	3.2	4	2.5	4

자료 : WWF, Prospects and opportunities for using LNG for bunkering in the arctic regions of russia, 2017.

예측물동량의 실현을 위해 2019년 3월 러시아 정부는 2030년까지 북극의 광물자원 및 인프라 개발을 위한 118개의 사업에 약 181조 2,000억 원 예산 투입을 골자로 하는 '북극 광물자원기지 및 물류 개발 계획'안을 수립하였다. 또한 '북극 LNG-2' 사업에 대한 투자를 최종 승인했으며, 노바텍은 캄차카 반도에 연간 2,000만 톤의 LNG를 처리할 수 있는 환적터미널 건설을 추진하고 있으며, 동북아지역 LNG 공급망 구축에 적극 나서고 있다.[15]

---

15) https://warsawinstitute.org/russias-novatek-signs-deal-japans-gas-company/

3.2. NSR 이용 현황

현재 NSR 물동량은 증가하는 추세이며, 2018년에는 전년 1,070만 톤에서 25% 증가한 1,968만 톤을 기록하였으며, 이용선박은 26척으로 2016년 이후 매년 증가하고 있다. 항만별로는 사베타항(LNG, 가스 컨덴세이트 911만톤), 노비항(723만톤), 두딘카항(134만톤), 사베타항(일반화물 86만톤), 페벡항(44만톤) 순이었다. 화물별로는 LNG(839만톤), 석유와 석유제품(781만톤), 건화물(234만톤), 가스 컨덴세이트(81만톤), 석탄(29만톤), 정선광물(4.3만톤) 순이었다. <그림 3 참조>

[그림 3: NSR 물동량]

단위: 톤

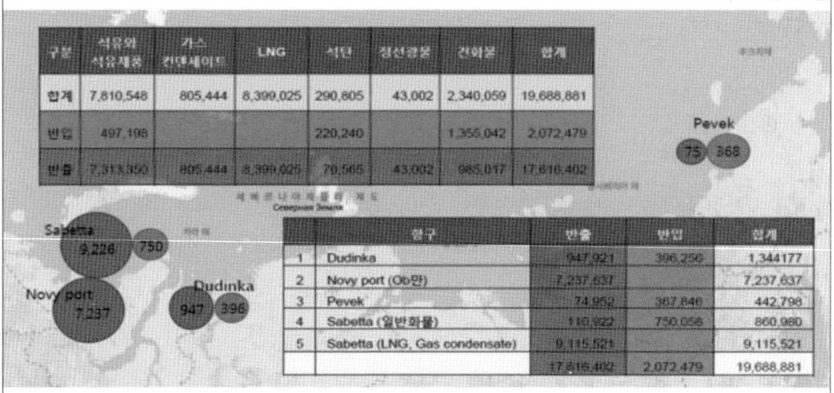

구분	석유와 석유제품	가스 컨덴세이트	LNG	석탄	정선광물	건화물	합계
합계	7,810,548	805,444	8,399,025	290,805	43,002	2,340,059	19,688,881
반입	497,198			220,240		1,355,042	2,072,479
반출	7,313,350	805,444	8,399,025	70,565	43,002	985,017	17,616,402

	항구	반출	반입	합계
1	Dudinka	947,921	396,256	1,344177
2	Novy port (Ob만)	7,237,637		7,237,637
3	Pevek	74,952	367,846	442,798
4	Sabetta (일반화물)	110,922	750,058	860,980
5	Sabetta (LNG, Gas condensate)	9,115,521		9,115,521
		17,616,402	2,072,479	19,688,881

자료: 홍성원(2019. 4. 4), p. 10

출처: 홍성원, 「북극항로 운항 동향 및 발전 전망」, 2019년 세종대학교 북극세미나 발표자료, 2019. 4. 4.

최근 2021년 1월과 2월의 NSR 운항 동향은 총 317건의 항해가 두 달간 이루어졌으며,[16] 이는 전년 동기와 비교했을 때 비슷한 수치였다. 가장 이

16) CHNL(Center for High North Logistics) Information Office, Latest news 참조. https://arctic-lio.com/

목을 끌었던 것은 NSR를 통한 아시아로의 LNG 선박들의 실험항해 였다. Christophe de Margerie호가 1월 5일 Sabetta항을 출발하여 1월 26일 중국 장수성(Jiangsu) Yangkou항에 도착하였고, 뒤이어 Nikolay Evgenov호가 1월 6일 출발하여 27일 평택항에 도착했다. 두 선박 모두 쇄빙선의 도움 없이 북극해항로의 동쪽 지역을 운항했다. 1월 29일, 원자력 쇄빙선인 50 let Pobedy호가 Ob Bay를 떠나 Cape Dezhnev으로 항해했으며, 이곳에서 LNG 선박인 Christophe de Margerie호를 만나 Sabetta항으로 돌아오는 항해를 지원했다. 2020년 12월 25일 LNG 탱커인 Nikolay Zubov호가 Dalian 항을 떠나 1월 6일 Cape Dezhnev를 통해 북극해항로 수역에 진입했으며 1월 18일 역시 쇄빙선의 도움 없이 Sabetta 항에 도착했다.

1월 한달간 총 39건의 화물선, 컨테이너선, 벌크선 항해가 이루어졌다. Yamal LNG 운반선은 22건의 수출과 관련하여 복귀 항해를 포함한 총 44건의 항해를 진행하였다. 유조선(Tankers)은 43건의 항해를 진행하였는데, 이중 4건은 Yamal LNG 선박의 컨덴세이트(condensate) 수출과 관련이 있었고, 35건은 Arctic Gate terminal 프로젝트의 일환으로 건조된 원유 유조선 Shturman Ovtsyn에 의해서 이루어졌다. 나머지 4건은 다른 형태의 유조선에 의해 이루어졌다.

2월에는 총 35건의 화물선, 컨테이너선, 벌크선 항해가 이루어졌으며, Yamal LNG 운반선은 20건의 수출과 관련하여 복귀 항해를 포함한 총 40건의 항해를 진행하였다. Sabetta로 부터의 가스 콘덴세이트(gas condensate) 수송이 2건, Arctic Gate terminal에서 원유 수출과 관련한 원유 유조선 Shturman Ovtsyn 에 의한 항해가 32건, 그리고 이 프로젝트들과 무관한 다른 유조선에 의한 항해가 4건 진행되었다.

NSR의 운항지원을 위해 2020년 총 18척의 쇄빙선이 NSR에서의 안전한 항해를 위해 투입되었으며, 총 220건의 쇄빙선 활동이 있었다. 운영에 투입된

[그림 4: NSR 쇄빙선 지원 현황]

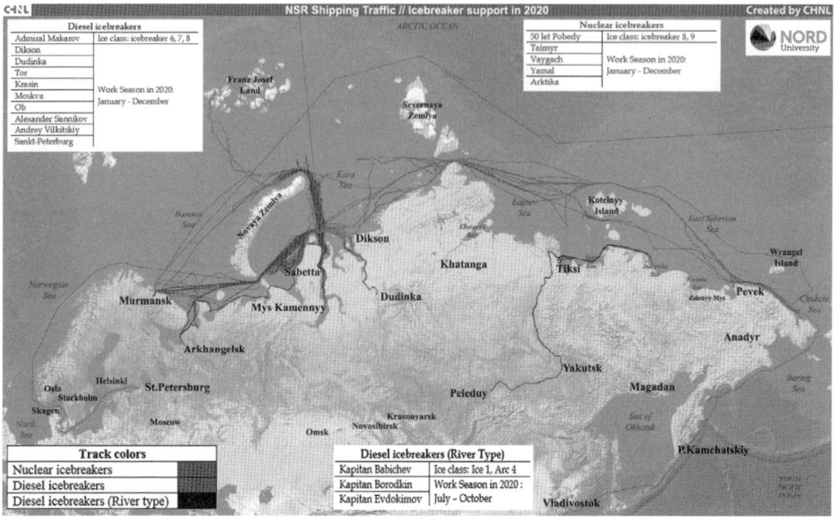

쇄빙선들은 3가지로 분류된다.

　1) 원자력 추진 쇄빙선 : 2020년 Akrtika호가 신규로 건조되면서 현재 원자력 추진 쇄빙선은 5척이 운영되고 있다.

　2) 디젤 추진 쇄빙선 : 현재 10척이 운영 중이다.

　3) 강 쇄빙선 : 해상 항로 혹은 그 접근로와 인접한 강 하구, 시베리아 지역의 강, 북극해항로 동쪽 지역의 만 및 연안 지역에서 활동하는 쇄빙선으로 총 3척이 있다. 강 쇄빙선들은 낮은 내빙등급(Ice 1 그리고 Arc 4)을 가지고 있기 때문에 작업은 여름 항해 기간 동안만 이루어진다. 또한, 시베리아 지역의 강을 이용한 이동이 겨울에는 중단되는 것도 이유 중 하나이다. 활동의 대부분은 원자력 추진 쇄빙선과 디젤 쇄빙선의 몫이다. 절반 이상(152건)이 원자력 추진 쇄빙선에 의해 이루어진다. 〈그림 4 참조〉

[그림 5: 원자력 쇄빙선 운항 현황]

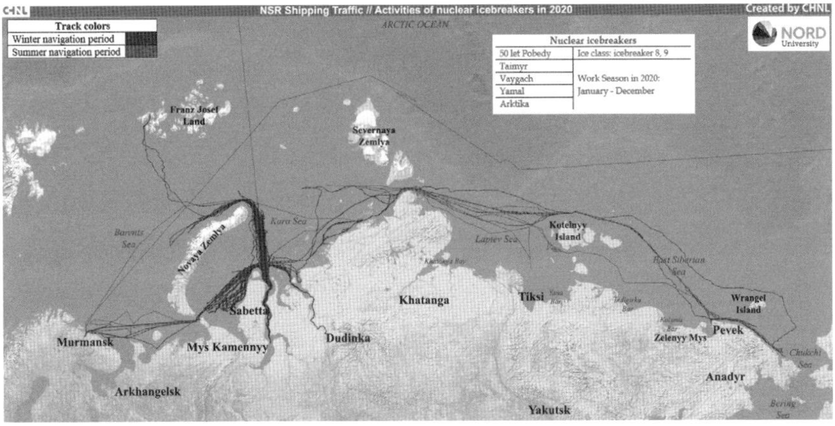

〈그림 5〉에서 나타나는 바와 같이 원자력 쇄빙선이 주로 겨울에 활동한다는 것을 명확하게 보여준다. 겨울에는 136건의 항해가 진행된 반면, 여름에는 단지 16건의 항해밖에 진행되지 않았다. 원자력 추진 쇄빙선은 여름에는 사실상 Ob만으로 접근하는 Kara해에서 항해지원활동을 하지 않는다. 주된 활동은 북극해항로의 동쪽지역에서 일어난다. 또한 원자력 추진 쇄빙선(50 let Pobedy)은 10월에 1건의 환승항해를 했다.

디젤 추진 쇄빙선의 활동지도에서는 정 반대의 경우를 관찰 할 수 있다. 대부분의 활동들은 Cape Zhelaniya와 Ob만으로 접근하는 Kara해에서 이루어졌다. 디젤 쇄빙선들은 여름시즌에 대부분 사베타항, 두틴카항 그리고 Mys Kamennyy 근처의 Arctic Gate terminal에서 활동했다.〈그림 6 참조〉

2021년 1월 6척의 쇄빙선이 34번의 항해를 했다. 4척의 원자력, 2척의 디젤 쇄빙선이 사용되었다. 주요 활동지역은 Kara해, Yenisey만, Ob만 이었고, 1건

[그림 6: 디젤 쇄빙선 지원 현황]

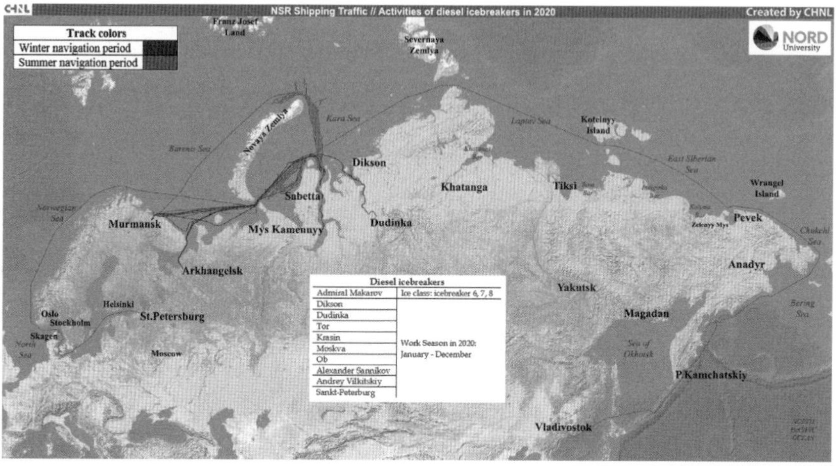

의 항해는 Ob만에서 Chukchi해 까지였다. 2월에는 7척의 쇄빙선이 총 44번의 항해를 했다. 5척의 원자력, 2척의 디젤 쇄빙선이 사용되었다. 주요 활동지역은 Kara해, Yenisey만, Ob만 이였다.

　최근의 한국과 관련 운항은 2020년 6월 네덜란드 Big Lift사의 happy diamond호와 happy dragon호가 마산항에서 중량화물을 선적하여 틱시항까지 운송했으며, 틱시항에서 바지선에 환적되어 레나강으로 내륙 운송되었으며, pola ariake호는 극동 러시아에서 울산항으로 석탄을 운송한 후, dudinka항으로 발라스트 운항을 했다.[17] 또한 캐나다 Teekay사의 Nikolay Yevgenov호가 2021년 1월 6일 사베타항을 출항하여 쇄빙지원없이 12일만에 북극해항

17) '특집: 2020년 북극해항로 하절기 운항 동향', 『북극물류동향』 2020년 8월호, 영산대학교 북극물류연구소, p. 4.

로 항해 후 1월 27일 한국 평택항에 도착했다.

3.3 러시아 항만 현황

러시아에는 북극해 지역에 19개 항만, 발틱해 지역에 7개 항만, 카스피해 지역에 3개 항만, 극동지역에 22개 항만, 흑해지역에 12개 항만으로 총 63개 항만이 있다.

러시아의 가장 대표적인 하천항만인 옴스크항은 배후도로 및 철도 연결망이 있는 유일한 항만으로 옴스크 내수시장뿐만 아니라 노보시비르스크 및 크라스노다르(Krasnodar)까지 철도로 연결되어 있기 때문에 내륙수로 및 철도를 포함한 복합운송을 고려했을 때 중앙아시아지역의 물류수송에 대한 수요는 충분히 내재되어 있다. 최근 카자흐스탄을 통해 중국까지 석유를 수출할 수 있는 운송경로 개발에 큰 관심이 있음에 따라 북극항로와 내륙수로의 연결을 긍정적으로 검토 할 수 있다. 옴스크 인근지역인 노보시비르스크, 크라스노야르까지 포함한다면 현재수준 보다 5배 이상의 물동량 증가가 예상되어 북극항로와 내륙수로를 연결할 경우, 물류비 절감으로 인한 물류수요는 더욱 증가할 것으로 예상되고 있다.

이르티시항은 구 소련시절 약 200~250척의 선박 수용이 가능하였으나 현재는 80척만 수용하고 있어 약 20%의 시설 및 장비만 이용하고 있다. 주요 수송화물은 모래 및 자갈이며, 북부지역으로 연간 400만 톤, 환적화물은 연간 30만 톤 운송하고 있다. 최근 2년간 물동량은 감소했으나, 러시아 북부지역 내 건설업이 성장하고 있어 건설자제 운송에 대한 수요가 증가하고 있는 추세이다. 옴스크에서 한티-만스크까지 수로의 길이는 약 1,800km이며, 북부지역까지 철도연결이 되어 있지 않아 아직까지는 내륙수로가 유일한 운송로의 역할을 수행하고 있다. 현재 중-러 및 카자흐스탄-중국 간 발생하는 화물물동량은 철도 수용력을 넘어서고 있으며, 수로의 개발이 진행될 경우, 시베리아 및 중국 간 물동량수송은 경제성이 충분할 것으로 분석되고 있다. 특히 내륙수로 이용은 운송기간이 최소화됨에 따라 운송비용이 절감되고, 환적 최소화를 통해 화물 손상 위험을 줄일 수 있다는 장점이 있다.

〈표 7: 러시아 관할 선박 현황〉

구분	선박 수(척)	적재중량(천 톤)	총 톤수(GT)
러시아 선박	1,096	5,309.0	4,252.6
국제 선박으로 등록된 선박	337	2,093.1	1,621.8
러시아 관리 하에 있는 외국 선박	346	15,022.4	9,133.4
러시아 관리 하에 있는 총 선박	1,442	20,331.4	13,386.0

출처 : 한국해양수산개발원, 극동 시베리아 해운 · 물류 진출 방안 기초 연구 최종보고서, 2014, p.19 에서 재인용.

러시아에서 운항 중인 총 선박 수는 1,422척 이며, 이중 러시아 선박은 1,096척, 외국 선박은 346척으로 나타나고 있다. 〈표 7 참조〉 러시아 항만에서는 처리되는 물동량은 수출 화물 79%, 국내 연안 운송 화물 10%, 통과 화물 7%, 그리고 나머지 4%가 수입 화물이다.[18] 극동지역 항만은 러시아 대외교역 물동량의 약 16%, 러시아 항만을 통과하는 물동량의 약 20%를 처리하고 있으며, 러시아 극동지역의 모든 해상운송의 77%는 연해주 항만을 통해 처리되고 있다. 러시아의 주요 항만들은 다음과 같다.

1) 아르한겔스크 항(Port of Arkhangelsk).

러시아 아르한겔스크주의 주도인 인구 35만 명의 아르한겔스크의 내항으

---

18) EY Russia, Overview of Stevedoring Sector in Russia in 2016, p. 2.

로 북극에 인접한 백해(White Sea)의 무역항이다. 백해로 흘러 들어가는 드비나강의 하구에 위치해 있고 백해의 드비나 만에서 50km 떨어진 내항으로 원목과 목재 가공품, 펄프, 기계류와 소비재 수출입 항구로 기능을 하며 목재 가공공장과 제지공장 그리고 조선소가 자리 잡고 있다.

Northern Company의 본사가 있는 아르한겔스크 항에서 백해, 바렌츠, 카라 해, 북해 루트를 연결하는 정기 여객선이 무르만스크, 딕슨, 오네가(Onega), 메젠(Mezen), 칸달락샤(Kandalaksha), 노바야 젬랴(Novaya Zemlya)까지 여객선이 운영되고 있다.

아르한겔스크항의 총 부두길이는 3.3km이며, 흘수(Draft) 9.2m의 선박들이 접안 가능한 선석을 보유하고 있다. 항구에는 175~200m 길이의 총 사용 가능한 292,000㎡의 저장시설(폐쇄형 창고 40,000㎡, 개방형 공간 250,000㎡, 보세창고 2,000㎡)이 있다 이다. 200대의 냉동 컨테이너와 화학 약품 등의 액체 위험물의 처리가 가능한 2,200 대의 컨테이너를 적재할 수 있다. 총 연간 물동량 처리 능력은 20피트 컨테이너 75000 TEU이다.

〈표 8: 아르한겔스크항 현황〉

항만 면적 (헥타르 - ha)	215.26						액체 화물 (백만 톤 / 년)		5,440			
항만 수역 (km)	1,120						건화물 (백만 톤 / 년)		5,432.9			
선석 수	75						rolling cargo (백만 톤 /년)					
선석 길이 (m)	8,889.58						컨테이너 (TEU / 년):		75			
계획 용량 (모든 화물 포함) (백만 톤 / 년):	11,772.9						선체의 주요 치수 (흘수, 높이, 길이) (m)		9.2/190/30			
연도	'03	'05	'08	'10	'11	'12	'13	'14	'15	'16	'17	
물동량 (백만 톤 / 년)	3.10	6.47	4.68	3.67	4.30	5.20	4.40	4.20	3.80	2.60	2.40	

자료출처 : Koreichuk Dariia, 러시아 주요 항만의 효율성분석에 관한 연구, 부경대학교대학원 석사학위논문, 2019. p.22.

2) 무르만스크항 (Port of Murmansk)

무르만스크항은 바렌츠해 콜라반도에 있고 북극권에서 가장 큰 부동항이며, 러시아 최북단 항구이다. NSR관리청과 러시아 북극 수송부의 본부가 있다.[19] NSR의 기점이며, 러시아 함대의 핵심 해군기지가 있다. 따뜻한 북대서양 해류 덕에 어업과 수송의 거점이 된 무르만스크는 또한 세계 유일의 핵추진 쇄빙선단인 아톰플로트(Atomflot)의 본부가 있는 곳이다.

항만의 통로의 길이가 22마일이고 수심은 깊어서 거의 모든 선박은 입항할 수 있으며, 화물터미널, 여객 터미널, 수산물 터미널, 석유 터미널, 선박수리 터미널과 그리고 군부대 시설을 함께 갖추고 있다. 화물터미널은 3개의 산업용 하역터미널로 구분하여 운영하고 있다. 첫 번째 터미널은 인회석 농축과 광물질, 비료 등을 취급하며, 두 번째 터미널은 벌크 화물(금속, 수출용 알루미나)을 주로 취급하고 있다. 세 번째 터미널은 일반 하역서비스를 제공하며 동시에 9척의 배가 접안 가능한 수심 7.7~10m의 선석(berth)을 갖추고 있으며, 갠트리 크레인(gantry crane) 설비가 갖추어져 있다. 수산물 터미널에는 약 50개의 선석이 있고, 수심은 6~8.5m 이며, 선석의 전제 길이는 4km에 달한다, 갠트리 크레인(3.2~10t) 설비가 되어 있다. 원유 터미널의 선석 길이는 336m이며, 십만 톤 규모의 석유 저장소가 있으며, 현재 선석을 하나 더 건설하고 있다. 약 50개의 선석은 선박 수리, 선박정비에 사용되고 있다.

무르만스크는 무르만 철도(Murman Railway)로 쌍뜨 뻬쩨르부르그까지 연결되어 있고, M18 콜라 도로(Kola Motorway)로 러시아의 나머지 지역과 연결되어 있다. 무르만스크 공항은 모스크바나 뻬쩨르부르그 뿐만 아니라 노르웨이의 트롬소 등과도 연결되어 있다. 콜라반도의 끝에서 세 개의 난코스

---

19) Official website of Murmansk, http://www.citymurmansk.ru 참조.

인 핀란드만(Finnish Gulf)와 독일, 덴마크, 영국 사이에 있는 킬 수로(Kiel Canal)와 해협들을 거치지 않고 대서양에 다다를 수 있다

〈표 9: 무르만스크항 현황〉

항만 면적 (헥타르 - ha)	645.9				액체 화물 (백만 톤 / 년)				2,700	
항만 수역 (km)	53.7				건화물 (백만 톤 / 년)				18,865.4	
선석 수	99 선석, 1 부두				rolling cargo (백만 톤 /년)					
선석 길이 (m)	12,120.96				컨테이너 (TEU / 년):				123.9	
계획 용량 (모든 화물 포함) (백만 톤 / 년):	23052.2				선체의 주요 치수 (흘수, 높이, 길이) (m)				15.7/NA/NA	
연도	'03	'05	'08	'10	'11	'12	'13	'14	'15	'16
물동량(백만 톤 / 년)	14.8	28.0	24.8	32.8	25.5	23.7	31.4	21.9	22.0	34.4

자료출처 : Koreichuk Dariia(2019), pp. 24-25.

3) 딕손(Диксон)

북방항로 상 4개의 주요 항구 중 첫 번째인 딕손항은 카라해의 남동부에 위치하고, 예니세이 만(Yenisey Gulf)의 입구에 인접해 있고, 스베르드룹(Sverdrup) 섬과 아크틱 인스티튜트(Arctic Institute) 섬 및 이즈베스티 칙(Izvestyi TsIK) 섬의 남쪽에 위치해 있다. 이 항구는 쁘레벤 해협(Preven Strait)을 통과하여 이 항구로 진입하는 것이 어떤 기후나 시계(visibility)에서도 안전하기 때문에, 파일롯 서비스를 제공하지 않는다. 항구내 정박소(internal roadstead)sms dir 15미터 수심이다. 메인 부두(wharf)는 흘수가 11미터까지인 선박들이 이용할 수 있다. 정박(mooring)은 정박지 예인선에 의해 제공된다. 항구시설 중 사소한 수리를 할 수 있는 정비소가 있다. 여름 항해기간 중 항구 당국은 대개 구조선박과 수중 긴급수리를 수행할 수 있는 긴급수리반을 운영한다. 항구는 무르만스크 해양기선라인(Murmansk Marine Steamship Line)의 관할 하에 있고, 북극해서부지역해양운영본부(headquarters of marine operations of the western sector of the Arctic)가 위치해 있다.[20]

크라스노야르스크 광역주의 예니세이 강 어귀의 섬인 딕손은 462미터 높이의 라디오 탑과 안테나를 가진 북극해의 핵심 무선기지이자, 모스크바와 블라디보스톡간의 어떤 도시도 접촉이 가능한 북극 라디오 네트워크의 중심지이다. 저장 공간이 풍부한 석탄저장시설과 쇄빙선과 상선을 위한 벙커시설이 있다. 딕손은 러시아 최북단 항구도시이자, 세계 최북단 정착지 중 하나이다. 너무나 북쪽에 위치해 있기 때문에 12월 8일부터 1월 5일까지 완벽한 어둠을 경험할 수 있다. 딕손은 스웨덴의 탐험가, 오스카 딕손 남작(Baron Oscar Dickson)의 이름을 땄다. 딕손 주민들은 소비에트의 인기가요의 제목을 따라 딕손을 "북극의 수도(Capital of the Arctic)"라 비공식적으로 부른다. 항만은 세계 니켈 공급량의 20%를 담당하는 RAO Norilsk Nickel사에 의해 운영되며, 러시아 북극해 최대 선사인 MSCO사의 북극해 서부의 해상운송거점(Marine Operations Headquarter)이다.

〈표 10: 딕손항 현황〉[21]

구분	내용
평균 항해 가능 시기	6월 말~10월 말
외국적 선박 입항	1998년부터 가능
최대 입항 흘수 1	11m
공항 접근성	딕손 공항과 하운으로 연결
배후 연계망	없음
운영기업	RAO Norilsk Nickel
얼음 상태	겨울시즌 결빙(추정)
기타 특징	MSCO사의 북극해 서부 기지
화물처리실적(2009)	130천 톤(컨테이너, 장비, 자동차, 목재, 석탄, 자갈, 모래 등)

20) R.D. Brubaker, The Russian Arctic Straits, (Leiden/Boston: Martinus Nijhoff publishers, 2005) p. 15.

4) 듀딘카(Дудиннка)-노릴스크(Норильск)[21]

듀딘카 항은 강 어귀로부터 약 230해리 떨어진 예니세이 강 동쪽 제방에 위치해 있다. 이 항구는 흘수선 11.5 미터까지의 선박들이 이용할 수 있다. 이 항구는 철로에 의해 노릴스크 시와 연결되어 있다. 북방항로 통과 루트로부터 상당한 거리가 떨어져 있기 때문에 외국선박을 위한 긴급피난항으로 권고될 수 없다. 항만은 RAO Norilsk Nickel사에 의해 운영되면, 연중 노릴스크광산에서 제련된 금속 등을 무르만스크항으로 환적하여 유럽 등지로 수출하고 있다. 노릴스크광산과는 철도망으로 연결되어 있다. 최근 평균적으로 약 450만 톤의 화물을 처리하고 있다.[22]

1667년 겨울 정착지(winter settlement)로 건설된 듀딘카는 예니세이 강 하류에 위치하여 북극항해 선박의 접근이 가능하다. 또한 크라스노야르스크 광역주 타이미르스키 돌가노-네네츠키구의 행정 중심지이다. 타이미르 반도의 서쪽에 위치해 있고, 근처 노릴스크 산맥은 풍부한 석탄, 철, 구리, 니켈을 매장하고 있고, 특히 소량의 매장량만 가지고 있는 몇 안 되는 금속중 하나가 니켈이기 때문에 특히 중요하다. 듀딘카는 노릴스크 탄광과 야금공장으로 가는 화물을 처리하여 보내고, 거기서 나오는 비철금속과 석탄을 운송한다. 1969년에는 메소야하-듀딘카-노릴스크 가스 파이프라인이 놓여졌다. 또한 협궤 철도노선은 예니세이 강에 있는 듀딘카와 강 동안 7마일 떨어진 노릴스크사이에 건설되어 광산지역을 북방해로시스템에 직접 연결하고 있다. 북방항로의 중심인 이곳의 석탄은 북방항로와 예니세이 강을 운항하는 선박에 연료를

---

21) 이 자료는 Claes Lykke Ragner, FNI(Fridtjof Nansen Institute) Report 13, 2000; www.portguide.com; 이성우, 송주미, 오연선, 『북극항로 개설에 따른 해운항만 여건 변화 및 물동량 전망』, (한국해양수산개발원,2011), p.62의 자료를 정리한 것.

22) 이성우(2011), p.62.

공급하고, 이가르카를 방문하거나 항로 전체를 통과하는 증기선의 화물공간을 확보해준다. 스몰카(H.P Smolka)는 자신의 책,『북극에 대항한 4만(Forty Thousand Against The Arctic)』(Hesperides Press, 2006)에서 듀딘카를 KGB의 강제노동수용소로 묘사하기도 했다.

〈표 11: 듀딘카항 현황〉[23]

구분	내용
평균 항해 가능 시기	연중 가능(봄철 해빙기 1~2개월 제외)
외국적 선박 입항 가능 여부	1998년부터 가능
최대 입항선박 톤수	약 20,000톤(DWT), 연간 5천 척 접안
최대 입항선박 흘수	11.5m
공항 접근성	70km 외곽에 노릴스크 공항
배후 연계망	노릴스크와 철도 연계, 예니세이강
운영기업	주식회사 노릴스크 니켈(RAO Norilsk Nickel)
Ice Condition	겨울시즌에 예니세이강 결빙
화물처리실적(2009)	750만 톤
기타 특징	예니세이강 상류로 370km에 위치, 연중 노릴스크 니켈사의 제련품을 무르만스크항으로 환적하여 수출

5) 이가르카(Игаррка)

1929년 건설된 크라스노야르스크 광역주의 예니세이 강의 상설 항구도시인 이가르카는 외국선박의 요청에 항구적으로 개방된 북방항로의 최초의 항구였다. 바다와 만나는 강 입구로부터 내륙으로 400마일 상류에 있는 영구동토대 툰드라 지역에 위치해 있어, 북극서클로부터 북방 120마일 떨어진 이가르카는 제재소가 있는 시베리아 목재 수출의 중심지이다. 여름철 동안 통나무들은 예

---

23) 이 자료는 Claes Lykke Ragner, FNI(Fridtjof Nansen Institute) Report 13, 2000; www.portguide.com; 이성우, 송주미, 오연선,『북극항로 개설에 따른 해운항만 여건 변화 및 물동량 전망』(한국해양수산개발원,2011), p.62의 자료를 정리한 것.

니세이 강의 물줄기를 따라 하류도 내려 보내고, 겨울철에는 잘라 놓고 8-9월 연속 두 달 동안 부정기화물선에 실려 나간다. 이가르카는 7월에서 10월까지 유럽에서부터 아르한겔스크 또는 무르만스크를 통해 들어오는 선박과 중부 시베리아에서 들어오는 하천선박간의 화물교환에 이용된다. 따라서 노보시비르스크와 이르쿠츠크사이의 지역들에 물품을 공급한다. 이가르카 공항은 에니세이 강의 양쪽에 걸쳐 있기 때문에 겨울에 얼음이 얼면 차로 지나갈 수 있고, 여름에는 배를 이용할 수 있지만, 얼음이 부분적으로 녹는 시즌에는 상황이 어렵다. 1949년부터 1953년까지, 이가르카를 러시아의 철도 네트우크와 연결시키는 살레카르트-이가르카 프로젝트가 계획되었지만 시행되지 못했다.

〈표 12: 이가르카항 현황〉[24]

구분	내용
평균 항해 가능 시기	7월 초~10월 중순
외국적 선박 입항 가능 여부	영구 가능
최대 입항선박 톤수	14,200톤(DWT)
최대 입항선박 길이	150m
최대 입항선박 흘수	8m
공항 접근성	가능
배후 연계망	Yenisey River Transport(주로 Lesosibirsk에서 화물수송)
운영기업	Igarka Woodworking Integrated Plant
Ice Condition	겨울시즌에 Yenisey 결빙
접안시설	12개 선석(주로 목재 취급)
화물처리실적(2009)	연간 450천㎥ 처리
기타 특징	Yenisey강 상류로 640km에 위치, River Barge선에 의해 통나무/목재 환적

---

24) 이 자료는 Claes Lykke Ragner, FNI(Fridtjof Nansen Institute) Report 13, 2000; www.portguide.com; 이성우, 송주미, 오연선, 『북극항로 개설에 따른 해운항만 여건 변화 및 물동량 전망』(한국해양수산개발원,2011), p.62의 자료를 정리한 것.

6) 노비 포트(Новвый Порт)

야말로-네네츠 자치관구(Yamalo-Nenets Autonomous Okrug)의 항구인 노비 포트는 러시아의 북극권 카라해에 있는 항구인 딕손과 더불어 옵 강 입구의 수송요지이다. 주요 산업은 생선가공 산업이다. 서시베리아의 풍부한 밀 산지이자, 쿠즈네츠크의 석탄과 철의 결합지이며, 투르크-시베리아 철도를 통해 중앙아시아 면화단지가 연결되는 옵 강 유역의 수송 중심지이다. 1930년대 노비포트는 북극항로를 항해하는 선박들에게 석탄을 공급하는 중간보급지의 역할을 했다. 소비에트 당국은 NSR가 길기 때문에 현지 석탄광(도네츠, 쿠즈네츠크, 미누신스크 등)을 개발하여 항로 구간구간마다 원료를 제공하고자 했다. 당시 소비에트 북극권의 여러 탄광들로부터 채굴된 석탄들이 여러 항구를 통해 노비포트로 운반되었고, 노비포트는 이들을 저장하였다가 NSR를 항해하는 선박들에게 공급했다.[25]

7) 틱시(Тикси)

틱시항은 랍체프해의 틱시만에 위치해 있다. 5미터까지의 흘수를 가진 선박들이 이용할 수 있는 항구까지의 자연적인 채널이 있다. 예정된 대로 채널(수로)의 수심을 늘리고 새로운 부두를 건설하면, 흘수 9-10미터까지의 선박들이 이 항구를 이용할 수 있다. 항구로 진입시, 선박들은 항구의 특별규정에 의해 안내 받아야 된다. 선박의 정박은 정박지 예인선에 의해 제공받아야 한다. 기계작업반에 의해 사소한 수리업무가 제공되고, 항해시즌 동안 구조선박에 의해 긴급 구호 및 수리 서비스가 제공된다. 선박 동체 점검과 수중작

---

25) Krypton, Constantine, The Northern Sea Route and the Economy of the Soviet North, (London: Methuen & Co., 1956) p. 48.

업은 다이빙팀에 의해 제공된다. 이 항구는 사하공화국의 법적 관할 하에 있고, 북극해중부지역해양운영본부(headquarters of marine operations of the central sector of the Arctic)가 위치해 있다.[26)]

[그림 7: 러시아의 북극 기지 및 관측소][27)]

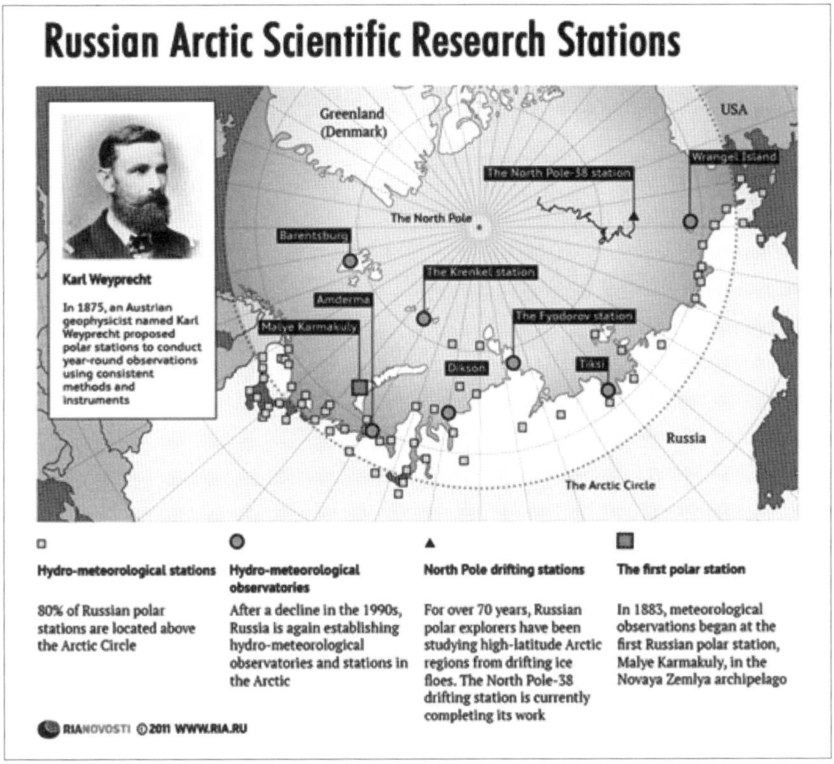
Russian Arctic Scientific Research Stations
Greenland (Denmark)
USA
Wrangel Island
The North Pole-38 station
The North Pole
Barentsburg
The Krenkel station
Amderma
Malye Karmakuly
The Fyodorov station
Dikson
Tiksi
Russia
The Arctic Circle
Karl Weyprecht
In 1875, an Austrian geophysicist named Karl Weyprecht proposed polar stations to conduct year-round observations using consistent methods and instruments
Hydro-meteorological stations
80% of Russian polar stations are located above the Arctic Circle
Hydro-meteorological observatories
After a decline in the 1990s, Russia is again establishing hydro-meteorological observatories and stations in the Arctic
North Pole drifting stations
For over 70 years, Russian polar explorers have been studying high-latitude Arctic regions from drifting ice floes. The North Pole-38 drifting station is currently completing its work
The first polar station
In 1883, meteorological observations began at the first Russian polar station, Malye Karmakuly, in the Novaya Zemlya archipelago
RIANOVOSTI ©2011 WWW.RIA.RU

출처 : https://02varvara.wordpress.com/2012/10/02/2-october-2012-ria-novosti-infographics-russian-arctic-scientific-research-stations/00-ria-novosti-infographics-russian-arctic-scientific-research-stations-2011/

---

26) R.D. Brubaker, The Russian Arctic Straits, (Leiden/Boston: Martinus Nijhoff publishers, 2005) p. 15.

27) 러시아 북극권에는 기상센터(hydro-meteorological station)와 기상관측소(hydro-

틱시는 사하 공화국의 레나(Лена) 강 어귀의 항구로 연중 3달 정도 항해가
가능한 북극 랍테프 해의 유일한 항구이다. 베링해협을 통해 들어오고 바이칼
호나 야쿠치아 지역에서 나오는 생산물의 수송 집산지이다. 특히 이 노선은
지역의 엄청난 금을 수출하는 안전한 노선을 제공한다. 1933년 NSR의 거점으
로 개발되어, 1932년 건립된 북극 기지/관측소(полярная станция)와 1957년
건립된 우주지질물리실험실 〈틱시〉가 있다.〈그림 7 참조〉

8) 노르드빅(Нордвик)

크라스노야르스크 광역주의 항구도시인 노르드빅은 노르드빅 만 서쪽의 우
류 튜머스 반도(Uryung Tumus Peninsula)의 카탕가 강 어귀의 랍체프 해에
위치한 항구도시로 기후가 험해 유배지로 사용되었다. 근처에 북부 시베리아
의 거대한 생선가공공장들에 소금(암염)을 공급하는 중심지로 투스-탁(Tus-
Takh)이 있고, 야쿠치아 쪽 제방에 유전을 가지고 있어 북극 전체를 통해 운
행되는 디젤추진 해양선박들과 항공기들에 재급유하고 있다. 이곳 지하에 석
유와 가스가 매장되어 있을 것으로 추정되고 있다.

9) 페벡(Pevek)

페벡항은 동시베리아해의 챠운스크 만(Chaunsk Gulf)의 동쪽 해안에 위
치해 있다. 선박들은 얼음상태나 바람의 방향에 따라 항구의 남쪽과 북쪽 모
두에서 진입이 가능하다. 이 항구는 흘수 10미터까지의 선박들이 이용 가

---

meteorological observatories), 북극이동기지(North Pole drifting station) 및 북극기지
(North Pole station)가 있다. 북극권 섬에 위치한 북극 기지는 딕손, 프란츠 이오시프,
노보시비르스크 섬 등에 있고, 본토에는 미스 첼류스킨, 틱시 등에 북극 기지가 있다.
https://en.wikipedia.org/wiki/List_of_research_stations_in_the_Arctic

능하다. 파일롯티지는 요청하면 가능하다. 정박은 정박지 예인선이 제공하고, 수중작업은 다이빙 팀에 의해 가능하다. 항구는 극동선박회사(Far Eastern Shipping Company)의 관리 하에 있고, 북극해동부지역해양운영본부(headquarters of marine operations of the eastern sector of the Arctic)가 위치해 있다.[28]

10) 페트로파블롭스크(Petropavlovsk)

러시아 당국의 북극권 수송 인프라 전략에 따르면, NSR의 동쪽 끝에 자리잡은 캄차트카 반도의 페트로파블롭스크항은 향후 북방항로의 활성화에 대비해 NSR의 동쪽 허브 항구로 개발될 예정이다.[29]

4. 맺음말

러시아는 광활한 평원에 다양한 하천과 호수 등 천혜의 내륙수로가 발달하여 내륙수운이 발전할 수 있는 충분한 잠재력을 갖고 있다. 그러나 대부분 스탈린 시기 이후 점진적으로 이루어진 내륙수로의 개발은 철도노선의 확장과 도로의 건설에 의한 육상운송의 지속적인 발전으로 인해 주요 운송수단으로서의 경쟁력이 약화되었다. 또한 러시아의 내륙수운이 갖고 있는 가장 중대한 원초적인 문제는 혹한기 결빙과 같은 환경적인 제약으로 인해 수운을 이용한 물류의 수송이 장기간 제한될 수밖에 없는 한계점이 존재하여 왔다.

---

28) R.D. Brubaker, The Russian Arctic Straits, (Leiden/Boston: Martinus Nijhoff publishers, 2005) p. 17.

29) Shipping & Ports, 07.October.2010

또한 러시아의 북극전략은 이미 소비에트 시기부터 이루어져 왔다. 소비에트 정권이 그 출범때부터 보여준 북극권에 대한 관심은 결국 3개의 정책으로 나타났다. 정책의 세부적인 내용은 1) 생산력의 균등한 분배(the even distribution), 2) 북극권 소수민족들의 재탄생(regeneration), 3) 국가전체를 위한 'weather kitchen(추울 때 따뜻함을 제공하는 원료의 공급지)'로서의 북극의 개발을 내용으로 하고 있다.[30]

그러나 소비에트 정권 이후 기후 환경의 변화로 인해 러시아 북극전략은 변화하기 시작하였으며, 러시아의 미래 발전전략의 핵심은 북극 지역의 적극적인 개발과 내륙수운의 활성화를 위한 항만개발 정책과 내륙수운과 북극항로의 연계를 통한 북극해 항로의 활성화로 나타나게 될 것으로 전망된다. 러시아는 북극항로와 내륙수운을 연계하기 위한 다양한 개발계획을 수립하고 있다. 러시아 정부는 북극해상의 항로와 시베리아 지역의 강을 연결하기 위한 대규모의 준설계획을 수립하고 있다. 러시아 극동 및 북극 개발부의 알렉산드 크루티코프(Alexander Krutikov) 차관이 2020년 2월말 야쿠티아공확국에서 개최된 국제컨퍼런스에서 러시아 정부는 시베리아유역의 하운을 활용한 운송 인프라를 확장하기 위해 오비강과 이르티쉬강을 포함하여 대규모 준설이 계획되고 있다고 발표하였다.[31] 이러한 준설의 핵심 목표는 시베리아지역의 주요 산업단지와 북극해항로를 연결하여 북극해항로의 활성화에 두고 있다.

'러시아 항만 인프라 개발 전략 2030'이 순조롭게 진행될 경우 NSR을 따라

---

30) Krypton, Constantine, The Northern Sea Route and the Economy of the Soviet North, (London: Methuen & Co., 1956) p. 1.
31) Dredging and Port Construction, 'Russian government plans development of Siberian Rivers', 2020.03.16.
https://dredgingandports.com/news/2020/russian-government-plans-establishment-of-logistics-network-on-siberian-rivers/ (검색일:2020. 9. 10)

해운산업이 발전할 것이며, 이로 인해 보험비용과 인프라 비용이 낮아져 북극 해항로의 경제성은 더욱 높아질 것이며, 북극해항로를 활용한 물류수송량은 매우 빠르게 증가할 것으로 예측하고 있다.[32]

러시아는 북극항로의 인프라 개선을 위한 북극 지역의 공항과 항만개발을 위한 계획을 구체화하기 시작하였다. 인프라시설 개선에는 유전 개발을 위한 공항기지로서 Amderma(네네츠 지역 동쪽)의 공항단지와 Pevek공항(추코트카)이 포함되어 있다. 콜리마 강 항구에서 멀지 않은 거리에 있는 야쿠티아의 체르스키 공항도 개발 중에 있다.

러시아의 북극항로상의 항구 개발도 활발히 추진되고 있다. 추코크타의 세 번째 도시인 빌리비노(Bilibino) 인근의 케퍼비엠(Keperveyem) 공항도 업그레이드되고 있다. 추코트카의 수도 아나디르(Anadyr)와 빌리비노는 오직 항공운송수단에 의해서만 연결가능 하다.

러시아 정부는 또한 관련 항구와 터미널의 인프라를 개발할 계획이다. 페벡 항만 개조는 2020년 12월까지 완공될 예정이며, 야말로 네네츠 지역의 사베타 항구도 곧 완공될 예정이다. 이들 항구는 연중 이용가능해지며, 북극해 항로의 주요 허브항구가 될 것으로 예상된다.[33]

---

32) Alexander Klimentyev, Alexey Knizhnikov, Alexey Grigoryev, *Prospects and opportunities for using LNG for bunkering in the Arctic regions of Russia*, Moscow, 2017. p. 26

33) *Russia Briefing*, December 30, 2019.
https://www.russia-briefing.com/news/russia-upgrades-arctic-airports-ports-part-northern-sea-passage-infrastructure.html/

〈참고문헌〉

성원용/임동민, 『러시아 교통물류정보 조사』, 한국교통연구원, 2005.

영산대학교 북극물류연구소, '특집: 2020년 북극해항로 하절기 운항 동향', 『북극물류동향』 2020년 8월호, 영산대학교 북극물류연구소, 2020.

유리 쉐르바닌, "러시아와 국제운송회랑", 『교통정책연구』, 13권 1호, 한국교통원구원, 2006.

이성우, 송주미, 오연선, 『북극항로 개설에 따른 해운항만 여건 변화 및 물동량 전망』, 한국해양수산개발원, 2011.

한국해양수산개발원, 『극동 시베리아 해운·물류 진출 방안 기초 연구 최종보고서』, 한국해양수산개발원, 2014.

한종만, "러시아 북극권 지역에서의 자원/물류 전쟁: 현황과 이슈", 『한국 시베리아 연구』, 제18권 1호, 배재대학교 한국-시베리아센터, 2014.

홍성원, '북극항로 운항 동향 및 발전 전망', 2019년 세종대학교 북극세미나 발표자료, 2019.

홍완석, "러시아 내륙 복합물류체계에 주목해야 하는 이유", 『KMI 북방물류리포트』, Vol. 101, 2019년 8월,

Aleksandr V. Krutikov, Strategy for Development of the Russian Arctic, Results and prospects. Arctic and North, no. 40, 2020,

Claes Lykke Ragner, FNI(Fridtjof Nansen Institute) Report 13, 2000.

Constantine Krypton, The Northern Sea Route and the Economy of the Soviet North, London: Methuen & Co., 1956.

Koreichuk Dariia, 『러시아 주요 항만의 효율성분석에 관한 연구』, 부경대학교대학원 석사학위논문, 2019.

R.D. Brubaker, The Russian Arctic Straits, Leiden/Boston: Martinus Nijhoff publishers, 2005.

Thi Bich Van Pham, 'Feasibility Study on Commercial Shipping in the Northern Sea Route', *Technical report no. 2019:75*, Department of Mechanics and Maritime Sciences Chalmers University of Technology, Gothenburg, Sweden, 2019. https://hdl.handle.net/20.500.12380/300519

BP, BP Statistical Review of World Energy 2019.

WWF, Prospects and opportunities for using LNG for bunkering in the arctic regions of russia, WWF, 2017.

러시아 북극권의 수색구조 함대의 현황과 발전

김정훈(배재대학교 한국-시베리아센터 소장)

I. 서론

러시아의 사고구조팀 관련 개발 필요성은 사고구조 및 지원 함대 승무원의 적시 복원과 혁신을 보장하는 과제에 관한 내용을 담고 있는 '러시아연방해양강령 2030(Морская доктрина Российской Федерации на период до 2030 года, Maritime Doctrine of the Russian Federation for the Period until 2030)'에 명시되어 있다[1]. 다양한 내용을 포함하고 있는 이 규정에서 명백한 사항은 사고구조함대의 발전과 구조선에 관련된 요구사항에 관련된 전망은 긴밀하게 연결된 여러 요소들을 얼마만큼 잘 융합시켜 현장에 활용할 수 있는가에 달려 있다는 것이다. 러시아연방공화국 북극권 내에서의 '해양활동수색구조지원시스템(ПСОМД: Поисково-спасательное обеспечение морской деятельности, A search and rescue support system for maritime activities)은 연방차원의 해양 수색구조시스템의 필수부분으로써 수단과 방법, 통제기관, 규제와 조직 및

※ 이 글은 『한국해양안보논총』 제3권2호(pp. 157-180)에 게재된 것으로, Илюхин В. Н. "Актуальные аспекты развития судов аварийно-спасательного флота в Арктике", *Арктика: экология и экономика*. 2019, № 2(334). pp. 97-108의 글을 중심으로 재구성한 것임

1) Указ Президента Российской Федерации от 20.07.2017 г. № 327.
   출처: http://kremlin.ru/acts/bank/42117 (검색일: 2020.10.9.)

기술적 조치, 각종 관련 행위(수색 및 구조, 잠수, 심해, 선박 리프팅, 수중에서의 과학 기술 등)의 기능적 협력의 총체로 설명될 수 있다.

이와 직접적으로 연관된 '러시아연방해양활동개발전략 2020(Стратегия развития морской деятельности Российской Федерации до 2020 года)'에 규정된 전략적 핵심 과제 중 하나는 기존 '연방수색구조시스템(ФСПС: Федеральная система поиска и спасания, Federal search and rescue system)'의 역량과 수단의 현대화 및 첨단화였다. 이외에도 러시아 북극권 내에서의 '해양활동수색구조시스템' 구축 현실성은 2018년 기준 1,600만 톤의 화물 수송량을 2024년까지 8천만 톤으로 증가시키려는 '북극항로(NSR, Northern Sea Route)' 개발을 위한 전략적 목표와도 직결된다[2].

그러나 항해 안전을 보장하기 위한 각종 다양한 조직 및 기술적 조치의 실행에도 불구하고 러시아 북극권내에서의 선박 사고가 지속적으로 발생하여 인명, 선박, 환경 및 경제적 피해가 이어지고 있다. 최근 수년간 러시아연방 행정기관의 구조 선박에 의해 처리된 러시아 북극권 관련 사고를 열거해 보면 다음과 같다: 2007년 12월 바치 반도(Рыбачий, Rybachiy) 인근에서의 '빅토르 코랴킨(Виктор Корякин, Victor Koryakin)' 모터 선박 사고; 2010년 7월 백해와 바렌츠해 영역에 위치하고 있는 카닌 노스(Канин Нос, Kanin Nose) 만 인근에서의 '바르네크(Варнек, Varnek)' 모터 선박 수색; 2010년 8월 랍테프 해서의 예인선 '알렉세이 쿨라코프스키(Алексей Кулаковский)' 호의 침몰; 2013년 페벡 해양구조센터 책임 영역 내에서의 선형쇄빙선 '아드미랄 마카로프(Адмирал Макаров, Admiral Makarov)'호에 의한 프랑스 쌍동선 '바보우츠카

---

2) 2018년 푸틴 대통령이 공포한 '러시아연방 국가 목표와 전략 과제에 관한' 대통령령: Указ Президента РФ ≪О национальных целях и стратегических задачах развития Российской Федерации на период до 2024 года" от 7 мая 2018 г. № 204.

(Babouchka)' 승무원 수색 구조 사건; 2017년 10월 스피츠베르겐 군도 인근에서의 승무원 5명과 승객 3명이 탑승한 헬리콥터 조난 사건 관련 인명 구조 등.

해상에서의 러시아연방 차원의 해양수색구조지원시스템 개발의 주요 방향은 '러시아연방 해양 강령 2030'과 '러시아연방해양활동개발전략 2020'에 의해 결정되며, 그 주요 내용으로는 구조개선(improvement of the structure), 관리시스템 개선(improvement of the management system), 규제 법규 토대 개선(improvement of the regulatory framework), 응급 구조팀 전문가를 위한 훈련시스템 개선(improvement of the training system for specialists of emergency rescue teams) 및 구조선 및 구조 장비 개발(development of rescue vessels and rescue equipment) 등이 있다.

상기한 내용의 구현은 긴급구조함대의 선박 문제가 우선적으로 해결되어야 가능할 것이다([그림 1] 참조).

[그림 1] 사고구조 선박 주요 임무

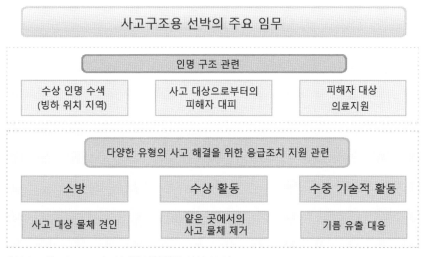

출처: http://arctica-ac.ru/article/301/ (검색일: 2020.11.4.)

이에 따라 본고에서는 러시아 북극권 수색구조 시스템과 관련된 사항들을 '러시아연방 해양 강령 2030'과 '러시아연방해양활동개발전략 2020'에 의거해 현황 및 문제점 그리고 개발 정도와 방향성 등을 분석해 보고자 한다.

Ⅱ. 본론

1. 북극권 수색구조지원 구조개선

'러시아해상및수역내에서의긴급구조서비스,부처,부서및조직의상호작용에 관한규정³'과 '러시아연방해상과수역내에서의수색및구조에관한작업수행을 위한연방행정당국간의상호작용에관한계획⁴'은 응급구조기관과 편성을 주관 하는 연방행정당국 간의 상호작용 원칙을 기반으로 하고 있다. 이에 의거한 해상에서 조난당한 인명 수색 및 구조에 관련된 러시아 연방정부 과제는 업무 를 다음과 같은 연관성 있는 연방행정당국에 분배하는 것이다:

- 교통부(러시아해양하천함대의 해양구조서비스: Морская спасательная служба Росморречфлота, Marine Rescue Service of Rosmorrechflot)

---

3) ≪Положение о взаимодействии аварийно-спасательных служб министерств, ведомств и организаций на море и водных бассейнах России" (зарегистрировано Минюстом России 28 июля 1995г. № 917).

4) ≪План взаимодействия федеральных органов исполнительной власти при проведении работ по поиску и спасанию людей на море и в водных бассейнах Российской Федерации" (постановление Правительства РФ от 26 августа 1995г. № 834).

- 비상사태부(민방위, 비상사태와 자연재해 처리 등: МЧС, Ministry of Civil Defense, Emergencies and Elimination of Consequences of Natural Disasters)
- 국방부(해군: ВМФ, Navy)
- 연방수산청(Federal Agency for Fisheries, 재난구조작전의 원정대)
- 연방보안국의 국경수비해안경비대(Coast Guard of the Border Guard Service of the Federal Security Service)

2003년 12월 30일에 공포된 러시아연방 정부의 '비상사태의예방및해결을 위한국가통합시스템'[5]에 관한 법령은 연방, 지역 및 지역 간, 지자체 및 각 행정영토의 하위 시스템 내에서 적용될 수 있는 비상 상황의 예방과 해결을 위한 국가통합시스템의 조직과 기능 절차를 결정하고 있다[6]([그림 2] 참고). 이에 따라 연방 행정부는 러시아연방 북극권에서도 작동할 수 있는 통합국 가시스템인 '러시아연방비상사태시스템(РСЧС)'의 해당 하위 시스템을 개설했다.

북극항로의 장거리 노선과 '연방재무기관해양구조국(ФГБУ Морспасслужба)' 산하 발트해 지부의 신속한 원거리 상의 비상구조 장비 및 시설 전달 수단 의 결여 등을 고려하여, '연방재무기관해양구조국'은 '전초기지'의 창설과 배 치에 관련된 일련의 조직 및 기술적 조치를 시도했다. 이에 의거해 2018년

---

5) Указ Правительства РФ ≪О единой государственной системе предупреждения и ликвидации чрезвычайных ситуаций" от 30 декабря 2003 г. № 794.

6) Чижиков С. Н. Развитие Единой государственной системы предупреждения и ликвидации чрезвычайных ситуаций в Арктической зоне РФ // Сборник материалов VII Международного форума ≪Арктика - настоящее и будущее", СПб., 2017. pp. 82-85.

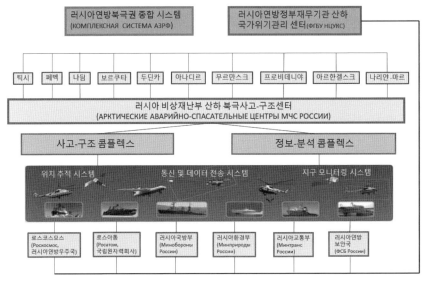

[그림 2] 국가통합시스템의 조직, 기능과 절차

출처: http://arctica-ac.ru/article/301/ (검색일: 2020.11.6.)

'연방재무기관해양구조국'은 오네가(Онега, Onega), 바란데이(Варандей, Varandey), 사베타(Сабетта, Sabetta)와 두딘카(Дудинка, Dudinka) 등 4개 지역에 전초기지를 개설했다[7]. 2019년에는 지역의 준비 태세를 강화하기 위해 칸달락쉬카(Кандалакша, Kandalaksha), 하탄가(Хатанга, Khatanga) 및 메젠 (Мезень, Mezen) 등 3개의 전초기지 개설에 대한 계획을 수립했다.

해양구조조정센터(морские спасательные координационные центры, the marine rescue coordination centers)들과 해양구조보조센터(морские спасательные подцентры, the marine rescue sub-centers)들은 러시아연

---

7) Хаустов А. В. Поисково-спасательное обеспечение в Арктике: Доклад на VIII Международном форуме ≪Арктика - настоящее и будущее", СПб., 2017. pp. 97-108.

방 북극권 수색구조지원 시스템 구조의 핵심 역할을 수행하고 있다. 이에 따라, 무르만스크, 아르한겔스크, 나리얀-마르(Нарьян-Map, Naryan-Mar), 보르쿠타(Воркута, Vorkuta), 나딤(Надым, Nadym), 두딘카, 틱시(Тикси, Tiksi), 페벡(Певек, Pevek), 프로비데니야(Провидения, Provideniya)와 아나디르(Анадыр, Anadyr) 지역에는 러시아연방 북극권의 '북극통합구조센터(АКАСЦ, Арктический комплексный аварийно-спасательный центр: Arctic Integrated Rescue Center)'의 시스템 구축 작업이 진행되고 있다. 2018년 12월 기준 5개의 '북극통합구조센터'와 연방재무기관 산하 북극구조-교육과학센터(Арктический спасательный учебно-научный центр, Arctic Rescue

[그림 3] 러시아연방 북극권 수색구조지원 시스템 구조

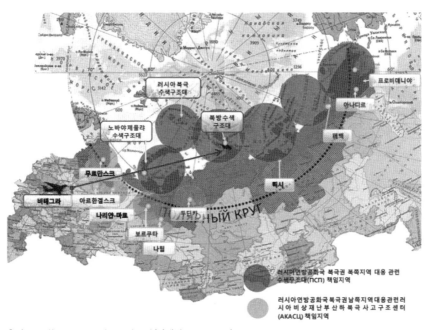

출처: http://arctica-ac.ru/article/301/ (검색일: 2020.11.4.)

Educational and Scientific Center)인 '비테그라(Вытегра, Vytegra)' 등이 운영되고 있다.

이와 함께, 연방정부 비상사태부는 가까운 시일 내에 연방 북극권에서 활동하게 될 '순환수색구조대(Вахтовое поисково-спасательное подразделение, Rotational search and rescue unit)' 등을 창설할 계획을 가지고 있다([그림 3] 참고). 현재 러시아 북극권 수색구조지원 시스템의 구조개선은 주로 연방 행정 당국의 해당 '사고구조대'의 시스템 개발과 직결된 과제이다.

2. 북극권 수색구조지원 관리시스템 개선

러시아 수색구조지역에 포함되는 해상에서 조난 중인 사람과 선박에 관련된 수색과 구조 상황 속에서의 '사고구조대' 수색 및 구조와 조정 활동의 기능적 하위 시스템 관리는 연방재무기관 산하 '러시아해양하천함대의구조조정센터(Спасательно-координационный центр Росморречфлота)'에 의해 수행되고 있다.

재난구조작업 수행과정에서 부대의 통제를 조직하는 부분에서 중요한 사항은 다양한 출처를 통한 조난 대상에 관한 정보를 수신 및 처리하는 것과 수색 및 재난 구조 작업 계획, 효율적인 지휘 결정 그리고 임무 수행에 관한 작전통제의 실현 등이다.

해상에서의 긴급 상황 발생 시 인명 손실과 환경적 영향의 부정적 요소들을 줄이고 자동화 제어시스템 및 기름 유출 대응 비용의 감소를 위해 연방재무기관 산하 해양구조국은 '포이스크-모레(Поиск-Море, 수색-해양이라는 의미)'라는 명칭의 해양구조작전을 지원하는 정보시스템을 만들어 운용하고 있다.

아울러 2014년 8월 29일에 제정된 '무르만스크와 페트로파블로프스크-캄차트스크에서의 부서 간 지역 정보 및 조정 센터 설립을 위한 시범 프로젝트에 관한(O пилотном проекте по созданию межведомственных региональных информационно-координационных центров в гг. Мурманске и Петропавловске-Камчатском, On a pilot project for the creation of interdepartmental regional information and coordination centers in Murmansk and Petropavlovsk-Kamchatsky)' 러시아연방정부 법령 №. 847에 의거해 러시아연방 북극권 내에서의 수색 및 구조 작업에 관련된 문제 해결 관련 부서 간 협력을 위한 파일럿 프로젝트가 개발됐다.

동시에 러시아 북극권에서의 수색 및 구조 작업 중에 안정적인 통신 활동을 보장하기 위해 다기능 개별 위성 통신 시스템인 '고네츠(Гонец, 파발꾼이라는 의미)' 운영을 예정하고 있다. '통신 인프라 확장과 현대화를 위한 종합 계획 2024'에 의하면 2024년까지 러시아 북극권에 글로벌 해상 통신 시스템 건설이 계획되어 있다[8].

2019년 개설 예정인 로스아톰(Росатом)[9] 북해항로 지휘부는 러시아연방 북극권에서의 '러시아해양하천함대(Росморечфлот)'와의 협력과정을 통한 항해 안전 보장 분야에서 중요한 역할을 수행하게 될 것이다. '북극상황센터(Северный арктический ситуационный центр, The Northern Arctic Situation Center)'는 '상황물류센터(Ситуационный логистический

---

8) 2018년 9월 30일 인준된 러시아연방 정부 명령. Распоряжение Правительства РФ от 30 сентября 2018 г. №. 2101-р.
9) 2012년 7월 28일 인준된 연방 법 '북해항로 수역 내 상업 항해의 국가 관리에 관련된 러시아연방의 특정입법 수정 사항에 관한(О внесении изменений в отдельные законодательные акты Российской Федерации в части государственного регулирования торгового мореплавания в акватории Северного морского пути)' №. 132-ФЗ.

центр, The Situation Logistics Center)'와 '국립위기상황관리센터(НЦУКС: Национальный центр управления в кризисных ситуациях)'의 통합과정을 거쳐 형성될 예정이다.

이와 함께 러시아 정부는 2035년까지 러시아 북극권에 상황해결통합시스템 구축을 계획하고 있으며, 비상사태부는 차세대 HF-SV-VHF 주파수 대역을 활용하는 현대적인 국내 복합 단지 기반 내에 통합무선통신시스템을 구축할 예정이다[10].

또한 가까운 시일 내에 해상에서의 인명 수색과 구조에 관련된 연방 차원의 시스템 실현과 다양한 부서별 사고구조 기관의 기능에 관련된 복잡한 문제 해결을 위한 '러시아연방해양활동발전전략 2030(Russia's strategy for the development of marine activities to 2030)'의 요구사항들이 실현될 것이다[11]. 러시아 연방 내무부의 다양한 수색구조대의 활동을 위한 부서 간 협의체의 창설은 러시아 북극권 내에서 상존하고 있는 여러 형태의 수색구조대의 문제점들을 해결하는 데 큰 기여할 것으로 기대되고 있다. 이와 관련해 '러시아연방해상활동에관한국가관리관련(О государственном управлении морской

---

10) Рекунов С. Г. Перспективы развития систем связи для решения задач по проведению поисково-спасательных работ в Арктике, *Сборник материалов VII Международного форума «Арктика — настоящее и будущее»*. СПб., 2017. pp. 154-156.

11) 해양활동개발전략은 7가지 범주로 분류(해상운송 및 핵 함대, 어업과 양식, 해양광물 및 에너지 자원, 해양과학 연구, 해군 활동, 조선 및 해양 안전). Fundamentals of the State Policy of the Russian Federation in the Field of Naval Operations for the Period Until 2030 출처: https://dnnlgwick.blob.core.windows.net/portals/0/NWCDepartments/Russia%20Maritime%20Studies%20Institute/RMSI_RusNavyFundamentalsENG_FINAL%20(1).pdf?sr=b&si=DNNFileManagerPolicy&sig=fjFDEgWhpd1ING%2FnmGQXqaH5%2FDEujDU76EnksAB%2B1A0%3D(검색일: 2020.11.4.)

деятельностью Российской Федерации)' 연방법의 채택은 북극권 내의 수색 구조대 활동에 있어 결정적인 역할을 하게 될 것이다.

3. 러시아연방북극권 수색구조대 시스템의 기준법 개선

러시아연방 북극권에서의 연방재무기관 산하 수색구조대에 관련된 기준법의 구체적인 내용은 2015년도에 발표된 일류힌의 "북극권 러시아 해양 활동 관련 수색 및 구조 지원에 관한 규제 및 법적 측면"이라는 논문에 자세하게 언급되어 있다[12].

현재의 러시아 북극권 수색구조대 문제에 관련된 대부분의 국가 입법 행위는 약 15년 전에 이루어진 것으로 수정 보완 및 개선 작업이 필요하다. 러시아 북극권에서의 수색구조대의 법적 측면은 연방차원의 수색 구조 시스템 구축과 발전 문제에 관련된 규제 및 법적 문제 해결과 직결된다.

이와 관련해, 연방 차원의 다양한 부처 및 기관의 수색구조대 전문인력 양성 시스템에는 다음의 사항들이 포함되어야 한다. 첫째, 부서 소속과 상관없이 다양한 수준의 훈련을 받은 해상 구조대원에 대한 균일한 기본 자격 요건과 해상에서 근무하는 선박 및 선박 승무원에 관련된 균일 조건의 개발 및 승인 절차가 만들어져야 한다. 둘째, '국제해양구조자연맹(International Maritime Rescue Federation)'[13]의 표준 요구 사항을 고려하여 다양한 수준의 해양 구조대원 훈련을 위한 연방 차원의 표준교육시스템 개발되어야 한다. 마

---

12) Илюхин В. Н. Нормативные и правовые аспекты поисково-спасательного обеспечения морской деятельности России в Арктике, *Арктика: экология и экономика*. 2015, № 1(17). pp. 76-81.

13) 홈페이지 https://www.international-maritime-rescue.org/ (검색일: 2020.11.4.)

지막으로 이와 동시에 수색구조대 전문요원의 교육 지원과 다양한 부처 및 부서의 선박 및 선박 승무원의 구조 교육을 지원하기 위한 기존의 결점 및 누락된 지침 및 규제 문서의 수정과 보완 작업 등이 이루어져야 한다.

4. 구조선 및 구조 장비 개발

러시아 북극권에서 해양 활동에 관련된 대부분의 부서와 조직에는 예인선(공급 예인선: supply tugs, 공급 예인선-앵커 지휘선: supply tugs - anchor directors), 구조선(rescue ships), 지원선(supply vessels), 쇄빙선(icebreaking ships), 소방 선박 및 보트(fire-fighting ships and boats), 수

[그림 4] 다목적 사고 구조선 프로젝트

P-70202 프로젝트의 다목적사고구조선 아이스 등급: 쇄빙선 6 AUT1-ICS OMBO FF3WS EPP DYNPOS-1 ECO-S 오일 회수	MPVS 06 NY 프로젝트의 다목적사고구조선 아이스 등급: KM Arc 5 1 AUT1-ICS OMBO FF3WS DYNPOS-2 EPP 인양함
전체 길이 .... 72.64 m	전체 길이 .... 73.00 m
폭 .... 20.50 m	폭 .... 15.50 m
최대 흘수 .... 7.00 m	최대 흘수 .... 5.10 m
항해 속도 .... 15.4 노트	항해 속도 .... 15.0 노트
아이스 두께 1m 속도 .... 3 노트	아이스 두께 1m 속도 .... 3 노트
기대 순항 범위 .... 5,000 마일	기대 순항 범위 .... 5,000 마일
디젤 발전기 3대 용량 .... 7.5 MW	디젤 발전기 3대 용량 .... 7.0 MW
견인 윈치 .... 75 톤	견인 윈치 .... 100 톤
원격제어수중장치 .... 1,000 m	원격제어수중장치 .... 1,000 m
선박자율성 .... 20 일	선박자율성 .... 30 일
승무원 .... 24 명	승무원 .... 26 명

출처: http://arctica-ac.ru/article/301/ (검색일: 2020.11.4.)

중 작업 및 기술 지원 선박(잠수지원선: diving sea vessels, 잠수정: diving boats) 등과 같은 특수 수색 및 구조 선박이 활동하고 있다.

연방 특별 프로그램으로 진행된 '러시아교통시스템현대화 2002-2010(Модернизация транспортной системы России 2002—2010 годы)'와 '러시아교통시스템발전 2010-2015(Развитие транспортной системы России 2010—2015 годы)'에 의해 러시아연방내무부 산하 '해양구조국(Морспасслужба)'으로 다목적사고구조선(프로젝트 MPSV 06: 용량 7MW, 얼음강화등급 Icebreaker6) 3척과 구조선(프로젝트 MPSV 07: 용량 4MW, 얼음강화등급 Arc5) 4척이 건조되어 양도됐다([그림 4]와 [그림 5] 참조).

이들 선박들은 해상에서 조난당한 인명 수색 및 구조, 해상 사고 처리와 해상 기름 유출방지 및 대응 작업에 필요한 장비들이 장착되어 있다. 러시아연

[그림 5] 아이스 등급 인양함

출처: http://arctica-ac.ru/article/301/ (검색일: 2020.11.4.)

방 북극권에서의 수색구조대 시스템 기능 향상을 위해 북극항로 수역에서의 'MPSV 06' 및 'MPSV 07' 프로젝트의 선박들의 사고구조 준비를 위한 배치가 조직적으로 진행되고 있을 뿐 아니라, 북극권 대륙붕의 해양 석유 및 가스전에서의 긴급구조활동을 위한 준비도 원만하게 진행되고 있다. 'MPSV 12' 프로젝트의 2.5-3.0 MW 용량의 다기능 구조 예인선 4척과 화재 등급 'FF3 WS'의 해양 예인선도 건조 중이다.

그리고 '주요인프라현대화및확장종합계획 2024(Комплексный план модернизации и расширения магистральной инфраструктуры на период до 2024 года)'은 북극항로에서의 항해 안전을 위해 쇄빙기능을 보유한 최대 18MW 용량의 얼음 등급 Icebreaker 6급 다기능 사고구조선 2척, 7MW 용량의 얼음 등급 Icebreaker 6급 다기능 사고구조선 3척, 4 MW 용량의 얼음 등급 Arc 5급 다기능 사고구조선 1척, 2.5-3 MW 용량의 얼음 등급 Arc 5급 다기능 구조 예인선 1척, 얼음 등급 Arc 4급 소방 구조 예인선 4척, 얼음 등급 Arc4 급 구조 예인선 5척 등 총 16척의 사고구조선박 건조를 계획하고 있다.

현재까지 연방재무기관 해양구조국의 구조선박들은 다른 연방행정부 산하 사고구조기관들의 구조선박들에 비해 상대적으로 가장 동적으로 업데이트되고 있다[14]. 이와 함께 해군의 수색과 구조 지원 작업 수행을 위한 다음과 같은 배후 활동, 쇄빙 및 기타 목적을 보유한 선박들의 건조 경향도 나타나고 있다: '프로젝트 23120'의 배후 지원 선박(최초에는 '해양예인선'이라 명명); '프로젝트 23700'의 사고구조작업(ACP) 지원 선박; '프로젝트 21180'의 쇄빙선; '프로젝트 23550' 북극권 범용 순찰선 등([그림 6]과 [그림 7] 참조).

---

14) Бродский П. Г., Дубин А. Е., Илюхин В. Н., Попов С. Д., О направлениях развития сил и средств поисково-спасательного обеспечения в Арктике, *Арктика: экология и экономика*. 2016, №. 1(21), pp. 94-101.

[그림 6] 북극권 범용 순찰선

북극 지역 범용쇄빙순찰선프로젝트 233550
(Project 23550 universal ice-class
patrol ships of the arctic zone)

예인과 쇄빙 및 순찰선의 특징을 결합한 근
본적으로 새로운 선박 프로젝트

특수 장비: 추력 80톤인 견인 윈치, 리프팅
용량이 각각 28톤인 전기 유압식 화물 크레
인 2대

프로젝트 23700 구조선(Rescue vessel project
23700)
사고-구조작업 활동과 소형 수색-구조 선박의 운송
및 배치를 지원할 목적으로 설계된 선박으로 4대의
보트와 2대의 헬리콥터 탑재 가능
배수량 .... 7,500 톤
길이 .... 111 m
폭 .... 24 m
항해 속도 .... 22 노트
항해 거리 .... 5,000 마일

출처: http://arctica-ac.ru/article/301/ (검색일: 2020.11.6.)

　러시아 북극의 수색 및 구조 문제를 해결하기 위해 러시아연방 국경수비대
소속 해안경비대(БОХР ПС ФСБ России) 및 러시아수산청 소속 사고구조국
원정대(ЭО АСР Росрыболовства)의 쇄빙 등급 구조 선박이 참여할 수 있다.

　연방단일기업(FSUE) '아톰플로트(Атомфлот)' 및 주식회사 '극동상선
(Дальневосточное морское пароходство)'의 쇄빙선은 NSR의 수역에서 운
송 선박의 쇄빙 지원(호위) 작업을 수행하는 등 북극 해상 수색 및 구조 시스
템의 핵심적 역할을 수행하고 있다. 연방재무기관 해양구조국은 수중 작업과
석유 및 석유 제품 유출 대응을 위한 복합 장비 세트를 포함하여 역할을 조정
하고 있다([그림 7] 참조). 긴급 구조 작업을 수행함에 있어 쇄빙선이 보다 효
율적이고 적극적으로 참여하기 위해서는 이 문제와 관련된 부서 간의 연관 법
률 문서를 정리할 필요가 있다. 현재 운영 중인 핵 쇄빙선 함대는 4척의 쇄빙
선을 포함하고 있기는 하지만 대부분 가동 기간 한계점에 가까워지고 있으며,

수명 연장을 고려하더라도 향후 10년 이내에 교체가 이루어져야 한다. 이에 따라 향후 120MW 용량의 '프로젝트 10510'의 원자력 쇄빙선 '리더(Лидер)', 60MW 용량의 '프로젝트 22220'의 범용 핵 쇄빙선, 40MW 용량의 '프로젝트 Aker ARC 123'의 선형 쇄빙선, 25MW 용량의 '프로젝트 22600'의 디젤 쇄빙선 등이 건조될 예정이다.

러시아 비상사태부는 선반 분야 개발 작업의 안전을 보장하고 사고구조작업의 효율성을 높이고 북극항로의 수역을 포함한 러시아 북극권 해상 비상사

[그림 8] 물류선박 프로젝트

물류선박 프로젝트 23120(СТО проекта 23120, STO project 23120)

특징:

배수량	9,500 톤
항해 속도	18 노트
항해 거리	5,000 마일
선박 자율성	약 60일

쇄빙 등급 ARC4

장비:

- 리프팅 용량 50톤 전기유압식 크레인 2대와 추력 120톤과 25톤의 견인 윈치, 넓이 700㎡ 화물용 갑판

- 선박 및 해양 장비를 위한 동적 포지셔닝 시스템(Dynamic positioning system for ships and offshore installations)

다목적 선박:

- 화물의 적재, 운송 및 이송 수행

- 항공모함까지의 예인

- 구조 작업 활동 및 조난자 대상 의료지원(갑압 챔버 장착)

쇄빙선 프로젝트 21180

배수량	6,000 톤
설계 길이	85 m
현의 높이	9.2 m
설계 흘수	7 m
동력	8 MW
추진체	VRK(리더 프로펠러) 2x3.5 MW
선박 자율성	60일
최대 속력	15 노트
순항 범위	9,000 마일
쇄빙 능력	1m
승무원	32명
추가 탑승 가능	50명

출처: http://arctica-ac.ru/article/301/ (검색일: 2020.11.4.)

[그림 9] 원자력 쇄빙선

원자력 쇄빙선:
- 표준 컨테이너 모듈 '아르크티카(Арктика)' 보유
- 오일 유출 대응을 위한 장비 보유
- 자격을 구비한 승무원으로 응급 구조 팀

출처: http://arctica-ac.ru/article/301/ (검색일: 2020.11.4.)

태를 예방 및 해결 그리고 잠재적 위험요소가 될 만한 수중 물체의 상태를 모니터링하기 위해 러시아연방 비상사태부 '아르한겔스크부극종합사고구조센터(AKACЦ)' 산하 기관 10여개 장소에 각각 한 척의 쇄빙 기능을 보유한 다기능 해상 구조 예인선(Arc 4 - Arc 5)을 배치할 계획을 가지고 있다.

　수색 및 구조 선박 개발 동향 분석은 특별한 연방 행정 당국의 주문에 의해 건조된 구조 선박에 관련된 다양한 목록표들에 나타나 있다. 다양한 프로그램의 시행 결과, 수색 및 구조 선박의 수는 '러시아연방해양활동발전전략 2030'에 의해 수립된 지표를 두 배 이상 상회하고 있다. 그러나 이와 관련하여, 다목적 선박 보장의 적정화 과정에는 불확실성이 존재한다(다목적 사고 구조선, 다목적 수색 구조선, 다목적 구조 예인선, 다목적 소방 구조선, 원해 및 대양 구역의 다목적 구조선, 다목적 보트 등). 이외에도 여러 선박 프로젝트의 유사 또는 동일한 과제 수행 하에서 긴급사고 구조 작업의 실현을 위해 다양한 기술적 수단들이 적용되고 있으며, 또한 수색 및 구조 장비의 통합 문제도 해결되지 않고 있다. 이는 결국 다양한 연방 행정 당국의 사고구조 서비스에 대한 통일된 요구 사항이 부재하기 때문에 발생하는 문제들이다. 따라서 수색 및 구조 선박 지명을 위한 기본적인 플랫폼의 구축과 적용에 관련된 문제 해결책이 필요한 상황이다. 이 모든 것의 근본적인 문제는 구조 선박 개발 프로그램에 관련된 다음과 같은 통합된 기술정책이 존재하지 않기 때문이기도 하다(수색 및 구조 전용 선박의 건조 및 지명에 관련된 단일 분류 작업 시스템 부재, 수색 및 구조 전용 선박의 건조 및 지명에 관련된 단일 분류 작업 및 이에 관련된 요구 사항의 국가 표준화 기준 부재 등).

원칙적으로 수색 및 사고구조선은 중대한 사고 발생 시 부서 및 소속에 관계없이 수색 및 구조 작업에 참여한다는 사실은 잘 알려진 바이다. 따라서 해양활동 수색구조 지원 시스템 개발의 시급한 사항은 사고 구조 선박에 관련된 부서별 기술 요구 사항을 조합하고 수색 구조 선박의 통합 목록표를 작성하는 작업이라 할 수 있다. 동시에 각 프로젝트를 위한 인력 준비 과정이 필요하고 일회성의 종합 체제 구축은 지속적인 구성 체제보다 덜 효율적이며, 다양한 프로젝트의 선박 수리비용은 단일 체계 하의 선박 비용 및 기타 여러 문제들보다 지출이 심하다는 점을 간과해서도 안 된다. 이에 관련하여, 구조 선박은 다음과 같은 사항을 반드시 갖추어야 한다.

- 지역 경계를 초월한 항해
- 선박 등급에 따른 항해 등급
- 선체 보강을 통한 쇄빙 등급 강화
- 넓고 자유로운 행동을 보장하는 갑판 공간
- 현대화된 크레인 장비
- 구조자를 위한 예비 공간
- 선박 주요 동력의 부분으로써의 전기추진 시스템
- 동적 포지셔닝 시스템(dynamic positioning system) 등

동시에 구조 선박은 다음과 같은 특수 장비들도 보유해야 한다.

- 조난 해상과 얼음으로부터 사람들을 빠르게 건져 올릴 수 있는 장비
- 사고 구조 작업 영역의 지정 및 조명 지원 장비
- 험한 해상 및 기상, 제한된 가시성 조건에서 집단 및 개인 구명 장비에 있는 조난중인 사람들을 위한 해상 수색 장비
- 개인 구명 장비
- 집단 구명 장비
- 구명정 및 구조정
- 고속 구명정 및 고속 구조정
- 대피 장치 및 시스템;
- 수상 구조 장비 및 항공기와의 통신을 위한 VHF 양방향 무선 전화 통신 장비를 포함한 무선 통신 수단
- 응급 처치 수단 및 의료진이 탑승 할 수 있는 1차 의료 장비
- 화물과 인명 이양 장비
- 계류 및 견인 장바
- 해양 시설에서 화재의 위치를 파악하고 화재를 진압하기 위한 소방 장비
- 수중 기술 작업을 수행하기 위한 장비(잠수 관련 복합 장비, 무인 수중 장비 등)
- 기름 및 석유 제품 유출 방지 및 제거를 위한 장비 등

구조 선박의 특수 장비는 '러시아선박해양등록청(Российский морский регистр судоходства)'의 요구 사항을 준수해야하며 북극해의 자연 및 기후 조건에서 작동하는 특성을 고려해야 한다. 지금까지의 구조 작전 사례에 의하면, 일반적으로 선원과 해양 시설 관련 인명 사망 사고는 구조대가 도착하기 전에 주로 발생한다. 러시아 북극권의 해양 사고 발생 가능지역으로부터 해양 구조대의 원거리성으로 인해 사고구조대의 적시 구조가 항상 가능한 것만은 아니다. 따라서 수색 및 구조 장비 개발은 사고구조대가 도착하기 전에 구조된 인명의 생명을 지원할 수 있도록 설계된 효과적인 개인 구명과 집단 구명에 우선순위를 두어야 할 것이다. '수열복(hydrothermal suit)'을 입고 떠있는 사람의 경우 표면의 약 50%가 공기 중에 있으며 열 물리학적 매개 변수는 물의 해당 매개 변수와 다르다.

따라서 물에 잠긴 '수열복' 부분은 대기에 노출된 나머지 '수열복' 부분보다 상대적으로 따뜻하지만, 대기에 노출된 부분은 북극권의 혹한의 바람으로 인

[그림 10] 수열복 착용 구조작전

출처: http://sigmasub.com.ua/index.php?route=product/product&product_id=1242 (검색일: 2020.11.4.)

해 차가운 상태로 인체의 열 손실을 증가시킨다. 이와 관련해 현재까지는 개인 및 집단 구명에 대한 북극의 자연 및 기후 조건과 '폴라 코드(Polar Code)'의 요구 사항을 고려한 구체적인 법적 장치는 존재하지 않는다. 그렇기에 해양 선박 구조 장비에 관련된 국가 표준 및 부서별 문서 작성은 북극의 실질적인 자연 환경과 기후 조건을 고려하여 '러시아선박해양등록청'에 의해 입증되고 승인되는 절차에 의해 업데이트되어야 할 필요가 있다. 기존 수열복의 운영 특성과 러시아 북극의 실제 조건 사이의 불일치는 극한 상황에서의 생존 시간을 결정하는 낮은 수온뿐 아니라 대기 및 강한 풍속을 견딜 수 있는 새로운 세대의 수열복 개발의 객관적 필요성을 제시하고 있다.

집단 인명 구조의 경우는 더욱 어렵거나, 부분적으로는 불가능한 상황도 발생한다. 북극 조건에서 공기 주입식 팽창 뗏목 및 팽창 대피 시스템은 저온, 얼음 상태 및 기타 극한 요인에 장기간 노출될 경우 생존에 관련된 근본적으로 중요한 여러 요구 사항을 완전하게 충족시킬 수 없다. 폭발, 화재, 자욱한 안개, 심한 파도, 선박 안정성 상실 및 불리한 기상 조건 하에서는 헬리콥터를 대피수단으로 사용하는 것 역시 큰 문제가 될 수 있다.

비교적 견고하지 않은 얼음과 제한적인 풍속 하에서는 프로펠러-방향타 시스템 장비를 갖추고 있는 특수 설계된 폐쇄형 구명정의 사용도 가능할 수 있다. 그러나 깨진 얼음들 사이를 헤쳐 나가는 일직선 운동의 안정성을 유지하기에는 특수 구명정 역시 한계를 지니고 있다. 또한 집단 인명 구조 작업에 관련된 기본적인 문서에는 석유 및 가스 플랫폼에 설치된 대피 및 구조 장비의 특수성은 고려되지 않은 상태이다. 이와 같은 여러 가지 이유들에 의해 국제 및 국가 규제 문서의 요구 사항을 공식적으로 충족하는 기존 선박 제어 시스템의 특성과 북극에서 이와 관련된 장비들을 사용하기 위한 실제 조건 사이에는 모순점이 존재한다. 하지만 이러한 모순점들이 결국 북극권 하의 혹독한 조건들을 극복할 수 있는 새로운 구명 기기의 출현을 필요로 하게 된다. 수륙양용호버크라프트, 스크루-프로펠러 장착 구조 선박, 제트 공기압 프로펠러 장착 구명정 등이 대표적 결과물들이다. 이와 같이 러시아 북극권 내의 실질적 조건 하에서 작용하는 집단 인명 구조 작업들은 긍정적 그리고 부정적 측면 모두를 내포하고 있지만, 그들의 적용 가능성에 관한 경험들이 축적되는 과정에서 서로 보완되고 향상된 상태로 발전될 것이다.

다양한 유형의 해상 선박과 시설들로 인해 북극 조건을 위한 범용적인 집단 인명 구조 작업을 만들어 나가는 것은 매우 어려운 작업일 것이다. '해상생명 안전을 위한 국제협약(SOLAS-74)[15]과 '러시아선박해양등록청' 문서는 새로운

---

15) SOLAS(International Convention for the Safety of Life at Sea(SOLAS), 1974) 협약은 일반적으로 상선의 안전에 관한 모든 국제 조약 중에서 가장 중요한 것으로 간주. 첫 번째 버전은 타이타닉 재난에 대응하여1914년에, 두 번째 버전은 1929년, 세 번째

설계 및 기술 솔루션의 개발 가능성을 제공하고 있으며, 기존에 확정된 안전에 관련된 근본적인 특성의 보존을 요구하는 동시에 후송 장비의 기술적 개발을 방해하고 있지 않다. 이러한 기술적 후송 수단 개발을 달성하기 위해서는 선원과 해상 선박 및 시설물에 관련된 인원의 구조 작업 및 구조의 기술적 수단에 대한 요구 사항들이 포함된 기본적인 국가적 차원의 문서들이 수정 보완 작업을 거쳐 작성되어야 한다. 개인 및 집단 인명 구조 선박 관련 통합된 효율성 평가 방법의 실재 여부는 기존의 구조 및 대피 기술 장비와 미래의 유망한 수단 적용 가능성을 평가할 수 있는 토대를 제공해 줄 수 있다.

러시아 북극권 사고구조대 발전에 관련된 핵심적 해결책은 프로젝트 형식의 목적성을 요구하는 복잡한 조직 구성 및 기술적인 문제이다. 북극권을 포함한 해상에서의 수색 및 구조 시스템에 관련한 연방차원과 관련 부서들의 프로그램은 매우 다양하다: '국제해양(Мировой океан)', '러시아교통시스템현대화 2002-2010(Модернизация транспортной системы России 2002—2010 годы)', '러시아교통시스템현대화 2010-2015(Модернизация транспортной системы России 2010—2015 годы)', '민간해양기술개발 2009-2016(Развитие гражданской морской техники 2009—2016 годы)', '대륙붕매장지개발을위한 조선및기술개발 2013-2030(Развитие судостроения и техники для освоения шельфовых месторождений на 2013—2030 годы)', '러시아연방북극사회 경제개발 2025(Социальноэкономическое развитие Арктической зоны

버전은 1948년, 네 번째 버전은 1960년에 채택. 1974년 버전에는 수정안이 발효 될 것을 제공하는 암묵적 수락 절차가 포함되어 있어, 그 결과 여러 차례 업데이트되고 수정됨. SOLAS 협약의 주요 목적은 선박의 안전과 호환되는 선박의 건설, 장비 및 운영에 대한 최소 표준을 지정하는 것으로 총 14장으로 구성. 출처: https://www.imo.org/en/About/Conventions/Pages/International-Convention-for-the-Safety-of-Life-at-Sea-(SOLAS),-1974.aspx (검색일: 2020.11.7)

Российской Федерации до 2025 года)', '북극개발 2035(Стратегия развития Арктики до 2035 года)' 등.

상기 프로그램의 기술적 방향의 틀 내에서 수행되는 연구 개발 작업의 종합적인 시스템은 조직의 해양 활동 개발의 긴급 문제를 해결하기 위한 구조선 및 구조 작업 그리고 러시아 해상 및 수역에서 활동하는 각 부처, 부서 및 조직의 서비스 등과 관련된 모든 문제점들을 포함하고 있지 않다.

이에 따라 연방단일기업 '크릴로프국영과학센터(Крыловский государственный научный центр)'를 기반으로 한 국가 프로그램 '대륙붕매장지개발을위한조선 및기술개발 2013-2030'의 실현을 위해 다양한 분야의 실무 그룹을 포함하는 '과학조정위원회(Научно-координационный совет)'가 구성되었다. '과학조정위원회' 현재 시스템은 수색 구조 기술에 관련된 작업 그룹의 틀 내에서 해상 사람들의 수색 및 구조 문제를 고려하지 않고 있으며, 이는 대륙붕 매장지 개발 과정에서 현재의 수색 및 구조 장비와 수단의 현대화 관련 기술 정책을 포함하고 있지 않다는 것이다. 이러한 점들은 상기 언급된 프로그램 틀 내에서 수행되고 있는 R&D 결과물, 일례로 '고위도 조건 하의 사고-구조 작업과 실행을 위한 기술적 수단 제안의 원칙(Концепции аварийно-спасательных работ в условиях высоких широт и предложений по техническим средствам для их осуществления)', '러시아의복잡한해양대륙붕조건하의인명수색구조신종합기술장비관련개발프로젝트(Технического проекта нового комплекса технических средств поиска и спасания людей в сложных ледовых условиях российского морского шельфа)' 등과 같은 창출이 불충분하다는 점을 입증하고 있다.

러시아연방 북극권 수색구조대의 힘과 수단을 향상시키기 위한 통합기술정책을 실현하려면 '연방수색구조시스템(федеральная система поиска и спасания)' 개발 문제에 대한 포괄적인 해결방법을 기반으로 하는 새로운 접근 방식이 반드시 필요하다. 이를 위한 효과적인 실현 방법은 다음과 같은 내용을 포함해야 한다: 전국적이며 체계적으로 수행될 수 있는 '연방수색구조시스템' 관련 통합된 과학기술 정책의 개발 및 실행; 수색 및 구조 장비 개발의 특성, 경향 및 전망, 긴급 구조 작업 수행을 위한 신기술을 가장 충분히 고려하는 방식으로 USAR 팀의 군대 및 수단 개발을 위한 부서 간 목표 및 과학 및 기술 프로그램의 개발 및 구현; 연방단일기업 '크릴로프국영과학센터'를 기반으로 하는 별도의 '과학조정위원회' 작업 그룹 프레임 워크 내에서 수색 및 구조에 관한 주제 심의; 러시아 연방 해양 활동의 수색 및 구조 지원을 수행하는 각 부서의 조정협의회를 통한 수색구조대의 장비와 능력, 개발에 관련된 각 부서의 목표와 과학기술 프로그램 그리고 통일된 기술정책 검토, 이와 같은 심의를 실행할 수 있는 기관 설립에 관한 러시아연방정부 산하의 해양위원회의 결정 등.

이러한 제안들을 해결하지 않은 상태에서의 러시아 북극권 내 사고구조대 및 구조 장비의 개발은 시스템적으로 불완전하게 운영될 것이며, 사고구조 작업 관련 부서별 개발에 소요되는 연방 당국의 비용이 증가할 것이며, 결국은 사고 구조 작업 실행력의 효율성을 축소시키게 될 것이다.

Ⅲ. 결론

수색 및 구조 전용 선박의 현대화 개발 추세는 한편으로는 다기능성과 다양한 방법으로 교체 가능한 컨테이너 유형의 모듈 사용, 다른 한편으로는 연방 행정 당국 산하 다양한 기관들의 상이한 요구에 의해 실행되는 선박 건조로 인해 발생할 수 있는 지나치게 큰 규모와 복잡한 다기능성 및 고도의 전문성 추구 등과 같은 기술적 모순점이 공존하고 있다. 따라서 각 부서는 전체 작업 범위를 고려하여 구조 선박에 반드시 필요한 기술적 요구 사항을 우선적으로 결정할 필요가 있다. 이러한 별도의 요구 사항들은 해군과 비상사태부, 교통부 및 기타 부서 모두에 존재하기 때문에 이를 종합한 상태에서의 가장 이상적인 상태의 사고구조선박이 건조되어야 한다.

동시에 북극권 사고구조함대 개발의 현실적 측면에서 볼 때, 부서별 사고구조기관 및 사고구조대 발전 문제 해결에 있어서의 연방 행정 당국의 조정 수준 향상 그리고 사고구조함대에 관련된 단일 체계의 기술정책 개발 및 실행 과정에서의 완전하게 통합된 접근 방식이 구축되어야 한다.

마지막으로 해상 관련 '연방수색구조시스템(ФСПС)' 발전 원칙은 해양활동 수색구조대 창설과 장비 개선, 수색구조 전용 선박에 대한 요구 사항의 조화, 연방수색구조시스템의 규제 및 법적 기반의 현실화, 다양한 단계의 해양구조대 인력양성 자격요건의 단일화 과정 등을 최우선 조치로 삼아야 한다. 이와 관련된 구체적인 법적 규정들은 가능한 빠른 시일 안에 연방 차원에서 입법화되어야만 한다.

〈참고문헌〉

Бродский П. Г., Дубин А. Е., Илюхин В. Н., Попов С. Д., О направлениях развития сил и средств поисково-спасательного обеспечения в Арктике, *Арктика: экология и экономика*. 2016, № 1(21).

Илюхин В. Н. Нормативные и правовые аспекты поисково-спасательного обеспечения морской деятельности России в Арктике, *Арктика: экология и экономика*. 2015, № 1(17).

Рекунов С. Г. Перспективы развития систем связи для решения задач по проведению поисково-спасательных работ в Арктике, *Сборник материалов VII Международного форума «Арктика — настоящее и будущее»*. СПб., 2017.

Хаустов А. В. Поисково-спасательное обеспечение в Арктике: Доклад на VIII Международном форуме «Арктика - настоящее и будущее", СПб., 2017.

Чижиков С. Н. Развитие Единой государственной системы предупреждения и ликвидации чрезвычайных ситуаций в Арктической зоне РФ // Сборник материалов VII Международного форума «Арктика - настоящее и будущее", СПб., 2017.

【관련법령】

«План взаимодействия федеральных органов исполнительной власти при проведении работ по поиску и спасанию людей на море и в водных бассейнах Российской Федерации" (постановление Правительства РФ от 26 августа 1995г. № 834).

«Положение о взаимодействии аварийно-спасательных служб министерств, ведомств и организаций на море и водных бассейнах России" (зарегистрировано Минюстом России 28 июля 1995г. № 917).

Fundamentals of the State Policy of the Russian Federation in the Field of Naval Operations for the Period Until 2030.

О внесении изменений в отдельные законодательные акты Российской Федерации в части государственного регулирования торгового мореплавания в акватории Северного морского пути, № 132-ФЗ.

Распоряжение Правительства РФ от 30 сентября 2018 г. № 2101-р.

Указ Правительства РФ «О единой государственной системе предупреждения и ликвидации чрезвычайных ситуаций" от 30 декабря 2003 г. № 794.

Указ Президента Российской Федерации от 20.07.2017 г. № 327.

Указ Президента РФ «О национальных целях и стратегических задачах развития Российской Федерации на период до 2024 года" от 7 мая 2018 г. № 204.

차세대 쇄빙연구선 건조사업 경제적 타당성 분석: 비용효과 분석을 중심으로

정재호(산업연구원 연구원)
정영선(극지연구소 선임기술원)

I. 서론

북극은 지구 기후시스템을 모두 갖추고 있는 기후변화 연구의 중심지이자, 미래자원의 보고 및 경제발전의 통로 등으로 중요성이 높은 지역이다. 먼저 북극은 미래 자원의 보고로 지구 기후변화의 핵심인 해수 순환의 발원지로서 지구 온난화로 인한 해빙 소멸과 해수면 상승이라는 글로벌 이슈 해결의 열쇠로 주목받아 오고 있다. 다음으로 전 세계 미개발 석유의 13%, 천연가스 약 30%가 매장되어 있는 미래자원의 보고이다. 마지막으로 수에즈운하 대비 운항 거리(2만→1.3만 ㎞, 약 37%)와 운항일 수(24일→14일, 약 10일)가 단축되는 효과를 기대할 수 있다(관계부처 합동, 2013, 2018). 북극의 중요성이 증대됨에 따라 동 지역의 연구수요도 급증하고 있는 상황이다. 이에 러시아 등 선진국에서 다양한 형태의 쇄빙선 구축 사업이 활성화되고 있으며(한종만, 2020), 국내에서도 현재 운영 중인 쇄빙연구선인 아라온호 이외에 차세대 쇄빙연구선의 건조 필요성이 제기되고 있다.[1]

※ 이 글은 『한국 시베리아연구』 25권1호에 게재된 논문으로, 2016년 극지연구소의 지원을 받아 수행된 연구임 (TSPE16370-090-13)
1) 차세대 쇄빙연구선은 크게 ① 극지 과학 연구수요, ② 북극해 환경변화 이해 및 활용연구, ③ 북극 공학 연구 활동 및 지원을 위해 필요하다. 특히 '극지 과학 연구수요'는 북

해양수산부는 2015년부터 국가연구개발 예비타당성조사 대상 사업으로 차세대 쇄빙연구선 건조사업이 선정되고자 기획을 추진 중이다. 해수부가 기획한 차세대 쇄빙연구선은 쇄빙 능력 및 내한성능, 연구 장비탑재를 위한 공간 확보, 승선 인원, 주요활동 해역, 총 톤수 등 주요 제원이 아라온호와 차별화됨을 확인할 수 있다. 특히 현재 아라온호는 남극 중심 연구에 활용하고, 새롭게 건조할 차세대 쇄빙연구선은 북극 연구수요에만 대응할 것을 제시한다. 즉 차세대 쇄빙연구선의 건조는 아라온호의 과도한 운항일수와 추가적인 연구수요를 감당하기 위해 시급하다.[2]

〈표 1〉 아라온호(현)와 차세대 쇄빙연구선(안) 주요 제원 비교

구분	아라온호(현)	차세대 쇄빙연구선(안)
1. 쇄빙능력 및 내한성능	1m at 3knots / -35℃	1.5m at 3knots / -45℃
2. 공간확보	장착식 연구장비	탈 부착식 연구장비
3. 승선 인원 확대	85명 (승무원 29명, 연구원 56명)	120명 (승무원 30명, 연구원 90명)
4. 주요활동 해역	남극 중심	북극 중심
5. 총톤수(GT)	7,507톤	12,000톤 급
6. 선체 크기	111 x 19 x 7.5	120 x 22.5 x 8.2
7. 항해속력	12 knots	13 knots
8. 무보급 항해일 수	70일 (기지보급유 포함)	74일
9. 기중 장비	선수크레인 (25톤) 선미크레인 (3~10톤)	선수크레인 (35톤) 선미크레인 (5~12톤)
10. 컨테이너 탑재	31 TEU	40 TEU
11. Moon Pool	미적용	적용 (4m x 3.2m)

자료: 한국과학기술기획평가원(2018, 2020)

극해 환경변화 이해 및 활용연구, 북극 온난화 원인 분석과 생태환경 변화 연구, 고위도 북극권과 극지해역의 대기, 해저 지질, 지체구조 연구 등이 시급한 것으로 제기되고 있다(한국과학기술기획평가원, 2018, 2020).
2) 2010년 이후 약 5년 동안 아라온호의 평균 운항일수는 365일 중 256.7일로 약 70.3%에 육박함에도 불구하고, 연구 항해는 북극 27.3일, 남극 38.4일에 불과한 상황.

본 연구는 북극의 연구수요 확대 등에 따른 차세대 쇄빙연구선 건조의 경제적 측면에서 타당성을 분석하고자 한다. 특히 일반적으로 가장 널리 활용되는 비용편익분석을 대체하여 비용효과분석 중 고정효과분석법을 적용하고, 차세대 쇄빙연구선 건조 이외의 여타 대안들과의 비교를 통해 경제성 분석을 수행하고자 한다. 즉 차세대 쇄빙연구선 건조와 여타 대안들이 창출할 수 있는 효과대비 비용을 비교하여 최적의 대안을 제시하고자 한다. 이를 위해 차세대 쇄빙연구선을 건조하는데 사용되는 비용인 건조비, 운영비, 설계비 등 세부 항목들을 면밀하게 검토할 것이며, 세 가지의 구체적인 대안(① 쇄빙연구선 임차, ② 쇄빙선 및 내빙연구선 임차, ③ 쇄빙화물선 건조)을 제시하고 경제성 분석을 수행할 것이다.

Ⅱ. 연구방법론 및 분석 방향 설정

1. 연구개발 예비타당성조사 경제성 분석방법론

국가연구개발사업 중 예비타당성조사 대상 사업의 경제성 분석은 국민경제적 파급효과와 투자 적합성을 분석하는 핵심적인 분석이다. 현재까지 가장 일반적으로 비용-편익분석(Cost-Benefit Analysis)을 기본적인 방법론으로 채택하여 분석하고 있다[3]. 하지만 순수 R&D 사업과 기타 재정사업 등 BC분석이 적합하지 않다고 판단되는 사업은 비용-효과분석(Cost-Effectiveness Analysis)를 실시한다. 특히 비용-편익분석은 비용과 편익의

---

3) 기획재정부(2015) 『2015년 예비타당성조사 운용지침』.

대상 항목들이 정량적으로 측정되지 못하면 활용할 수 없다(김동건, 2008). 즉 시장수요로부터의 계량화, 대리시장 존재 조사를 통한 현시선호접근법 및 가상의 시장을 구성하는 진술선호접근법이 모두 불가능한 경우 비용효과 분석을 통해 경제성 분석을 수행할 수 있다(한국과학기술기획평가원, 2017, 2019, 2020).

[그림 1] 예비타당성 조사 경제성 분석방법론 선정 과정 개략도

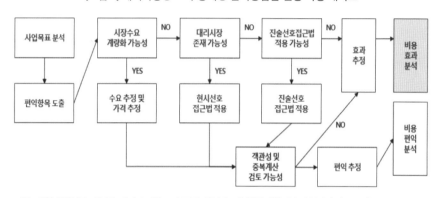

자료: 연구개발부문 사업의 예비타당성조사 표준지침(제2판)(한국과학기술기획평가원, 2014)

이에 비용효과분석은 다양한 사회 분야에서 다양한 형태로 활용이 되고 있다. 대표적인 연구를 살펴보면, 해외 연구로는 Walker(2001)가 호주 정부 (Commonwealth Department of Health, Housing and Community Services, 1992), 캐나다 정부(Canadian Coordinating Office for Health Technology Assessment, 1994), 학술 저널(Drummond and Jefferson, 1996; Russel et al., 1996; Siegel et al., 1996; Weinstein et al., 1996) 및 개발도상국(WHO, 1988; WHO/EPI, 1979; Creese and Parker, 1994; Kumaranayake et al., 2000; Phillips et al., 1993) 등이 비용효과분석 가이드라인을 정리한 것이 대표적이다. 또한 Endo and Tamura(2003)의 일본 태양전지 연구의 비용효과

분석, Hutubessy et al.(2003)의 국가전략수립에 대한 비용효과 분석, Bishop et al.(2014)의 에너지절약형 구동장치의 비용효과 분석, Cerda and del Rio(2015)의 재생에너지 비용효과 분석 및 Yurtsev and Jenkins(2016)의 난방시스템 비용효과 분석 등이 있다. 국내 연구로는 국방투자사업(박태유 외, 2001), 철도 안전개선 투자사업(박찬우 외, 2004), 연료전환 온실가스감축사업(이연상과 윤화영, 2012), 전력수요관리사업(박종진 외, 2003) 및 일사조절장치사업(안기언 외, 2013) 등이 비용효과분석을 활용하여 경제성 분석을 수행하였다.

비용효과분석의 접근방법은 '고정효과접근법(Fixed Effectiveness Approach)'과 '고정비용접근법(Fixed Budget Approach)'으로 구분할 수 있다. 고정효과접근법이란 동일한 효과가 주어졌을 때, 동 효과를 달성하는데 가장 적은 비용이 들어가는 대안을 선택하는 방법이다. 반면 고정비용접근법은 동일한 비용을 가정했을 때, 효과를 최대한 달성할 수 있는 대안을 선택하는 방법이다.

2. 비용효과 분석 방향

동 연구는 차세대 쇄빙연구선 건조사업의 목표와 결과물의 수혜자를 고려할 때, 시장수요 중심의 편익이 아니라 국가적 운용 수요 관리 측면과 극지연구 이슈를 해결하기 위한 관점에서 비용효과분석을 수행하고자 한다.[4] 특히 국내 북극 연구수요를 충족시키기 위해 가정한 고정효과 중심의 비용효과 분

---

4) 극지 연구를 통해 발생하는 시장 편익 항목의 탄력성이 높아 계량화 한계 및 대리 시장 존재 가능성 희박.

석을 통해 더 넓은 범위의 의사결정 정보 제공을 가능하게 할 것이다. 즉 분석 방법은 비용효과분석 중 고정효과접근법을 적용할 것이며, 고정효과를 측정하기 위해 연구 항해일 수 확대와 운항 예비일 확보를 조정할 것이다.

<표 2> 비용효과분석을 위한 개념 정의

구분	개념
분석 방법	- 비용효과분석(고정효과접근법)
고정효과	- 연구 항해일 수 확대, 운항 예비일 확보
분석 기간	- 존속기간 25년(건조 5년+ 운영 25년)

분석 순서는 '대안 별 효과추정 → 고정효과보상비용 추정 → 총비용 비교' 순으로 수행할 것이다. 즉 우선 각 대안에 대한 효과를 추정하여 상호비교를 수행하고, 각 대안별로 동일한 효과 수준을 달성하기 위한 고정효과보상비용을 추정할 것이다. 마지막으로 대안의 효과를 동일한 수준으로 맞춘 후, 발생하는 총비용을 비교함을 통해 최적 대안을 제시하고자 한다.

[그림 2] 고정효과접근법의 분석과정

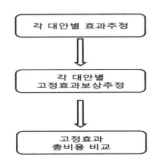

Ⅲ. 대안 별 비용효과분석

1. 분석개요

1) 분석항목의 조작적 정의

본 연구는 원안과 대안들의 경제성 분석을 수행하기 위해 비용과 고정효과 항목을 구성하고, 각 항목의 조작적 정의를 수행한다. 비용항목은 건조비, 선박운영비, 장비운영비, 임차료, 개조비의 5가지로 구성하며, 대안별 효과를 고정하기 위한 고정효과는 연구 항해일수 확대, 운항예비일 확보, 북극 공동연구 협력 및 외교 강화, 북극해 자원개발 및 북극항로 물류 지원, 북극점 기후조사를 조작적으로 정의한다.

먼저 비용항목을 정의하면, 건조비는 약 5년의 기간 동안 선박을 건조하는 데 발생하는 비용으로 공사비, 장비구축비, 제경비, 부대비 및 요소기술 개발비의 총합이다. 건조비는 원안(차세대 쇄빙연구선 건조)과 대안 3(쇄빙화물선 건조)에서 발생한다. 둘째, 선박운영비는 매년 선박을 운영하며 발생하는 비용으로 운영비(인건비+일반운영비+유지보수비)와 유류비의 총합으로 정의하며, 원안과 모든 대안에서 비용이 발생한다. 셋째, 장비운영비는 매년 연구 장비를 운영함에 따라 발생하는 비용으로 장비유지비와 장비 재투자비 및 장비 탈부착 비용의 총합이다.[5] 장비유지비도 원안과 모든 대안에서 발생하지만, 임차한 쇄빙 및 내빙연구선 임차 시, 연구 장비탑재를 위해 발생하는 장비탈부착비는 대안에서만 발생한다. 넷째, 임차료는 쇄빙 및 내빙연구선 임차 시,

---

5) 장비유지비= Σ[(각 장비취득가)×(각 장비별 운영유지비 요율)]
　장비 재투자비= 조달청 「내용연수」고시 내용에 근거하여 해양측정기기 8년, 물리탐사 기기 10년의 구성금액 비율에 따른 평균값을 고려하여 10년마다 발생하는 비용.

발생하는 비용으로 정의한다. 임차 쇄빙선은 연구 항해 시, 쇄빙 지원을 위해 임차하는 선박으로 임차료에 선박운영비를 포함한다(대안 3). 단 차세대 쇄빙연구선을 대신하여 연구 항해를 수행하기 위해 임차하는 외국 쇄빙 및 내빙연구선의 임차료는 선박운영비 중 운영비(인건비+일반운영비+유지보수비)를 포함시키되, 유류비는 선박운영비로 정의한다. 임차료는 원안을 제외한 모든 대안에서 발생한다. 마지막으로 개조비는 현재 운항 중인 아라온호의 연구 승선 인원 확대를 위한 증축 비용을 의미하며(대안 3), 차세대 쇄빙연구선의 연구수요 충족과 동일한 효과를 창출하기 위해 연구승선 인원을 60명에서 90명으로 확대한다.

고정효과 항목은 원안 대비 대안들이 동일한 효과를 달성함으로 투입되는 비용의 비교를 통한 최적(안)을 선정하기 위해 설정하는 항목들이다. 먼저 연구항해일수 확대는 원안 및 대안에서 선박의 건조 및 임차를 통해 확대되는 연구 항해일수를 의미한다. 둘째, 운항예비일 확보는 기지보급 확대 및 안전사고 대비를 위해 확보하는 예비일로 정의한다. 셋째, 북극공동 연구협력 및 북극외교 강화이다. 대규모 해양 인프라인 차세대 쇄빙연구선의 운영을 통해 글로벌 협력 관점에서 극지해양 기초연구를 지원하여 국제공동연구에서 활용도를 높일 수 있는 효과로 정의한다. 단 동 항목은 외국 쇄빙 및 내빙연구선 임차 대비 차세대 쇄빙연구선 건조 시 효과가 높을 것으로 판단되지만, 효과의 규모 및 차세대 쇄빙연구선의 기여도 측정의 한계로 인해 고정효과 보정항목에서 제외한다. 넷째, 북극해 자원개발 및 북극항로 물류지원이다. 동 항목은 차세대 쇄빙연구선을 보유함으로 북극 자원탐사와 개발 및 북극항로 개척을 통한 물류길을 활용하는 효과이다. 단 동 항목은 연구 및 이동 항해 등을 통해 달성되는 부수적인 효과이기 때문에 원안과 모든 대안들이 동일함을 가정한다. 마지막으로 북극점 부근 기후조사는 북극점 주위로 접근하여 글로벌 기후변화 및 기상이변을 연구하는 효과이다. 동 효과 역시 항해일수 확대에 따라 달성되는 부수적인 효과로 모든 대안들이 동일함을 가정한다. 즉 고정효과 보상항목은 '연구 항해일수 확대'와 '운항예비일 확보'를 활용하여 경제성분석을 수행한다.

〈표 3〉 분석항목의 조작적 정의

구분		개념	비고
비용	건조비	- 선박 건조 시 발생하는 비용(공사비, 요소기술개발비 등)	원안, 대안 3
	선박운영비	- 매년 선박 운영을 통해 발생하는 유류비와 운영비	모든 대안
	장비운영비	- 매년 장비 운영을 통해 발생하는 장비유지비, 장비재투자비 및 장비 탈부착비	모든 대안
	임차료	- 쇄빙·내빙연구선 임차를 통해 발생하는 비용	모든 대안
	개조비	- 아라온호의 연구승선인원 확대를 위한 증축 비용	대안 3
고정효과	연구항해일수 확대	- 선박의 추가를 통해 확대되는 극지 연구항해일수	보상
	운항예비일 확보	- 기지보급 확대 및 안전사고 대비를 위해 확보하는 예비일	보상
	북극공동연구협력, 북극외교 강화	- 극지해양 기초연구를 지원하여 국제공동연구 활용	측정 한계
	북극해 지원개발, 북극항로 물류지원	- 북극자원탐사와 개발 및 북극항로 개척을 통한 물류루트 확보	동일
	북극점 기후조사	- 북극점 접근을 통해 글로벌 기후변화 및 기상이변 연구	동일

2) 대안 및 운항 시나리오 설정

경제성 분석을 수행하기 위해 해양수산부에서 제시하고 있는 차세대 쇄빙연구선 건조를 원안으로 하고, 동일한 효과가 기대되는 세 가지의 대안을 설정할 것이다. 이를 통해 원안과 대안들의 동일 효과 대비 비용을 비교하고, 경제성 측면에서 최적 안을 제시하고자 한다.

우선 원안은 Polar 20, 약 12,000톤급 쇄빙연구선을 건조하는 것이다. 즉 2.0m 두께의 얼음을 3노트의 속도로 쇄빙하는 Polar 20의 쇄빙 능력을 보유한, 길이 120m, 폭 22.5m의 약 12,000톤급 차세대 쇄빙연구선을 5년 동안 건조한다. 건조 후, 차세대 쇄빙연구선은 북극의 연구수요만을 전담하고, 현재 남극과 북극의 연구수요를 담당하고 있는 아라온호(Polar 10, 약 7,487톤급)는 남극의 연구를 담당한다. 동 경우에 차세대 쇄빙연구선의 운항 시나리오(안)은 연구 항해 138일, 이동 항해 84일, 정박 143일로 예상된다. 또한 아라온호는 연구 항해 100일, 이동 항해 164일, 정박 101일을 운영할 것으로 예상한다〈표 3 참고〉. 이를 통해 차세대 쇄빙연구선을 건조하기 전보다 연구 항해를 약 172일을 추가적으로 수행할 수 있다(북극 약 110일, 남극 약 62일).

이제 원안과 동일하게 북극과 남극연구를 수행할 수 있는 효과를 창출하기 위한 대안을 세가지 설정한다. 먼저 차세대 쇄빙연구선과 성능이 유사한 Polar 20, 약 12,000톤급 쇄빙연구선을 외국에서 임차하여 북극연구를 전담하는 것이다. 원안과 동일하게 임차 쇄빙연구선은 북극연구를 전담하고, 현재 운영 중인 아라온호는 남극연구를 수행한다. 대안 1의 경우, 원안과 연구 항해일 수는 동일하지만 임차한 외국 쇄빙연구선의 이동 항해와 정박 일정은 다소 상이하게 예상된다. 반면 아라온호의 연구 항해, 이동 항해 및 정박일 수는 원안과 동일함을 가정한다. 다음으로 대안 2는 외국의 쇄빙선과 내빙연구선 2대를 임차하는 경우이다. 즉 Polar 20급의 쇄빙선 및 차세대 쇄빙연구선과 동일한 연구 장비를 탑재할 수 있는 내빙연구선을 외국에서 임차하여 북극연구를 전담하는 것이다. 원안과 동일하게 아라온호는 남극연구를 수행한다. 대안 2의 경우도 대안 1과 동일하게 연구 항해일 수는 원안과 동일하게 가정하지만, 임차한 쇄빙선과 내빙연구선의 이동 항해와 정박 일정은 다소 상이하게 예상된다. 특히 외국에서 임차하는 쇄빙선과 내빙연구선은 연구 항해일정을 원안과 동일하게 맞춘 후, 임차비를 감소시키기 위해 이동 항해와 정박 일정을 최소화하도록 가정하였다. 반면 아라온호의 연구, 이동 항해 및 정박일 수는 원안과 동일하게 가정한다. 마지막으로 대안 3은 Polar20급 쇄빙화물선(약 7,000톤급)을 건조하고, 현재 운영 중인 아라온호를 개조하여 북극연구를 전담하고, 아라온급(약 7,787톤급) 쇄빙연구선을 외국에서 임차하여 남극연구를 수행하는 것이다. 대안 3은 다소 복잡하지만 현재 시급한 북극의 연구수요만을 감당할 수 있는 수준으로 아라온호를 일부 확대·개조하고, 이를 보조하기 위한 Polar 20급 쇄빙화물선만을 건조하는 것이다. 하지만 아라온을 12,000톤급으로 개조가 불가능하기 때문에(최대 90명 탑승 개조 가능), 원안과 동일한 연구 효과를 창출하기 위해 연구 항해일수가 다소 증가한다. 반면 남극의 연구수요를 대응하기 위해 외국에서 쇄빙연구선을 임차한다. 이로 인해 대안 3은 원안과 연구 항해, 이동 항해 및 정박 일정은 모두 상이하게 가정한다.

<표 4> 원안 및 대안설정 및 운항일수 가정

구분			연구	교육	시험	이동	국외	국내	입거수리	예비	합계
원안 (차세대 쇄빙연구선 건조)	북극연구 (차세대 쇄빙)	연구 항해	138	-	-	-	-	-	-	-	138
		이동 항해	-	8	21	24	-	-	-	31	84
		정박	-	23	-	-	27	41	21	31	143
		합계	138	31	21	24	27	41	21	62	
	남극연구 (아라온)	연구 항해	100	-	-	-	-	-	-	-	100
		이동 항해	-	11	14	108	-	-	-	31	164
		정박	-	9	-	-	25	21	14	32	101
		합계	100	20	14	108	25	21	14	63	365
대안 1 (외국 쇄빙연구선 임차)	북극연구 (외국 임차 쇄빙)	연구 항해	138	-	-	-	-	-	-	-	138
		이동 항해	-	-	21	94	-	-	-	-	115
		정박	-	-	-	-	27	41	-	-	68
		합계	138	-	21	24	27	41	-	-	321
	남극연구 (아라온)	연구 항해	100	-	-	-	-	-	-	-	100
		이동 항해	-	11	14	108	-	-	-	31	164
		정박	-	9	-	-	25	21	14	32	101
		합계	100	20	14	108	25	21	14	63	365

대안	연구	활동									합계
대안 2 (외국 내빙연구선 및 쇄빙선 임차)	북극연구 (외국 임차 내빙)	연구 항해	138	-	-	-	-	-	-	-	138
		이동 항해	-	-	21	96	-	-	-	-	117
		정박	-	-	-	-	27	41	-	-	68
		합계	138	-	21	96	27	41	-	-	323
	북극연구 (외국 임차 쇄빙)	연구 항해	138	-	-	-	-	-	-	-	138
		이동 항해	-	-	-	20	-	-	-	-	20
		정박	-	-	-	-	19	-	-	-	19
		합계	138	-	-	20	19	-	-	-	177
	남극연구 (아라온)	연구 항해	100	-	-	-	-	-	-	-	100
		이동 항해	-	11	14	108	-	-	-	31	164
		정박	-	9	-	-	25	21	14	32	101
		합계	100	20	14	108	25	21	14	63	365
대안 3 (쇄빙 화물선 건조, 아라온 개조 및 외국 쇄빙연구선 임차)	북극연구 (개조 아라온)	연구 항해	154	-	-	-	-	-	-	-	154
		이동 항해	-	-	21	80	-	-	-	5	106
		정박	-	-	-	-	37	41	21	6	105
		합계	154	-	21	80	37	41	21	11	365
	북극연구 (쇄빙 화물)	연구 항해	78	-	-	-	-	-	-	-	78
		이동 항해	-	-	7	97	-	-	-	41	145
		정박	-	-	-	-	38	41	21	42	142
		합계	78	-	7	97	38	41	21	83	365
	남극연구 (외국 임차 쇄빙연구)	연구 항해	61	-	-	-	-	-	-	-	61
		이동 항해	-	-	-	40	-	-	-	-	40
		정박	-	-	-	-	13	-	-	-	13
		합계	61	-	-	40	13	-	-	-	114

2. 원안 및 대안의 총비용 추정

1) 원안: 차세대 쇄빙연구선 건조

(1) 건조비

공사비, 장비구축비, 제경비, 부대비, 부가가치세, 예비비(10%) 및 요소기술개발비로 구성되며, 현 시세와 취득가를 고려하여 5년 동안 약 2,622.3억 원으로 추정하였다. 각 항목별 비용 추정을 위해 세부 항목들을 구성하였으며, 세부 항목별 금액은 극지연구소 내부자료를 바탕으로 추정하였다〈표 5 참고〉.

〈표 5〉 원안의 건조비 추정

(단위: 백만 원)

항목	금액	세부 항목
공사비	139,711	- 선각공사, 화물장치, 의장공사, 갑판배관, 선실의장, 기관공사, 전기공사, 간접노무비 도입제비용, 상세·생산설계비
장비구축비	37,651	- 기본 장비, 필수장비, 수요조사 맞춤형 장비, 연구지원 장비
제경비	20,683	- 일반관리비, 이윤
부대비	16,195	- 기본설계비, 건조로드맵, 감리비, 감독비, 제세금, 시험운항비
부가가치세	21,424	-
예비비(10%)	23,566	-
요소기술개발비	3,000	-
건조비	262,230	-

자료: 극지연구소 내부자료

(2) 선박운영비

인건비, 일반운영 및 유지보수비, 유류비로 구성된다. 차세대 쇄빙연구선이 건조된 이후 매년 인건비 54.7억 원, 일반운영 및 유지보수비 171.0억 원, 유류비 132.5억 원이 발생하여 총 358.2억 원이 발생한다. 이에 경제성 분석 대상 기간인 향후 25년 동안 약 8,954.3억 원의 비용이 발생한다. 각 항목별 비용 추정을 위해 세부 항목들을 구성하였으며, 세부 항목별 금액은 극지연구소 내부자료를 바탕으로 추정하였다〈표 6 참고〉.

〈표 6〉 원안의 선박운영비 추정

(단위: 백만 원)

항목	차세대 쇄빙연구선	아라온호	합계	세부 항목
인건비	2,682	2,790	5,472	- 선원, 예비원, 지원인력
일반운영비 및 유지보수비	8,312	8,783	17,095	- 국내외 여비, 장비임차료, 비품구입 및 기타소모품, 선박수리비, 기관부속품비
유류비	8,086	5,164	13,250	- 연구 및 이동 항해, 윤활유 등
선박운영비 합계	19,080	16,737	35,817	-

자료: 극지연구소 내부자료

(3) 장비운영비

장비유지비와 장비 재투자비로 구성한다. 장비유지비는 장비별 취득가(또는 현 시세)에 국가연구시설장비진흥센터(NFEC)의 유지보수요율을 적용하여 매년 21.5억 원이 발생하는 것으로 추정하였다. 장비 재투자비는 장비의 수명 종료에 따른 재구입 비용으로 기존 장비구축 시점을 기준으로 10년 주기로 차세대 쇄빙연구선 376.5억 원, 아라온 221.9억 원이 발생하는 것으로 산정하였다. 이에 경제성 분석 대상 기간인 향후 25년 동안 총 1,478.2억 원의 비용이 발생한다. 차세대 쇄빙연구선과 아라온호의 장비별 취득가는 극지연구소 내부자료를 참고하였다〈표 7 참고〉.

〈표 7〉 원안의 장비운영비 추정

(단위: 백만 원)

항목	건조 연도	장비 구축비	장비 유지비	장비 재투자비	운항 종료 시점의 잔존가치(비용 기준)	재투자비 발생 연도
차세대 쇄빙연구선	n년	37,651	1,337	37,651	-15,060	n+14년, n+24년
아라온	'09년	22,187	808	22,187	-6,656	n+12년, n+22년
-	-	-	2,145	-	-25,481	-

자료: 극지연구소 내부자료

(4) 고정효과보상비

차세대 쇄빙연구선 건조를 통해 발생할 수 있는 효과를 기준으로 함에 따라 별도의 보상방안 및 보상효과비용은 산정할 필요가 없다. 차세대 쇄빙연구선 건조 시, 연구수요 충족을 위채 북극 138일, 남극 100일의 연구 항해일 수와 충분한 운항 예비일수의 확보가 가능하다. 원안의 연구 항해 및 운항 예비일 수가 타 대안의 기준일 수로 적용할 것이다〈표 8 참고〉.

〈표 8〉 원안의 고정효과보상비

구분	내용	보상방안
1. 연구 항해일수 확대	- 차세대 쇄빙연구선 건조를 통해 북극연구항해일수 138일 확보 및 아라온호를 통해 남극 연구 항해일수 100일 확보 가능	기준
2. 운항예비일 확보	- 기지보급 확대 및 안전사고 대비를 위한 예비일 확보	기준

(5) 총비용

최종적으로 향후 5년 동안 차세대 쇄빙연구선을 건조한 후, 향후 25년 동안 2대의 쇄빙연구선을 운영하면 총 약 1조 3,055억 원의 비용이 발생할 것으로 추정된다(건조비 2,622.3억 원, 선박운영비 8,954.3억 원, 장비운영비 1,478.2억 원). 이를 현가(NPV)로 전환하면 약 6,766억 원으로 추정된다〈표 9 참고〉.

〈표 9〉 원안의 총비용 추정(NPV)

(단위: 백만 원)

연도	총비용						
	건조비	선박운영비		장비운영비		총비용 (명목)	총비용 (현가)
		유류비	운영비	장비유지비	재 투자비		
n	3,245					3,245	3,245
n+1	6,652					6,652	6,305

n+2	79,663					79,663	71,573
n+3	84,036					84,036	71,566
n+4	88,634					88,634	71,547
n+5		13,250	22,567	2,145		37,962	29,046
n+6		13,250	22,567	2,145		37,962	27,532
n+7		13,250	22,567	2,145		37,962	26,096
n+8		13,250	22,567	2,145		37,962	24,736
n+9		13,250	22,567	2,145		37,962	23,446
n+10		13,250	22,567	2,145		37,962	22,224
n+11		13,250	22,567	2,145		37,962	21,066
n+12		13,250	22,567	2,145	22,186	60,148	31,637
n+13		13,250	22,567	2,145		37,962	18,926
n+14		13,250	22,567	2,145	37,651	75,613	35,732
n+15		13,250	22,567	2,145		37,962	17,004
n+16		13,250	22,567	2,145		37,962	16,118
n+17		13,250	22,567	2,145		37,962	15,278
n+18		13,250	22,567	2,145		37,962	14,481
n+19		13,250	22,567	2,145		37,962	13,726
n+20		13,250	22,567	2,145		37,962	13,011
n+21		13,250	22,567	2,145		37,962	12,332
n+22		13,250	22,567	2,145	22,186	60,148	18,521
n+23		13,250	22,567	2,145		37,962	11,080
n+24		13,250	22,567	2,145	37,651	75,613	20,919
n+25		13,250	22,567	2,145		37,962	9,955
n+26		13,250	22,567	2,145		37,962	9,436
n+27		13,250	22,567	2,145		37,962	8,944
n+28		13,250	22,567	2,145		37,962	8,478
n+29		13,250	22,567	2,145	-25,482	12,480	2,642
합계	262,230	331,250	564,175	94,192	53,625	1,305,472	676,602

2) 대안 1: 쇄빙연구선 임차

(1) 임차료

Polar 20급 임차 쇄빙연구선의 임차료는 미국 사례(스웨덴 ODEN 임차)를 기반으로 매년 약 555.3억 원으로 추정하였다[6]. 당시 ODEN의 일일 임차비용은 $139,114이며, 환율(1$=1,100원)과 경제성장률(1.7%) 반영함에 따라 일일 임차비용을 약 1.7억 원으로 추정하였다〈표 10 참고〉. 이에 경제성 분석 대상 기간인 향후 25년 동안 총 1조 3,883.3억 원의 비용이 발생한다.

〈표 10〉 쇄빙연구선 임차료

ODEN 기준 금액('10년 기준)			임차 쇄빙연구선(n+5년 기준)		
임차비용	임차기간	일일 임차비용	일일 임차료*	임차기간	총 임차료
$16,693,680	120일	$139,114	173 백만 원	321일	55,533 백만 원

* 환율(1$=1,100원), 중량조정 조정(13,000→12,000톤), 경제성장률 1.7% 적용

(2) 선박운영비

인건비, 일반운영 및 유지보수비를 아라온호 예산 평균을 반영하여 매년 약 115.7억 원이 발생하는 것으로 추정하였다. 임차 쇄빙연구선의 경우 임차료에 포함된 것을 가정하여 현재 운영 중인 아라온호에서만 비용이 발생한다. 유류비는 〈표 10〉에서 제시한 운항일 수를 기준으로 산정하였다. 이에 대안 1의 선반운영비는 매년 총 256.0억 원으로 추정되며, 경제성 분석 대상 기간인 향후 25년 동안 약 6,399.5억 원의 비용이 발생한다. 세부 항목별 금액은 극지연구소 내부자료를 바탕으로 추정하였다〈표 11 참고〉.

---

6) 미국은 스웨덴과의 극 지역(McMurdo) 공동연구를 수행을 위해 스웨덴 Polar20급 쇄빙연구선 ODEN을 120일간 $8,346,840에 임차.

항목	임차 쇄빙연구선	아라온호	합계	비고
인건비	-	2,790	2,790	임차 선박은 임차료에 인건비, 일반운영비, 유지보수비가 포함
일반운영비 및 유지보수비	-	8,783	8,783	
유류비	8,861	5,165	14,026	-
선박운영비 합계	8,861	16,738	25,599	-

자료: 극지연구소 내부자료

(3) 장비운영비

원안 대비 장비유지비와 장비 재투자비 이외에 임차 쇄빙연구선의 장비 탈부착비가 추가된다. 이에 장비유지비와 장비 재투자비는 원안과 동일한 기준으로 산정하였으며, 장비탈부착비는 차세대 쇄빙연구선에 탑재되는 장비 수(약 51개) 대비 임차 쇄빙연구선에 탑재되는 장비 수(약 20개)의 비중을 고려하여 산정하였다. 이에 매년 장비유지비 약 14.1억 원과 장비 탈부착비 약 11.8억 원의 비용이 발생한다. 최종적으로 10년 주기로 발생하는 장비 재투자비와 장비의 잔존가치를 고려하여, 경제성 분석 대상 기간인 향후 25년 동안 총 1,432.7억 원의 비용이 발생할 것으로 추정한다. 〈표 12 참고〉.

〈표 12〉 대안 1의 장비운영비 추정

(단위: 백만 원)

항목	최초 구입 연도	장비 구축비	장비 유지비	장비 재투자비	운항종료 시점의 잔존가치 (비용기준)	장비 탈부착	재투자비 발생연도
임차 쇄빙연구선	n+5년	17,044	602	17,044	-10,226	1,176	n+15, n+25
아라온	'09년	22,187	808	22,187	-6,656	-	n+12, n+22
-	-	-	1,410	-	-16,882	1,176	-

자료: 극지연구소 내부자료

(4) 고정효과보상비

임차 쇄빙연구선 임차 시, 차세대 쇄빙연구선과 동일한 연구 효과를 달성하기 위해 연구 장비의 탑재가 필요하다. 이에 연구 장비탑재를 위해 필요한 이동 항해일 수의 임차료를 고정효과 비용으로 산정하였다[7]〈표 13 참고〉.

〈표 13〉 대안 1의 고정효과보상비

구분	내용	보상방안
1. 연구 항해일수 확대	- 차세대 쇄빙연구선과 동일한 연구효과 달성을 위하여 연구장비탑재를 위해 임차 쇄빙연구선 추가 임차 비용	임일 임차료 × 장비탑재를 위한 이동항해일 수
2. 운항예비일 확보	- 임차 선박 임차 시, 운항예비일이 임차 기간에 포함	-

(5) 총비용

최종적으로 외국 쇄빙연구선을 임차하고, 향후 25년 동안 2대의 쇄빙연구선을 운영하면 총 약 2조 1,715억 원의 비용이 발생할 것으로 추정된다(임차료 1조 3,883.3, 선박운영비 6,399.5억 원, 장비운영비 1,432.7억 원). 이를 현가(NPV)로 전환하면 약 9,465.6억 원으로 추정된다〈표 14 참고〉.

〈표 14〉 대안 1의 총비용 추정(NPV)

(단위: 백만 원)

연도	총비용							
	임차료	선박운영비		장비운영비			총비용 (명목)	총비용 (NPV)
		운영비	유류비	장비 유지비	장비 탈부착비	재투자비		
n	-	-	-	-	-	-	-	-
n+1	-	-	-	-	-	-	-	-

---

7) 스웨덴의 쇄빙연구선 ODEN 임차 시, 장비탑재를 위한 이동항해 70일(스웨덴→인천, 인천→스웨덴) 소요.

n+2	-	-	-	-	-	-	-	-
n+3	-	-	-	-	-	-	-	-
n+4	-	-	-	-	-	-	-	-
n+5	55,533	11,573	14,025	1,410	1,176	17,044	100,761	77,096
n+6	55,533	11,573	14,025	1,410	1,176	-	83,717	60,715
n+7	55,533	11,573	14,025	1,410	1,176	-	83,717	57,550
n+8	55,533	11,573	14,025	1,410	1,176	-	83,717	54,550
n+9	55,533	11,573	14,025	1,410	1,176	-	83,717	51,706
n+10	55,533	11,573	14,025	1,410	1,176	-	83,717	49,010
n+11	55,533	11,573	14,025	1,410	1,176	-	83,717	46,455
n+12	55,533	11,573	14,025	1,410	1,176	22,186	105,903	55,703
n+13	55,533	11,573	14,025	1,410	1,176	-	83,717	41,738
n+14	55,533	11,573	14,025	1,410	1,176	-	83,717	39,562
n+15	55,533	11,573	14,025	1,410	1,176	17,044	100,761	45,134
n+16	55,533	11,573	14,025	1,410	1,176	-	83,717	35,545
n+17	55,533	11,573	14,025	1,410	1,176	-	83,717	33,692
n+18	55,533	11,573	14,025	1,410	1,176	-	83,717	31,935
n+19	55,533	11,573	14,025	1,410	1,176	-	83,717	30,270
n+20	55,533	11,573	14,025	1,410	1,176	-	83,717	28,692
n+21	55,533	11,573	14,025	1,410	1,176	-	83,717	27,196
n+22	55,533	11,573	14,025	1,410	1,176	22,186	105,903	32,610
n+23	55,533	11,573	14,025	1,410	1,176	-	83,717	24,435
n+24	55,533	11,573	14,025	1,410	1,176	-	83,717	23,161
n+25	55,533	11,573	14,025	1,410	1,176	17,044	100,761	26,423
n+26	55,533	11,573	14,025	1,410	1,176	-	83,717	20,809
n+27	55,533	11,573	14,025	1,410	1,176	-	83,717	19,724
n+28	55,533	11,573	14,025	1,410	1,176	-	83,717	18,696
n+29	55,533	11,573	14,025	1,410	1,176	-16,882	66,835	14,148
합계	1,388,325	289,325	350,625	35,250	29,400	78,622	2,171,547	946,555

3) 대안 2: 외국 내빙연구선 및 쇄빙선 임차

(1) 임차료

Polar 20급 쇄빙선과 내빙연구선의 임차료는 러시아 쇄빙선과 국내 임차 (유즈모) 사례를 기반으로 매년 약 320.9억 원이 발생하는 것으로 산정하였다. 우선 쇄빙선의 경우, 러시아가 자국 영해 통과 시에 쇄빙선을 도선으로 대여하고 있으며, 시즌(겨울/봄, 여름/가을)과 항해역권(7역권)에 따라 임차료를 차등으로 부과하고 있다. 이에 각 시즌별 일일 임차료와 임차기간을 적용하여 겨울, 봄 시즌 약 32.4억 원과 여름, 가을 시즌 약 약 46.2억 원의 비용이 산정되어 매년 총 78.6억 원의 비용이 발생하는 것으로 산정하였다〈표 15 참고〉. 또한 내빙연구선 임차의 경우, 과거 임차 사례를 기반으로 환율, 경제성 장률 및 선박 규모를 고려하여 총비용 242.3억 원을 산정하였다(일일 임차비용 = 0.75억 원)[8]. 이에 경제성 분석 대상 기간인 향후 25년 동안 총 8,021.3억 원의 비용이 발생한다.

〈표 15〉 대안 2의 임차 쇄빙선 임차료 추정

(단위: 백만 원)

시즌	일일 임차료	임차 기간(일)	소계
겨울, 봄	72	45	3,240
여름, 가을	35	132	4,620
합계			7,860

자료: Ministry of Justice of Russia(2014)

---

8) '08~'09년 하계시즌에 러시아로부터 유즈모(Yuzhmorgeologia)를 $1,062,590에 33일간 임차.

(2) 선박운영비

대안 1과 동일하게 인건비, 일반운영 및 유지보수비는 아라온호 예산 평균을 반영하여 매년 약 115.7억 원이 발생하는 것으로 추정하였다. 임차 쇄빙선과 내빙연구선은 동 비용이 임차료에 포함된 것으로 가정하고, 현재 운영 중인 아라온호에서만 비용을 산정하였다. 유류비는 〈표 4〉에서 제시한 운항일 수를 기준으로 산정하였다. 단 임차 쇄빙선의 경우, 유류비를 임차료에 포함하여 산정하지 않았다. 이에 대안 2의 선박운영비는 매년 약 212.5억 원으로 추정되며, 경제성 분석 대상 기간인 향후 25년 동안 약 5,312억 원의 비용이 발생한다. 세부 항목별 금액은 극지연구소 내부자료를 바탕으로 추정하였다〈표 16 참고〉.

〈표 16〉 대안 2의 선박운영비 추정

(단위: 백만 원)

항목	임차 쇄빙선	임차 내빙연구선	아라온호	합계	비고
인건비	-	-	2,790	2,790	임차 선박은 임차료에 인건비, 일반운영비, 유지보수비가 포함
일반운영비 및 유지보수비	-	-	8,783	8,783	
유류비	-	4,511	5,164	9,675	쇄빙선은 임차료에 유류비 포함
합계	-	4,511	16,737	21,248	

자료: 극지연구소 내부자료

(3) 장비운영비

대안 1과 동일하게 장비유지비와 장비 재투자비 이외에 임차 내빙연구선의 장비 탈부착비를 산정한다. 이에 장비유지비와 장비 재투자비는 원안과 동일한 기준으로 산정하였으며, 장비탈부착비는 차세대 쇄빙연구선에 탑재되는 장비 수(약 51개) 대비 임차 내빙연구선에 탑재되는 장비 수(약 45개)의 비중을 고려하여 산정하였다. 이에 매년 장비유지비 약 19.6억 원과 장비 탈부착비 약 26.5억 원의 비용이 발생한다. 최종적으로 10년 주기로 발생하는 장비 재투자비와 장비의 잔존가치를 함께 고려하여, 경제성 분석 대상 기간인 향후 25년 동안 총 2,299.9억 원의 비용이 발생할 것으로 추정한다〈표 17 참고〉.

〈표 17〉 대안 2의 장비운영비 추정

(단위: 백만 원)

항목	최초 구입 연도	장비 구축비	장비 유지비	장비 탈부착비	장비 재투자비	운항종료 시점의 잔존 가치(비용기준)	재투자비 발생 연도
임차내빙 연구선	n+5년	32,105	1,154	2,647	32,105	-19,263	n+15, n+25
아라온	'09년	22,187	808	-	22,187	-6,656	n+12, n+22
-	-	-	1,962	2,647	-	-25,919	-

자료: 극지연구소 내부자료

(4) 고정효과보상비

임차 내빙연구선 임차 시, 차세대 쇄빙연구선과 동일한 연구 효과를 달성하기 위해 연구 장비의 탑재가 필요하다. 이에 연구 장비탑재를 위해 필요한 이동 항해일수의 임차료를 고정효과 비용으로 산정하였다[9]〈표 18 참고〉.

〈표 18〉 대안 2의 고정효과보상비

구분	내용	보상방안
1. 연구항해일수 확대	- 차세대 쇄빙연구선과 동일한 연구효과 달성을 위하여 연구장비탑재를 위해 임차 내빙연구선 추가 임차 비용	임일 임차료 × 장비탑재를 위한 이동항해일수
2. 운항예비일 확보	- 임차 선박 임차 시, 운항예비일이 임차기간에 포함	-

(5) 총비용

최종적으로 외국 쇄빙선과 내빙연구선을 임차하고, 향후 25년 동안 총 3대의 선박을 운영하면 총 약 1조 5,633억 원의 비용이 발생할 것으로 추정된다

---

9) 러시아의 내빙연구선 유즈모 임차 시, 장비탑재를 위해 이동항해 72일(러시아→인천, 인천→러시아) 소요.

(임차료 8,021.3억 원, 선박운영비 5,312억 원, 장비운영비 2,299.9억 원). 이를 현가(NPV)로 전환하면 약 6,877.7억 원으로 추정된다〈표 19 참고〉.

〈표 19〉 대안 2의 총비용 추정(NPV)

(단위: 백만 원)

| 연도 | 총비용 | | | | | | 총비용 (명목) | 총비용 (NPV) |
| | 임차료 | 선박운영비 | | 장비운영비 | | | | |
		운영비	유류비	장비 유지비	장비 탈부착비	재 투자비		
n								
n+1								
n+2								
n+3								
n+4								
n+5	32,085	11,573	9,675	1,962	2,647	32,105	90,047	68,898
n+6	32,085	11,573	9,675	1,962	2,647		57,942	42,022
n+7	32,085	11,573	9,675	1,962	2,647		57,942	39,831
n+8	32,085	11,573	9,675	1,962	2,647		57,942	37,755
n+9	32,085	11,573	9,675	1,962	2,647		57,942	35,787
n+10	32,085	11,573	9,675	1,962	2,647		57,942	33,921
n+11	32,085	11,573	9,675	1,962	2,647		57,942	32,153
n+12	32,085	11,573	9,675	1,962	2,647	22,186	80,128	42,146
n+13	32,085	11,573	9,675	1,962	2,647		57,942	28,888
n+14	32,085	11,573	9,675	1,962	2,647		57,942	27,382
n+15	32,085	11,573	9,675	1,962	2,647	32,105	90,047	40,335
n+16	32,085	11,573	9,675	1,962	2,647		57,942	24,601
n+17	32,085	11,573	9,675	1,962	2,647		57,942	23,319
n+18	32,085	11,573	9,675	1,962	2,647		57,942	22,103
n+19	32,085	11,573	9,675	1,962	2,647		57,942	20,951
n+20	32,085	11,573	9,675	1,962	2,647		57,942	19,858
n+21	32,085	11,573	9,675	1,962	2,647		57,942	18,823
n+22	32,085	11,573	9,675	1,962	2,647	22,186	80,128	24,673
n+23	32,085	11,573	9,675	1,962	2,647		57,942	16,912

n+24	32,085	11,573	9,675	1,962	2,647		57,942	16,030
n+25	32,085	11,573	9,675	1,962	2,647	32,105	90,047	23,613
n+26	32,085	11,573	9,675	1,962	2,647		57,942	14,402
n+27	32,085	11,573	9,675	1,962	2,647		57,942	13,651
n+28	32,085	11,573	9,675	1,962	2,647		57,942	12,940
n+29	32,085	11,573	9,675	1,962	2,647	-25,919	32,023	6,779
합계	802,125	289,325	241,875	49,050	66,175	114,768	1,563,318	687,773

4) 대안 3: 쇄빙 화물선 건조, 아라온 개조 및 외국 쇄빙연구선 임차

(1) 건조비

과거 아라온호와 차세대 쇄빙연구선의 건조비를 기준으로 중량 약 7,000톤 급의 연구기능을 제외한 쇄빙 화물선 건조 비용을 약 1,785.9억 원으로 추정 하였다(장비구축비 제외, 공사비 등 조정). 각 항목별 비용 추정을 위해 세부 항목들을 구성하였으며, 세부 항목별 금액은 극지연구소 내부자료를 바탕으로 추정하였다〈표 20 참고〉.

〈표 20〉 원안의 건조비 추정

(단위: 백만 원)

항목	금액	세부 항목
공사비	118,162.9	- 선각공사, 화물장치, 의장공사, 갑판배관, 선실의장, 기관공사, 전기공사, 간접노무비 도입제비용, 상세·생산설계비
제경비	14,717.2	- 일반관리비, 이윤
부대비	12,237.2	- 기본설계비, 건조로드맵, 감리비, 감독비, 제세금, 시험운항비
부가가치세	14,511.7	-
예비비(10%)	15,962.9	-
요소기술개발비	3,000	-
건조비	178,591.9	-

자료: 극지연구소 내부자료

(2) 임차료

남극 연구를 전담할 아라온급 쇄빙연구선의 임차료는 대안 2와 동일하게 국내 임차(유즈모) 사례를 기반으로 매년 약 85.5억 원이 발생하는 것으로 산정하였다(일일 임차비용 = 0.75억 원, 임차 기간 114일)[10]. 이에 경제성 분석 대상 기간인 향후 25년 동안 총 2,137.5억 원의 비용이 발생한다.

〈표 21〉 대안 3의 내빙연구선 임차료

유즈모 기준 금액('08년 기준)			임차 내빙연구선(n+5년 기준)		
임차비용	임차기간	일일 임차비용	일일 임차료*	임차 기간	총 임차료
$1,062,590	33일	$32,200	75백만 원	114일	8,550백만 원

* 환율(1$=1,100원), 중량 조정(아라온급, 4,430→7,487톤), 경제성장률 1.7% 적용

(3) 선박운영비

인건비, 일반운영 및 유지보수비는 아라온(개조)과 쇄빙화물선에서만 발생하며, 임차 쇄빙연구선은 임차료에 포함된 것으로 가정한다. 아라혼(개조)는 과거 예산 평균을 반영하여 매년 약 115.7억 원이 발생하는 것으로 추정하였다. 쇄빙화물선은 차세대 쇄빙연구선을 기준으로 인건비는 동일하며, 일반운영비 및 유지보수비는 중량을 기준으로 조정(12,000톤→7,000톤)하여 48.5억 원으로 추정하였다. 유류비는 여타 대안들과 동일하게 〈표 4〉에서 제시한 운항일수를 기준으로 산정하였다. 이에 대안 3의 선박운영비는 매년 약 346.4억 원으로 추정되며, 경제성 분석 대상 기간인 향후 25년 동안 약 8,659.3억 원의 비용이 발생한다. 세부 항목별 금액은 극지연구소 내부자료를 바탕으로 추정하였다〈표 22 참고〉.

---

10) Polar10급 쇄빙연구선 임차 시, 내빙연구선보다 높은 임차료가 발생하지만 임차료를 산출할 수 있는 과거 사례가 없음에 따라 보수적인 측면에서 내빙연구선 임차료 기준으로 아라온급 쇄빙연구선 임차료를 산정.

〈표 22〉 대안 3의 선박운영비 추정

(단위: 백만 원)

항목	임차 쇄빙연구선	쇄빙화물선	아라온호	합계	비고
인건비	-	2,682	2,790	5,472	임차 선박은 임차료에 인건
일반운영비 및 유지보수비	-	4,849	8,783	13,632	비, 일반운영비, 유지보수비가 포함됨
유류비	1,757	9,183	4,593	15,533	
선박운영비 합계	1,757	16,714	16,166	34,637	

자료: 극지연구소 내부자료

(4) 장비운영비

여타 대안들과 동일하게 장비유지비와 장비 재투자비 이외에 임차 쇄빙연구선의 장비 탈부착비를 산정한다. 이에 장비유지비와 장비 재투자비는 원안과 동일한 기준으로 산정하였으며, 장비탈부착비는 차세대 쇄빙연구선에 탑재되는 장비 수(약 51개) 대비 임차 내빙연구선에 탑재되는 장비 수(약 45개)의 비중을 고려하여 산정하였다(대안 2와 동일). 이에 매년 장비유지비 약 19.6억 원과 장비 탈부착비 약 26.5억 원의 비용이 발생한다. 최종적으로 10년 주기로 발생하는 장비재투자비와 장비의 잔존가치를 함께 고려하여, 경제성 분석 대상 기간인 향후 25년 동안 총 2,299.9억 원의 비용이 발생할 것으로 추정한다〈표 23 참고〉.

〈표 23〉 장비운영비 추정(안)

(단위: 백만 원)

항목	최초 구입연도	장비 구축비	장비 유지비	장비 탈부착비	장비 재투자비	운항종료 시점의 잔존가치(비용기준)	재투자비 발생 연도
임차 쇄빙연구선	n+5년	32,105	1,154	2,647	32,105	-19,263	'32년, '42년
아라온(개조)	'09년	22,187	808	-	22,187	-6,656	'29년, '39년
-	-	-	1,962	2,647	-	-25,919	-

자료: 극지연구소 내부자료

(5) 고정효과보상비

대안 3에서는 차세대 쇄빙연구선과 동일한 연구효과를 달성하기 위해 아라온호의 승선인원 추가를 위해 개조를 하였다. 이에 아라온호의 개조 비용 약 47.4억 원을 고정효과 비용으로 산정한다.

〈표 24〉 대안3의 고정효과보상비

구분	내용	보상방안
1. 연구항해일수 확대	- 차세대 쇄빙연구선과 동일한 효과를 달성하기 위해 제1쇄빙연구선인 아라온호 개조	아라온 개조 비용
2. 운항예비일 확보	- 개조 아라온호를 통해 기지보급 확대 및 안전사고 대비를 위한 예비일 확보 가능 - 임차 선박 임차 시, 운항예비일이 임차기간에 포함	-

(6) 총비용

최종적으로 대안 3은 향후 25년 동안 총 3대의 선박을 운영함에 따라 총 약 1조 4,930억 원의 비용이 발생할 것으로 추정된다(건조비 1,785.9억 원, 임차료 2,137.5억 원, 선박운영비 8,659.3억 원, 장비운영비 2,299.9억 원, 개조비 47.4억 원). 이를 현가(NPV)로 전환하면 약 7,345.3억 원으로 추정된다〈표 25 참고〉].

〈표 25〉 대안 3의 총비용 추정(NPV)

(단위: 백만 원)

연도	총비용								총비용 (명목)	총비용 (NPV)
	건조비	개조비	임차료	선박운영비		장비운영비				
				운영비	유류비	장비 유지비	장비 탈부착비	재 투자비		
n	2,012	-	-	-	-	-	-	-	2,012	2,012
n+1	6,199	-	-	-	-	-	-	-	6,199	5,876

n+2	54,351	-	-	-	-	-	-	-	54,351	48,832
n+3	54,191	-	-	-	-	-	-	-	54,191	46,150
n+4	61,839	4,740	-	-	-	-	-	-	66,579	53,744
n+5	-	-	8,550	19,104	15,533	1,962	2,647	32,105	79,901	61,135
n+6	-	-	8,550	19,104	15,533	1,962	2,647		47,796	34,664
n+7	-	-	8,550	19,104	15,533	1,962	2,647	-	47,796	32,857
n+8	-	-	8,550	19,104	15,533	1,962	2,647		47,796	31,144
n+9	-	-	8,550	19,104	15,533	1,962	2,647	-	47,796	29,520
n+10	-	-	8,550	19,104	15,533	1,962	2,647	-	47,796	27,981
n+11	-	-	8,550	19,104	15,533	1,962	2,647		47,796	26,523
n+12	-	-	8,550	19,104	15,533	1,962	2,647	22,187	69,983	36,810
n+13	-	-	8,550	19,104	15,533	1,962	2,647		47,796	23,829
n+14	-	-	8,550	19,104	15,533	1,962	2,647	-	47,796	22,587
n+15	-	-	8,550	19,104	15,533	1,962	2,647	32,105	79,901	35,790
n+16	-	-	8,550	19,104	15,533	1,962	2,647	-	47,796	20,293
n+17	-	-	8,550	19,104	15,533	1,962	2,647	-	47,796	19,235
n+18	-	-	8,550	19,104	15,533	1,962	2,647		47,796	18,233
n+19	-	-	8,550	19,104	15,533	1,962	2,647	-	47,796	17,282
n+20	-	-	8,550	19,104	15,533	1,962	2,647	-	47,796	16,381
n+21	-	-	8,550	19,104	15,533	1,962	2,647	-	47,796	15,527
n+22	-	-	8,550	19,104	15,533	1,962	2,647	22,187	69,983	21,550
n+23	-	-	8,550	19,104	15,533	1,962	2,647	-	47,796	13,950
n+24	-	-	8,550	19,104	15,533	1,962	2,647	-	47,796	13,223
n+25	-	-	8,550	19,104	15,533	1,962	2,647	32,105	79,901	20,953
n+26	-	-	8,550	19,104	15,533	1,962	2,647	-	47,796	11,880
n+27	-	-	8,550	19,104	15,533	1,962	2,647	-	47,796	11,261
n+28	-	-	8,550	19,104	15,533	1,962	2,647	-	47,796	10,674
n+29	-	-	8,550	19,104	15,533	1,962	2,647	-25,919	21,877	4,631
합계	178,592	4,740	213,750	477,600	388,325	49,050	66,175	114,770	1,493,002	734,527

IV. 대안별 경제성 비교분석

차세대 쇄빙연구선 건조의 경제성 분석을 위해 비용효과분석의 고정효과접근법을 활용하여 수행한 결과, 여타 대안 대비 경제적으로 가장 타당한 것으로 판단할 수 있다. 총비용(명목) 기준으로 대안 대비 약 1,875.3 ~ 8,660.8억 원의 비용을 절감할 수 있으며, 총비용(현가) 기준으로 대안 대비 약 111.7 ~ 2,699.5억 원의 비용을 절감할 수 있다.

이는 원안인 차세대 쇄빙연구선 건조가 건조비가 타 대안보다 상당히 높은 편이지만 외국 쇄빙 및 내빙연구선을 임차하는 것 대비 임차료와 장비 탈부착비가 존재하지 않기 때문이다. 대안 1의 경우, 차세대 쇄빙연구선과 동일한 성능(Polar 20, 12,000톤급)과 연구를 수행할 수 있는 외국 쇄빙연구선 임차비용이 상당히 크다. 이에 타 대안(대안 2, 대안 3)보다 가장 경제성이 없는 것으로 판단된다. 특히 국가 간에 쇄빙연구선을 임차하는 사례가 많지 않기 때문에, 추가적으로 비용이 상승할 가능성도 있다. 반면 대안 2는 원안과 비용 측면에서 큰 차이를 보이지 않고 있다(명목 2,578억 원, 현가 111.7억 원). 이는 외국 내빙연구선과 쇄빙선을 임차함에 따라 건조비가 발생하지 않기 때문이다. 또한 연구 항해를 제외한 이동 항해와 정박비용을 최소화함에 따라 임차료를 절감할 수 있다. 단 북극 연구를 위해 외국 내빙연구선과 쇄빙선을 각각 2대 운영해야 한다는 점과 연구를 위해 장비 탈부착을 매번 수행해야 한다는 점에서 한계가 존재한다. 즉 경제적 측면에서 원안과 유사하지만, 연구 수행의 효율성 측면을 함께 고려할 필요가 있다. 마지막으로 대안 3은 경제성 측면에서 대안 1과 대안 2의 중간 수준으로 평가된다. 단 아라온을 개조하여 북극 연구를 전담할 시, 차세대 쇄빙연구선을 건조하는 것 대비 대응할 수 있는 연구 수요가 축소된다. 즉 차세대 쇄빙연구선을 건조하는 본질적인 목표인 북극 연구

수요 대응에 차질이 발생할 수 있다. 즉 대안 3은 경제성 측면에서는 고려가 가능하지만 기술적 타당성을 확보하기 어렵다고 판단된다.

〈표 26〉 총비용 비교 및 경제성 평가

(단위: 백만 원)

항목		원안 (차세대 쇄빙연구선 건조)	대안		
			대안 1 (쇄빙연구선 임차)	대안 2 (외국 내빙연구선 및 쇄빙선 임차)	대안 3 (쇄빙 화물선 건조 등)
건조비		262,230	-	-	178,592
개조비		-	-	-	4,740
임차료		-	1,388,325	802,125	213,750
선박 운영비	운영비	564,175	289,325	289,325	477,600
	유류비	331,250	350,625	241,875	388,325
장비 운영비	장비 유지비	94,192	35,250	49,050	49,050
	장비 탈부착비	-	29,400	66,175	66,175
	재 투자비	53,625	78,622	114,768	114,770
총비용(명목)		1,305,472	2,171,547	1,563,318	1,493,002
총비용(현가)		676,602	946,555	687,773	734,527
경제성 평가		최적 대안	3순위 대안	1순위 대안	2순위 대안

V. 결론

본 연구는 2015년부터 해양수산부에서 국가연구개발사업으로 추진을 기획하고 있는 차세대 쇄빙연구선건조사업에 대하여 경제성 측면에서 최적 대안을 제시하고자 분석을 수행하였다. 일반적으로 가장 널리 사용되는 경제성 분석기법인 비용-편익분석기법을 적용하기 어려운 사업특성으로 인해 원안과 대안의 고정효과 대비 비용을 비교하는 비용-효과분석을 수행하였다. 분석 결과 '차세대 쇄빙연구선 건조(원안)'이 분석을 위해 설정한 세 가지의 대안보다 경제적 측면에서 타당한 것으로 분석되었다.

대안 1과 2에서 제시한 쇄빙 및 내빙연구선 임차의 경우, 극지연구를 수행하는 국가들 간에 쇄빙연구선을 임차한 사례는 과거 1건에 불과하다. 또한 1건의 사례도 미국이 스웨덴의 쇄빙연구선(Oden)을 일시적으로 임차한 경우이다. 즉 장기적으로 쇄빙연구선을 임차한 사례는 상당히 드물다. 더욱이 쇄빙연구선과 같은 특수 선박은 자국의 수요를 우선적으로 고려하기 때문에, 국내 연구수요에 적합하게 임차 및 활용하기도 어렵다. 극지연구소는 내부적으로 미국, 영국, 노르웨이 등에 쇄빙연구선 임차를 문의했으나, 자국 수요로 인해 임차가 불가함을 통보받았다. 하지만 만일 쇄빙연구선의 임차가 가능하다 할지라도, 차세대 쇄빙연구선에 탑재될 장비를 임차한 쇄빙 및 내빙연구선에 탑재하는 장비탑재 비용이 매년 발생하여 경제적 타당성이 부족하다. 즉 대안 1과 2는 Polar 20 쇄빙능력을 보유한 쇄빙연구선의 임차 전례를 고려하여 실현 가능성이 희박하며, 장비탑재로 인해 매년 추가 비용이 발생한다는 점에서 대안으로 적합하지 못하다[그림 3 참고]. 또한 대안 3의 경우도, 매년 추가적으로 장비 탑재를 위한 비용이 발생하며, 총 3대의 선박을 운영함에 따라 운영비가 증가한다는 점에서 경제성 측면에서 비합리적 선택으로 판단한다. 더욱이 아라온호의 내한성능 한계(-35℃)로 인해 북극 동계연구 활용 가능 여부가 미지수이다. 즉 경제적 타당성과 함께 실현 가능성을 고려할 때, 차세대 쇄빙연구선 건조는 합리적인 선택이라고 판단할 수 있다.

동 연구는 현재 기획 중인 '차세대 쇄빙연구선 건조사업'의 경제적 타당성을 분석하였다는 점에서 시기적절한 연구라고 생각한다. 특히 비용-편익분석을 대체할 수 있는 비용-효과분석을 통해 경제적 타당성을 입증하였다는 점에서 이론적으로 기여할 수 있다고 판단한다. 하지만 차세대 쇄빙연구선 건조사업의 기획이 아직 진행 중이기에 다소 과거의 데이터를 활용하였으며, 보안상의 이유로 분석연도와 일부 분석항목의 세부 항목 도출과정을 모두 공개하지 못한 한계점이 존재한다. 그렇지만 비용 분석을 위해 사용된 건조비, 임차료, 운영비, 고정효과보상비의 수치들은 모두 극지연구소에서 보유 및 해외 연구기관들에 요청하여 받은 실측자료에 기반하기에 분석 결과의 신뢰성은 담보할 수 있다. 아직 차세대 쇄빙연구선의 건조 여부가 확정되지 않았지만, 경제성 측면에서의 타당성은 입증된 만큼 연구수요 등의 기술 및 정책적 타당성이 입증되어 사업 추진이 조속히 이루어짐에 따라 극지해역 과학플랫폼 확보, 과학외교 기반 국가 위상 제고, 북극항로 개척 및 안전운항, 미래 에너지자원 정보 획득 등의 효과를 창출하기를 기대한다.

[그림 3] 순서도 모형을 통한 대안 검토

〈참고문헌〉

관계부처 합동,『북극정책 기본계획』, 2013.

관계부처 합동,『북극활동 진흥 기본계획('18~'22)』, 2018.

국가연구시설장비진흥센터(NFEC), "연구장비 유지보수비 산정기준", 2014.

극지연구소 · 해양수산부, "제2 쇄빙연구선 건조를 위한 기획연구 최종보고서", 2015.

기획재정부, "국가재정운용계획('15~'19)", 2015.

김동건,『비용편익분석』, 박영사, 2008.

김정권 외, "국가연구개발사업의 비용효과 분석 방향 연구"『한국과학기술기획평가원』, 2017.

박종진 외, "전력수요관리사업의 비용효과분석".『대한전기학회 학술대회 논문집』, 2003.

박찬우 외, "개인생명가치추정을 통한 안전개선 비용효과 분석에 관한 연구".『한국철도학회 학술발표대회논문집』, 2004.

박태유 외, "국방투자사업 비용대 효과분석 방법론 연구".『한국국방연구원』. 2001.

안기언 외, "일사조절 장치 적용에 따른 에너지 및 비용효과분석".『한국건축시공학회 학술발표대회 논문집』, 2013.

이연상, 윤화영, "연료전환 온실가스감축사업(KVER)의 감축잠재력 및 비용효과분석".『에너지기후변화학회지』, 2012.

조성호 외, "국가연구개발사업 예비타당성조사 수행 세부지침"『한국과학기술기획평가원』, 2019. 01.

조성호 외, "국가연구개발사업 예비타당성조사 수행 세부지침"『한국과학기술기획평가원』, 2020. 01.

전승용 외, "2019년도 예비타당성조사 보고서 차세대 쇄빙연구선 건조사업",『한국과학기술기획평가원』, 2020.

한국과학기술기획평가원, "2015년도 예비타당성조사 보고서 제2쇄빙연구선 건조사업", 2018.

한종만, "2035년까지 러시아의 북극 쇄빙선 인프라 프로젝트의 필요성, 현황, 평가".『한국 시베리아 연구』, 배제대학교 한국-시베리아센터, 제 24권 제 2호, 2020.

Bishop, J. D. K., Martin N. P. D., Boies A. M., "Cost-effectiveness of alternative powertrains for reduced energy use and CO2 emissions in passenger vehicles." *Applied Energy*, 124, 2014, pp. 44-61.

Canadian Coordinating Office for Health Technology Assessment. *Guidelines for Economic Evaluation of Pharmaceuticals*: (Canada, Ottawa: CCOHT, 1994).

Cerda, E., P. del Río. "Different interpretations of the cost-effectiveness of renewable electricity support: Some analytical results." *Energy*, 90, 2015, pp. 286-298.

Commonwealth Department of Health, Housing and Community Services. *Guidelines for the Pharmaceutical Industry on Preparation of Submissions to the Pharmaceutical Benefits Advisory Committee, Canberra*: (Australian Government Publishing Service, 1992).

Creese, A., Parker D., *Cost analysis in primary health care: A training manual for programme managers*", (Geneva: WHO, 1994).

Drummond, M.F., Jefferson T.O., "Guideline for authors and peer reviewers of economic submissions to the BMJ." *British Medical Journal*, 313, 1996, pp. 275-283.

Endo, E., Tamura Y., "Cost-effectiveness analysis of R&D on solar cells in Japan." *Solar Energy Materials & Solar Cells*, 75, 2003, pp. 751-759.

Hutubessy, R., Chisholm D., Edejer T.T., WHO-CHOICE, "Generalized cost-effectiveness analysis for national-level priority-setting in the health sector." *Cost Effectiveness and Resource Allocation*, 2003, pp. 1-13.

Kumaranayake, Pepperall J., Goodman H., Mills A., Walker D., "Costing guidelines for HIV/AIDS prevention strategies. A companion volume to Cost analysis in primary health care: A training manual for programme managers." *London: Health Economics and Financing Programme*, London School of Hygiene and Tropical Medicine. 2000.

Phillips, M., A. Mills, Dye C., *Guidelines for cost-effectiveness analysis of vector control." PEEM Secretariat, WHO/CWS/93.4*, (Geneva: WHO, 1993).

Russell, L.B., Gold M.R., Siegel D.N., Weinstein M.C., "The role of cost-effectiveness analysis in health and medicine." *Journal of the American Medical Association*, 276, 1996, pp. 1172-1177.

Siegel, J.E., Weinstein M.C., Russell L.B., Gold M.R., "Recommendations for...". Recommendations for reporting cost-effectiveness analyses". *Journal of the American Medical Association*, 276, 1996, pp. 1339-1341.

Weinstein, M.C., Siegel J.E., Gold M.R., Kamlet M.S., Russell L.B., "Recommendations of the Panel on Cost-Effectiveness in Health and Medicine." *Journal of the American Medical Association*, 276, 1996, pp. 1253-1258.

WHO. *Estimating costs for cost-effectiveness analysis: Guidelines. WHO/EPI. 1979. Expanded Programme on Immunization: Costing guidelines. EPI/GEN/79/5*, (Geneva: WHO, 1988).

Yurtsev, A., Jenkins G.P., "Cost-effectiveness analysis of alternative water heatersystems operating with unreliable water supplies." *Renewable and Sustainable, Energy Reviews*, 54, 2016, pp. 174-183.

【인터넷 자료】

극지연구소(www.kopri.re.kr)

MIN(Ministry of Justice of Russian, www.minjust.gov.ru)

MOJ (러시아 법무부, https://minjust.gov.ru)

NSF(National Science Foundation, www.nsf.gov)

한국의 '신북방정책'과 러시아의 '신동방정책' 접점 연구

김정훈(배재대학교 한국-시베리아센터 소장)
백영준(러시아 시베리아연방대학교 조교수, Старший преподаватель)

Ⅰ. 서론

2014년 우크라이나 사태로 인해 촉발된 미국과 러시아의 마찰은 2015년 크림반도 합병과 시리아 내전 개입, 2016년 미국과의 핵 협정 중단, 2017년 미국의 제재 심화로 인한 외교관 추방 사건에 이르기까지 지속되고 있다. 이러한 일련의 사건들은 러시아의 북극권 개발 전략 추진에 어려움을 안겨 주고 있다.[1]

러시아는 역사적으로 서방과의 관계가 악화되면 러시아는 동쪽으로 눈을 돌리곤 했다. 현재도 과거와 같은 상황이 전개되고 있다. 미국과의 대립이 심해지면서 아시아 국가들과의 협력의 비중이 높아지고 이러한 행보는 가시적으로 나타나기 시작하였다. 즉, 러시아는 시베리아 및 극동지방에서 현재의 난점에 대한 해결책을 모색하고 있다는 것이다.[2]

※ 이 글은『한국 시베리아연구』25권1호에 게재된 논문으로, 2020년 4월24일 러시아 크라스노야르스크에서 개최한 학술대회 XXI Международный научно-практический форум студентов, аспирантов и молодых ученых "Молодежь и наука XXI века"에서 발표된 "Новая восточная политика российской федерации и северная политика Республики Корея(взгляд корейских ученых)" 발표 원고를 한국어로 번역한 것임
1) 박정호, "우크라이나 사태와 정세 동향" 대외경제정책연구원 전문가 간담회 발표문, 2015.
2) 우준모, ""신북방정책" 비전의 국제관계이론적 맥락과 러시아 신동방정책과의 접점",

이러한 분위기는 러시아 경제에 있어 막대한 비중을 차지하고 있는 석유와 가스의 대 유럽 수출에도 영향을 미치고 있다. 기존의 러시아의 석유와 가스 파이프라인은 주로 유럽과 CIS 지역에 집중되어 왔기에, 근간의 미국을 중심으로 한 서구사회의 반러 정서의 확산으로 인해 러시아 에너지 의존도 감소 현상이 나타나고 있는 것이다.[3]

이에 따라, 러시아는 동쪽으로 눈을 돌려 극동/시베리아 및 북극지역의 새로운 지하자원 개발과 중국, 일본, 한국 등의 시장을 개척하기 위한 노력을 경주하기 시작하였다. 사할린 지역에서 '사할린 LNG' 1, 2, 3 등의 프로젝트를 통해 아시아 지역의 국가에 에너지를 공급하기 시작했으며, 또한 '실라 시비리 (Sila Sibiri)' 가스관 개발을 시작하여 차얀다 가스전에서 생산되는 가스를 극동의 하바로프스크, 블라디보스토크를 통해 중국(선양, 북경, 산동 등)으로 공급하고 있다. 다른 한편으로는, 북극지역에서 중국과 일본의 참여를 유도하여 '야말 LNG' 프로젝트를 성공적인 완료하기도 했다. 'Strong Russia'라는 국가 슬로건을 내세우며 실행되고 있는 러시아의 국가 전략적 차원의 사업들의 아시아지역으로의 중심이동은 현재 진행형이다.

한국의 경우 2013년 박근혜 정부는 출범과 동시에 북동항로, 시베리아횡단철도, 중국횡단철도 등으로 유라시아 대륙을 하나로 묶고, 북한의 개혁개방을 유도하고 한반도의 평화를 이루자는 주장을 골자로 한 '유라시아 이니시어티브' 정책을 기본 기조로 내세웠다. 그러나 이 정책은 북한의 반대와 미국의 무관심 등으로 인해 원만하게 추진되지 못했다. 또한 정권 말기 탄핵정국으로 인한 국내의 정치적인 문제와 미국과 러시아 간의 불편한 관계 등으로 인한 국제정세 문제 등이 복합적으로

국제지역연구, vol. 21, no. 5, pp. 105-130, 2018.
3) 이성규, 윤익중, "유라시아 이니셔티브와 푸틴의 신동방 정책: 권역별 에너지 협력을 중심으로" 동서연구, vol. 26, no. 3, pp. 159-184, 2014.

작용되면서 결국 일정한 효과를 창출해 내지 못한 채 마무리되고 말았다.[4]

뒤 이어 집권에 성공한 문재인 정부는 '신북방정책'이라는 새로운 대북방정책을 선포하였으며, 그 구체적 사업으로 '9개의 다리(9-Bridge전략)'를 설정했다. 정책의 신속하고 원만한 수행을 위해 대통령 직속인 '북방경제협력위원회'를 설립하고 러시아와의 새로운 협력모델 모색 및 북방협력의 제도적 인프라 구축 등을 제시했다.[5]

이에 따라, 본 글을 통해 러시아의 '신동방정책'과 한국의 '신북방정책'에 대해서 살펴보고, 한국과 러시아가 추진하고 있는 두 정책의 교집합과 협력 가능성 및 문제점에 대해 고찰해 보고자 한다.

Ⅱ. 러시아의 신동방정책과 방향성

러시아 푸틴대통령은 2012년 5월 극동개발부를 신설하고 '신동방정책'을 발표했다.[6] 신동방정책의 기조에는 미국을 중심으로 하는 서방세력과의 국제정치에서 러시아의 입지가 상대적으로 약화되었다는 의미를 내포하며, 냉전 이후 미국 단독으로 누리는 단원적인 헤게모니를 다극화 체제로 만들기 위해 중국을 비롯한 한국과 일본 등 아시아 국가들과의 협력을 도모하고 결과적으로 러시아의 영향력을 높임과 동시에 지금까지 상대적으로 낙후된 극동/시베리

---

4) 김정훈, 백영준, 한국과 일본의 북극연구 경향 및 전략비교, 한국 시베리아연구, Vol. 21(2). pp. 111-146. 2017.
5) 한국 북방경제협력위원회, "나인 브릿지 정책 소개자료", 2019.
6) 박정호 · 강부균 · 민지영 · 세르게이 루코닌 · 올가 쿠즈네초바, "푸틴 집권 4기 극동개발정책과 한 · 러 신경제협력 방향", KIEP, 연구보고서, pp. 18-13, 2018.

아 및 북극지역의 개발을 통해서 실리를 취하려는 목적이 담겨져 있다. 이를 정리해 보면 다음과 같은 취지에서 정책이 수립되었음을 알 수 있다.

최근 러시아의 신동방정책은 강화되는 추세에 있다. 여러 이유가 있겠지만, 그중 가장 설득력 있는 분석은 우크라이나 사태와 관련하여 미국 및 유럽 국가들이 강도 높은 대(對)러시아 경제제재를 가하고 있고, 이러한 제재에 대응하기 위해 러시아가 신동방정책을 가속화하고 있기 때문이다.

신동방정책의 세부적인 내용으로는 극동개발부 신설(2012년), 선도개발구역(TOR) 지정, 선도개발구역을 지정 등이 담겨져 있다(표 1 참조). 이를 통해 러시아는 천연자원 개발은 물론 석유화학 · 조선 · 농축산 · 물류 · 관광 등 각 지역에 맞는 산업을 지정해 집중적으로 육성하려는 목적을 가지고 있다.[7]

러시아 정부가 지정한 선도개발구역은 러시아 극동지역의 경제, 사회발전 및 투자유치 환경을 조성하기 위해서 인프라, 세제혜택, 행정지원 등이 법적으로 보장된 구역이며, 한국의 자유경제구역과 유사한 역할을 하고 있다. 선도개발구역의 지정 목적은 수출지향과 특성산업 육성으로 극동지역을 개발하는 동시에 지역의 석유 및 천연가스 등의 에너지 자원의 생산을 확대하여 아태 지역의 수출시장 확장과 다변화를 추구하려는 목적이 있다.

이를 실현하기 위한 러시아 정부의 의지는 '북극권 개발전략 2025', '극동 및 바이칼 지역 사회경제 발전전략 2025', '러시아 에너지 개발전략 2030', '러시아 교통전략 2030' 등에 잘 나타나 있다. 이들 전략의 계획 수립과 공포는 성공적인 실행여부와는 상관없이 러시아의 국가적 관심을 국내외에 적극적으로

---

7) 기획재정부, 러시아 연해주의 산업 및 무역 정책자문 보고서, 2016.

표명하는 목적 하에 설계되었으며, 이는 러시아가 극동/시베리아 및 북극 지역에 많은 관심을 가지고 있음을 나타낸다.[8][9][10]

<표 1> 러시아 극동 선도개발구역과 특화분야

지역	행정 구역명	특화분야
연해주	나데진스카야	경공업, 식품, 물류
	미하일롭스키	농업산업, 곡물생산
	볼쇼이카멘	조선
	네프테히미체스키	석유화학, 산업, 물류
하바롭스크주	하바롭스크	산업(항공기 제작)
	콤소몰스크	수산
	니콜라옙스크	산업
아무르주	프리아무르스카야	산업, 물류
	벨로고르스크	농업
	스보보드니	가스화학
사할린주	고르니 보즈두흐	관광
	유즈나야	농업
	쿠릴	수산
캄차트카주	캄차트카	산업, 관광
추코트카주	베링곱스키	광업
유대인자치주	아무르-힌간스카야	농업축산
사하공화국	캉갈라시	산업
	유즈나야 야쿠티야	광업

---

8) Правительство России, "О новой редакции государственной программы ≪Социально-экономическое развитие Арктической зоны Российской Федерации≫" (http://government.ru/docs/29164/)

9) Правительство России, "Об утверждении Транспортной стратегии Российской Федерации на период до 2030 года" (http://government.ru/docs/22047/)

10) Министерство энергетики России "ЭНЕРГЕТИЧЕСКАЯ СТРАТЕГИЯ РОССИИ НА ПЕРИОД ДО 2030 ГОДА" (https://minenergo.gov.ru/node/1026)

[그림 1] 러시아 극동 선도개발구역

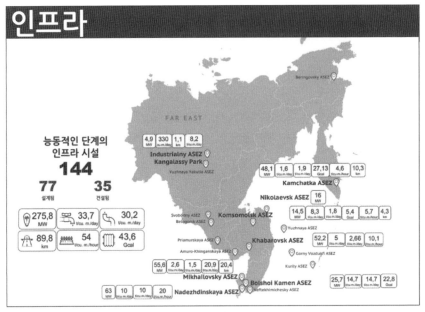

출처: 2018년 동방경제포럼 특집호 『극동개발공사 자료집』

러시아와 극동 지역의 주요 국가들과의 관계를 살펴보면, 우선 중국은 미국과의 갈등으로 현시적으로 동일한 이해관계를 가지고 있으며, 러시아의 주요 수출 대상국인 동시에 러시아 극동/시베리아 및 북극 개발을 위한 파트너이다. 즉, 러시아의 신동방정책이 유지되는데 있어 아주 핵심적인 역할을 수행해 나가고 있다.

일본은 1970년대 오일쇼크와 2011년 후쿠시마 원자력 발전소 사고를 경험한 이후 에너지 수입의 다각화를 정부의 주요 정책으로 내세우고 있다. 일본 정부는 이를 관철시키기 위해서 러시아와의 협력 사업 추진에 지속적인 노력을 기울이며 자본 투자와 기술협력 등을 통해 가시적인 시너지 효과를 도출해 내고 있다.

한국, 역시 러시아의 신동방정책을 실현하는데 도움이 될 수 있는 좋은 파트너이다. 러시아는 한국과의 협력 하에 전기선과 가스 파이프 공사와 함께 병행 될 시베리아 횡단철도(TSR)와 한반도 종단철도(TKR)의 연결 사업을 실행함으로써 한반도의 긴장완화와 한반도의 비핵화 과정에서 주된 역할을 수행하는 동시에, 러시아에서 생산되는 자원을 한국에 팔 수 있는 시장 확보도 가능하다고 판단하고 있다. 한반도의 긴장완화와 비핵화 그리고 에너지의 공급측면에서의 한국과 러시아 간의 이해관계는 매우 일치하고 있기는 하지만, 한반도의 남북대립이라는 특수한 상황과 미국의 영향을 강하게 받는 국제정치 상황에서 실행되기에는 어려운 난관들이 상존하고 있음도 명백하다. 그럼에도 불구하고 현재 러시아가 나진-선봉지구 협력 등과 같이 북한과 그리고 남한과 관계를 어느 정도 유지하고 있다는 점은 긍정적인 상황이다.

Ⅲ. 한국의 신북방정책과 방향성

2017년 9월 러시아의 블라디보스토크에서 개최된 제3회 동방경제 포럼을 통해 문재인 대통령은 '신북방정책'을 발표하며, 정책 실현의 차원에서 구체적 사업 분야에 해당하는 '9-BRIDGE(조선, 항만, 북극항로와 가스, 철도, 전력, 일자리, 농업, 수산)'를 설명했다. 문재인 대통령은 한국과 러시아의 협력을 강조하며 러시아와의 새로운 협력모델 추진, 북방경제협력 전담기구 설립 및 북방협력의 제도적 인프라 구축 등을 제시했다.[11]

---

11) 한국 북방경제협력위원회, "나인 브릿지 정책 소개자료", 2019.

[그림 2] 나인브릿지 전략

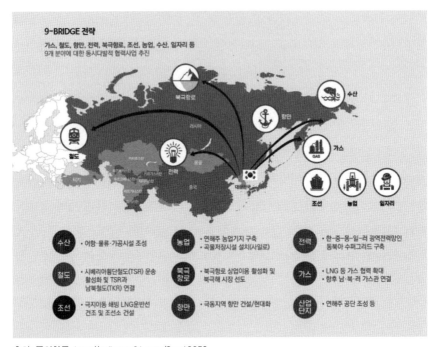

[그림 2] 나인브릿지 전략

출처: 통일한국, http://unikorea21.com/?p=19258

한국의 신북방정책 대상국가로는 러시아, 몰도바, 몽골, 벨라루스, 아르메니아, 아제르바이잔, 우즈베키스탄, 우크라이나, 조지아, 중국(동북3성), 카자흐스탄, 키르기스스탄, 타지키스탄, 투르크메니스탄 등이 있다. 2017년 8월 신북방정책 추진을 위한 대통령 직속 '북방경제협력위원회'가 조직되었으며, 다음과 같은 위원회의 목적을 설정했다:

① 러시아 극동개발 협력을 위한 9-BRIDGE 전략추진

② 유라시아 경제권의 3대 권역 구분과 지역별 차별화된 전략추진

  ㅇ 동부권역(러시아 극동, 중국 동북3성 지역)

  ㅇ 중부권역(중앙아시아, 몽골)

ㅇ 서부권역(러시아 서부, 우크라이나, 벨라루스 등)

③ 유라시아 국가와 경협확대를 위한 제도 · 금융 인프라 구축

* 20억불 규모의 한-러 극동 금융협력 이니서티브((한) 수출입은행- (러) 극동개발기금간 MOU 체결(17.9월)

④ 문화 · 인력 등 다양한 분야로 협력 및 교류 확대

⑤ 기업 애로사항 해소 지원

(출처=북방경제협력위원회 제1차 회의자료)

2018년 6월에는 신북방정책에 관련된 로드맵이 발표되었으며, 그 주요 내용은 다음과 같다:

1) 협력 활성화로 동북아 평화기반 구축

북한 비핵화 진전과 대북제재 완화 등 여건 조성시 북 · 중 · 러 접경지역에서 협력사업 활성화로 남 · 북 경제협력의 안정적 여건과 동북아 평화기반 구축

2) 통합 네트워크 구축을 통한 전략적 이익 공유

북방경제권과 물류 · 에너지 측면에서 연결망을 구축해 성장잠재력을 확대하고 호혜적 이익 창출

3) 산업협력 고도화를 통한 신성장동력 창출

4차 산업혁명 대응과 산업구조 다각화를 지원하기 위한 협력플랫폼 구축, 주민의 삶의 질 향상을 위해 환경 · 의료 · ICT 등에서 우리의 발전경험 공유

그러나 현재 한국의 '신북방정책'의 실행에는 많은 난제가 놓여있다. 북한과의 관계악화, 일본과의 정치대립 및 트럼프의 '아메리카 퍼스트 정책' 등으로 인한 한국과 미국 간의 무역마찰 등의 외부적 요인과 국내 정치의 혼란 등으로 인해 실질적인 효과는 매우 미미한 상태이다.

그리고 실무적인 측면에서 한국 정부는 신북방정책에서 9-BRIDGE전략을 설정하여 러시아와의 다방면에서의 협력을 제창하고 있기는 하지만, 그 결과물 역시 만족할 만한 수준은 아니다. 단적인 예로, 한국은 러시아의 '아르티카 LNG 2' 사업에 대한 참여의지를 표명하고 있지만, 컨소시엄이 형성되어 벌써 지분이 구체화된 현재 상황에 이르기까지 실질적 참여를 이루지 못하고 있다.

실리와 명분을 찾아야하는 국제외교 무대에서 한국정부는 신북방정책이라는 정책기조를 만들어내고 중요성에 대해서 인식하고 있기는 하지만, 현실적 상황에서 주변국가들과의 경쟁에서는 다소 뒤처져 있는 상황이다.

IV. 한국의 '신북방정책'과 러시아의 '신동방정책'으로 본 한-러 협력가능성과 접점

이상에서 러시아의 '신동방정책'과 한국의 '신북방정책'에 대해 살펴보았다. 러시아는 새로운 시장의 개척과 극동/시베리아 및 북극 지역의 개발을 위해서 아시아 지역 국가와의 연계가 필수적인 상황이다. 이를 명확하게 인식하고 있는 러시아 정부의 의지는 '러시아의 북극권 개발전략 2025', '교통-전략 2025', '에너지 개발전략 2035' 등과 같은 각종 전략에 잘 나타나고 있다.

현재 러시아는 중국과 자원개발 및 사회간접자본 투자 및 군사 분야 등 여러 분야에서 협력하는 모습을 보여주고 있지만 이것은 미국과 경쟁하기 위한 측면이 매우 강해 보인다. '하늘 아래 두 개의 태양은 존재하지 않는다'는 격언에서 나타나듯, 장기적인 입장에서 동북아 지역에서의 러시아와 중국 간의 패권 다툼은 어느 정도 명백해 보이기에 러시아와 중국은 상호 잠재적인 경쟁상대로 생각하고 있다는 점도 간과할 수 없는 사안이다.

일본의 경우 러시아에 필요한 자금력과 기술, 인력을 보유하고 있기는 하지만, 쿠릴열도 문제를 비롯한 역사적 요인 등 아직까지 해결되지 않은 여러 요소들이 상존하고 있기에 상호 협력 과정에서 복잡한 상황들이 도출될 가능성이 있다.

그러나 한국의 경우 중국과 일본에 비해 상대적으로 규모가 작은 나라이기는 하지만, 러시아의 '신동방정책' 실현에 필요한 기술, 자금 및 수준 높은 인적자원을 보유하고 있을 뿐 아니라, 극동/시베리아 지역 개발에 있어 지리적 접근성이 매우 좋은 장점을 보유하고 있다. 반면에, 중국과 일본에 비해 한국은 미국의 정치 및 경제적 영향을 더욱 강하게 받고 있을 뿐 아니라, 북한의 핵문제 등을 포함한 주변 정세에도 아주 민감한 상황에 처해 있기 때문에 경제적인 논리 보다 정치적인 요인에 의한 한러 협력 사업의 불확실성이 가중될 가능성이 큰 상황이다.

그럼에도 불구하고 북핵문제의 해결을 통한 한반도의 평화 프로세스와 새로운 경제 공간의 창출을 목적으로 하는 한국의 신북방정책에 잘 나타나고 있듯이, 한국정부는 러시아와의 협력의 장점을 충분하게 인지하고 있으며 그 필요성에 공감하고 있다. 그렇기 때문에 가시적인 한러협력 사업의 결과물이 도출되고 있지는 않지만, 활발한 인적/물적 교류를 통한 접촉을 통해 상호 간의 간극을 줄이고 서로 win-win 할 수 있는 분위기와 상황을 지속적으로 창출해내고 유지하는 노력이 절실하다.

〈참고문헌〉

기획재정부, 러시아 연해주의 산업 및 무역 정책자문 보고서, 2016. (Ministry of Economy and Finance of Korea, "Industrial and Trade Policy Advisory Report in Primorsky krai of Russia") http://www.ksp.go.kr/api/file/download/11350 ?downloadFilename=[%EB%9F%AC%EC%8B%9C%EC%95%84%EC%97%B0 %ED%95%B4%EC%A3%BC(%EA%B5%AD)%EC%B5%9C%EC%A2%85]%20 %EA%B5%AD%EB%AC%B8%EB%B3%B4%EA%B3%A0%EC%84%9C.pdf

김정훈, 백영준, 한국과 일본의 북극연구 경향 및 전략비교, 한국 시베리아연구, Vol. 21(2). pp. 111-146. 2017. (Kim Jong Hun, Baek Young Jun, "Comparison of Arctic Research and Strategy between Korea and Japan")

박정호, "우크라이나 사태와 정세 동향" 대외경제정책연구원 전문가 간담회 발표문, 2015. (Park Jeong ho, "Ukraine crisis situation and trends") http://www.kiep.go.kr/cmm/fms/FileDown.do;jsessionid=CaUs1iWu7u8sa2jB HLOv1CO1AmIL1z2hY8sKgOE9PgaBg9PTgjx2cWaUXi1giNZl.KIEPWEB_NEW_ servlet_engine4?atchFileId=00000000000000008220&fileSn=0&bbsId=expertMee Rslt

박정호 · 강부균 · 민지영 · 세르게이 루코닌 · 올가 쿠즈네초바, "푸틴 집권 4기 극동개발정책과 한 · 러 신경제협력 방향", KIEP, 연구보고서 pp. 18-13, 2018. (Park Joungho, Kang Boogyun, Min Jiyoung, Sergey Lukonin, Olga V. Kuznetsova, *Far East Development Policy in Putin's Fourth Term and New Directions for Korea-Russia Economic Cooperation)*

우준모, ""신북방정책" 비전의 국제관계이론적 맥락과 러시아 신동방정책과의 접점", 국제지역연구, vol.21, no.5, pp. 105-130, 2018. (June-Mo Woo, "On the "Vision of Korea's New Northern Policy" - Context of International Relations Theory and the contact with the 'New East Asia Policy' of Russia.")

이성규, 윤익중, "유라시아 이니셔티브와 푸틴의 신동방 정책: 권역별 에너지 협력을 중심으로" 동서연구, vol.26, no.3, pp. 159-184, 2014. (Lee SungKyu, Youn Ik Joong, "Eurasian Initiative and Putin's New Eastern Policy: At the Sub-regional Energy Cooperation")

한국 북방경제협력위원회, 나인 브릿지 정책 소개자료 (Korea Northern Economic

Cooperation Committee, Nine Bridge Policy Introduction)

http://www.bukbang.go.kr/bukbang/vision_policy/9-bridge/

Правительство России, "О новой редакции государственной программы ≪Социально-экономическое развитие Арктической зоны Российской Федерации≫" (http://government.ru/docs/29164/)

Правительство России, "Об утверждении Транспортной стратегии Российской Федерации на период до 2030 года" (http://government.ru/docs/22047/)

Министерство энергетики России "ЭНЕРГЕТИЧЕСКАЯ СТРАТЕГИЯ РОССИИ НА ПЕРИОД ДО 2030 ГОДА" (https://minenergo.gov.ru/node/1026)

북극권의 관광자원과 생태관광을 통한 관광산업 활성화 방안

이재혁(북극학회 회장)

1. 북극권의 개관

북극권은 북위 66.5도 이북 지역으로 면적은 약 2,100만㎢에 이른다. 북극권의 범위는 산림성장의 한계선, 북극 유빙 남하 한계선, 영구 동토 층 한계선 등을 들 수 있다. 또한 기후학적으로는 7월 평균 기온이 영상 10도 이하인 지역을 포함하며 유라시아 대륙, 북미 대륙, 그린란드에 둘러싸여 있다. 북극해는 2~3m의 해빙(Sea Ice)로 둘러싸인 거대한 바다로 면적은 1,400만㎢로 지구 해양의 3%에 해당하고, 전 세계 미 발견 채굴 가능 매장량의 20%에 상당하는 석유·천연가스가 부존하고 러시아, 미국, 캐나다, 핀란드, 노르웨이, 스웨덴, 덴마크, 아이슬란드 등 8개 국가가 인접한다.

북극해 지역은 지구상에 마지막 남은 환경보전지역의 하나이다. 최근 들어 이 지역은 경제적 개발과 함께 보전이라는 중요한 문제를 내포하고 있다. 지구적 기후변화에 따른 북극해의 해빙으로 북극해를 통한 항로의 이용이 활발해질 것으로 기대되고, 새로운 지역에 대한 사람들의 호기심으로 북극권의 관광이 주목을 받고 있다.

[그림 1] 북극권 개관

2. 북극권의 관광자원

세계적 관광국의 공통점은 과거 중심 국가의 경험을 가진 나라이거나 현재 세계 정치경제문화의 중심 국가 역할을 하고 있는 나라로서 세계인의 인지도가 높은 나라이거나, 역사상 문화의 전통이 깊고 풍부하여 세계문화유산 등 볼거리를 많이 갖고 있는 나라, 자연경관이 빼어난 볼거리를 제공하는 나라 등이라는 점이다.

북극의 관광객 수는 세계의 다른 지역에 비해 여전히 상대적으로 낮지만 현재 관광은 북극 지역에서 전례 없는 관심을 받고 있다. 북극에 대한 전 세계적 관심과 함께 성공적인 마케팅은 관광객의 증가로 이어졌다. 관광에 대한 정치적, 사회적 관심이 동시에 증가하고 있다.

북극지역은 역사적, 문화적 요소가 있고 자연경관을 포함한 관광자원 요소를 풍부하게 갖추고 있는 지역이다. 다양한 자연환경을 볼 수 있는 지역으로서 에코투어리즘을 만족시킬 수 있어 미래의 관광산업을 발전시킬 수 있는 잠재력이 풍부한 곳이다.

1) 인문적 관광자원

관광자원은 크게 인문적 자원과 자연적 자원으로 구분할 수 있다. 인문적 관광자원에는 그 지역의 문화적 관광자원, 산업적 관광자원, 레크리에이션 자원 등을 들 수 있다.

북극지역에는 자연에 적응하여 살아가며 각 민족의 문화를 유지하며 생활하는 소수민족들이 있다. 북유럽의 스칸디나비아 반도 북부(노르웨이, 스웨덴, 핀란드의 북부지방)와 콜라 반도 등 러시아 백해 이서 지역의 북극권(Arctic Circle) 지역에 거주하는 사미(Sámi, 또는 Saami)족은 유럽지역 북극권의 대표적인 소수민족이다.

러시아에는 200여 개의 민족이 살고 있다. 세계 영토의 1/8이라는 거대한 영토를 차지하는 러시아는 우랄산맥을 기점으로 아시아러시아와 유럽러시아로 구분되며, 아시아러시아 지역인 시베리아에는 다양한 민족들이 존재한다. 대표적 시베리아 민족으로는 사하공화국을 중심으로 한 야쿠트족(якуты), 동시베리아의 툰드라지역, 부랴티아 공화국 북부, 아무르 주, 자바이칼변강주 등 광활한 지역에서 거주하고 있는 에벤키족(эвенки), 야쿠티아와 하바롭스크 변강주, 마가단 주, 추코트카 자치구까지 분포되어 있는 에벤족, 전통적으로 하바롭스크 변강주 남쪽에 거주했고, 일부는 아무르강과 타타르 해협에 이르는 지역에 사는 오로치족, 사할린의 원주민이었던 오로크족, 캄차트카 변강주, 야쿠티아의 북동부, 마가단주에서 거주하고 있는 축치족 등이 있다. 북극지역 전체 인구(약 420만 명)의 약 1/2에 해당한다.

　베링해로부터 알래스카와 그린란드, 캐나다 북극지역의 주된 점유자는 이누이트 민족이다. 캐나다에는 130,000명의 이누이트가 거주한다.

[그림 2] 북극지역 원주민 분포도

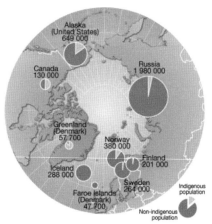

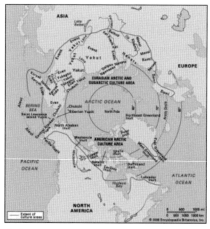

출처: http://www.grida.no/graphicslib/detail/population-distribution-in-the-circumpolar-arctic-by-country-including-indigenous-population_1282(검색일 2015.12.27.)

출처: Bernadette Wurm, Die EU-Arktispolitik im internationalen Kontext - Eine Analyse der europäischen und kanadischen Positionen, Diplomarbeit, Universität Wien, Mai 2010, p.20.

　북극권 소수민족들의 생활의 모습은 인류의 무형문화유산이라고 할 수 있다. 특히 북극권 개발로 인해 소수민족들의 생활은 급속히 변화하고 있다. 이들의 전통적인 문화는 북극지역의 중요한 무형문화유산이며, 이들의 생활상을 보존하고 전통의식 등을 공연하는 방법들은 통하여 중요한 인문적 관광자원이 될 수 있다.

한편, 관광은 문화 유산의 유지 및 재 개념화에 기여한다. 관광은 오늘날 북극 사회에서 잠재적인 지역지식을 재활성화하는 데 중요한 역할을 할 수 있는 방법이기도 하다.

[그림 3] 노르웨이 북단 노르트캅 마을

[그림 4] 러시아 야쿠트족의 전통의식

북극 탐험의 역사와 그의 장소적 유적, 전설과 설화의 장소 등도 중요한 인문적 관광자원이 된다. 현대의 관광에는 콘텐츠에 관한 내용 증대하고 있다. 문학과 예술 분야도 북극관광의 콘텐츠로 활용할 수 있다. 생태와 경관, 문화재 등의 단편적인 주제에서 문화와 테마 중심의 관광과 콘텐츠 연구가 빠르게 증가하고 있다. 감상과 여행의 관광 개념에서 탐사와 문화활동으로의 변화추세도 보여, 문학관광, 산업관광, 다크투어리즘 등의 새로운 관광분야에 대한 관심이 반영되고 있다. 북극권에 관련된 콘텐츠의 배경지역도 핀란드 북극권의 로바니에미에 조성된 '산타마을'과 영화 '겨울왕국'의 배경지역으로 주목되는 노르웨이의 북극지역 경관 등은 주목받는 인문적 관광자원이다.

[그림 5] 핀란드의 산타크로스 마을

[그림 6] 노르웨이 북극권 경관과 영화 '겨울왕국' 포스터

2) 자연적 관광자원과 생태관광

　자연적 관광자원은 관광자원 가운데 가장 원천적인 것으로서 사람의 손을 거치지 않은 자연현상이 관광효과에 기여할 수 있는 모든 것을 의미한다.

　러시아 북극지역은 광대한 공간적인 규모를 바탕으로 인간의 접근성이 제한되는 자연적 장애요소가 많은 지역으로 천연의 자연경관을 보존하고 있다. 러시아는 전체적으로 102개의 국가 자연 보호 구역, 47개의 국립공원과 69개의 주 자연 보호구역을 지정하고 있다.

　러시아는 동쪽에서 서쪽까지 많은 유네스코 세계 자연문화유산들이 산재해 있다. 유네스코(UNESCO, 유엔 교육문화기구)는 국제 협력을 통해 평화와 안보를 증진하고자 하는 유엔(UN)의 특별 기구다. 유네스코 세계유산 프로그램은 세계적으로 중요하다고 생각되는 자연문화 랜드마크들을 보존하려고 노력하고 있다. 극동지역의 대표적 자연문화유산들로는 캄차카 화산(1996년 등재), 시호테-알린(Сихотэ-Алинь) 산맥 (2001년 등재), 브란겔섬 (Остров Врангеля, 2004년 등재), 레나 석주 (Ленские столбы, 2012년 등재) 등을 들 수 있다.

2013년 연말 러시아의 로스투어리즘(Rosturism)사는 2014년부터 러시아 북극지역에 외국인 관광 추진하겠다고 밝혔다.[1] 또한, 러시아관광청은 2014년부터 외국인을 대상으로 하는 러시아 북극지역 관광 프로그램을 진행하기로 하였다.

[그림 7] 러시아의 국립공원과 자연보호구역 분포

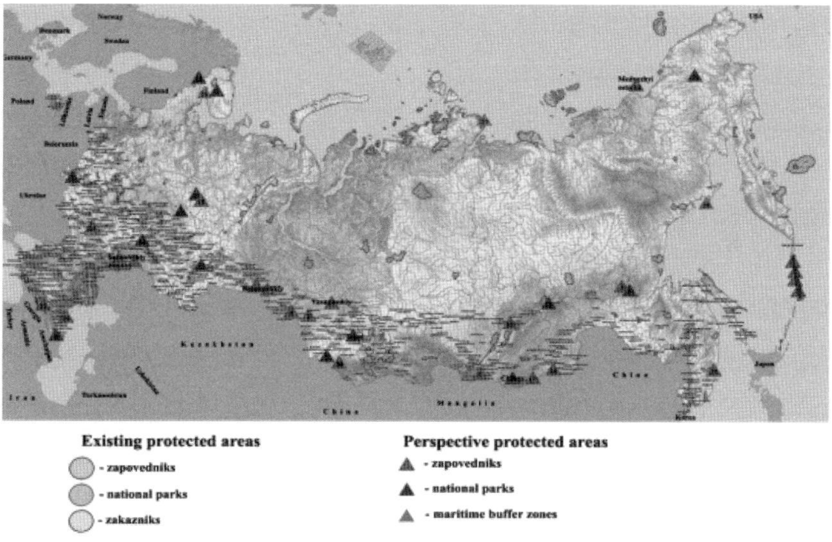

Existing protected areas
- zapovedniks
- national parks
- zakazniks

Perspective protected areas
▲ - zapovedniks
▲ - national parks
▲ - maritime buffer zones

출처:https://wwf.panda.org/?194088/Russia-to-create-new-national-parks-and-reserves-nearly-size-of-Switzerland(검색일 2019.11. 24)

---

1) http://www.itar-tass.com/spb-news/813070(검색일 : 2015년 10월 17일)

캐나다 북극지역은 광대한 공간적인 규모를 바탕으로 인간의 접근성이 제한되는 자연적 장애요소가 많은 지역으로 천연의 자연경관을 갖고 있다.

이 지역의 섬은 대부분 퇴적암으로 구성되어 있다. 퇴적암은 기존의 암석이 침식되고 풍화되어 미세한 작은 파편으로 형성된다. 시간이 지남에 따라 이러한 미세한 퇴적물은 압축되고 자연스럽게 결합된다. 이 지역의 독특한 특징은 후두스(Hoodoos)라는 암석층이다. 퇴적암은 융기되고 바람과 물의 침식에 의해 암석이 다양한 형태로 발달된다.

주요한 지형적 자연경관은 땅 아래에서 물이 얼면서 형성된다. 물이 얼면서

[그림 8] 캐나다 북극지역의 주요 지질 지형 경관

핑고스

빙하

빙하호

빙하구릉

(Canadian Arctic Exploration, http://www.sfu.ca/geog351fall02/gp2/WEBSITE/2_content_g.html)

땅이 팽창하고 땅이 약 해지면 표면이 갈라지면서 특이한 원뿔 모양의 지형을 형성한 핑고스(Pingos), 산과 추운 기후에서 발견되는 느리게 움직이는 얼음의 흐름인 빙하(Glaciers), 빙하 가장자리 또는 중간에 퇴적물이 싸여 형성되는 빙퇴석(Moraines), 얼음은 땅을 뜯어내고 긁고 긁어내며 지구 표면을 가로 질러 움직여 고르지 (않은 크기의 바위 조각이 생성되는 빙하구릉(Glacial Till), 얼음이 후퇴 한 후 작은 호수가 형성되는 빙하호(Kettle Lakes) 등이 있다. 북극권 땅은 영구적으로 0도 아래에 있다. 영구 동토층 표면의 활성층은 여름철에 해동되어 식물이 성장할 수 있다. 유콘 준주의 북부 해안은 해저 영구동토층(Permafrost) 지역이다.

캐나다 북극지역에는 11개의 국립공원과 5개의 국가기념물 및 역사유적이 지정되어 있다. 국립공원지역은 자연과 인문적 관광을 포함한 탐방지역들이다.

[그림 9] 캐나다 북극권의 국립공원 분포

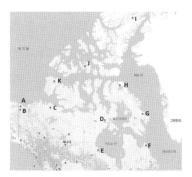

[그림 10] 캐나다 북극지역의 국가유적지 및 기념물

(https://www.pc.gc.ca/en/voyage-travel/recherche-tous-parks-all)

구분		지역명	지정 년도	면적 (㎢)	관광자원 및 관광 특성				
					자연	인문	역사	산업	기타
국립 공원	A	Ivvavik National Park (Northern Yukon National Park)	1984	9,750	+	+			
	B	Vuntut National Park	1995	4,345	+	+			
	C	Tuktut Nogait National Park	1998	18,181	+	+		+	
	D	Ukkusiksalik National Park	2003	20,500	+	+			
	E	Wapusk National Park	1996	11,475	+	+	+		
	F	Torngat Mountains National Park	2008	9,700	+	+			
	G	Auyuittuq National Park	2001	19,089	+	+			
	H	Sirmilik National Park	1999	22,250	+	+	+		
	I	Quttinirpaaq National Park	1988	37,775	+	+			
	J	Qausuittuq National Park	2015	11,000	+	+	+		
	K	Aulavik National Park	1992	12,200	+	+	+		
기념물	A	Pingo Canadian Landmark			+				
사적지	B	Saoyú-?ehdacho National Historic Site				+	+		
	C	Wrecks of HMS Erebus and HMS Terror National Historic Site				+	+		다크 투어[2]
	D	Prince of Wales Fort National Historic Site				+	+	+	+
	E	York Factory National Historic Site				+	+	+	

최근 북극지역의 관광자원으로 탐방객들의 관심을 받고 있는 백야(화이트 나이트)와 극광(오로라) 관광은 북극지역의 대표적인 관광자원으로 활용되고 있다.

---

2) 다크 투어리즘(Dark tourism)은 전쟁·재해와 같은 인류의 아픈 발자국을 더듬어 죽은 자에 대한 추모와 함께 지역의 슬픔을 공유하려는 관광의 새로운 패러다임이다.

[그림 11] 북극권의 극광과 NOAA의 예보시스템

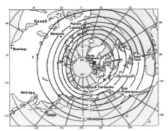
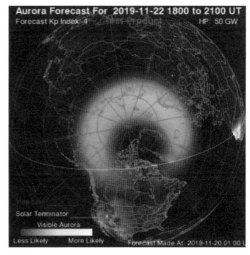

자료: http://www.swpc.noaa.gov/products/aurora-3-day-forecast(검색일 2019.11.25.)

3. 북극권의 관광산업

1) 북극지역 관광산업 현황

관광산업은 단일산업으로 세계 최대의 산업이며 세계 최고의 고용산업이다. 북극권 관광 수요 변화 요인은 해빙에 따른 북극해 관광 증가로 '북극권 관광'이 경쟁적으로 전개되고 있다. 북극해 지역의 독특한 동식물상, 해빙 등 자연 경관은 소수의 사람들이 탐방할 수 있는 특수한 관광지역이며, 북극권의 문화유산 및 인류의 북극 탐험 역사 등 관광 콘텐츠를 제공한다. 관광산업은 변화하고 있다. 북극권 관광은 많은 사람들이 사람이 꼭 봐야 할 '버킷리스트'에 포함되어 있다. 전 세계적으로 더 많은 사람들이 일반적인 경로에서 멀리

[그림 12] 알래스카 관광산업 사례

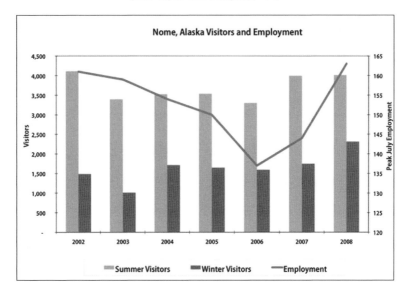

떨어진 목적지로 여행하고 있고, 여행을 위한 가처분소득을 가진 인구가 증가
하였다.

북극권의 관광객 방문 추이를 보면, 스웨덴과 핀란드의 라플란트 지역과 노
르웨이 지역, 미국의 알라스카 지역에 가장 많은 관광객들이 방문한다. 아이
슬란드, 캐나다의 관광객은 적은 편이고, 러시아의 북극권 관광객은 수천 명
으로 추정된다.

그린란드의 경우, 최근 세계적 관심과 함께 성공적인 마케팅으로 관광객
의 증가를 이끌었다. 그린란드에서 관광은 어업과 광업에 이어 그린란드의 3
대 경제 기둥 중 하나이며, 미래 경제 발전을 위한 유망한 수단으로 제안되고
있다.

〈표 2〉 북극지역의 관광객 수 추정(2017년)

국가 / 지역		관광객수 (추정)	자료
미국	알래스카	2,066,800	https://www.commerce.alaska.gov (Accessed January 2017); April 2016 update on 2014-2015 data for all out-of-state visitors
캐나다	Yukon	255,000	http://www.tc.gov.yk.ca (Accessed January 2017); 2015 estimated total overnight visits to the entire territory
	Northwest territories	93,910	http://www.iti.gov.nt.ca (Accessed January 2017); 2015-2016 total visitors to the entire territory
	Nunavut	16,750	http://nunavuttourism.com (Accessed January 2017); 2015 exit strategy - non-resident visitors
	Nunavik (Northern Quebec)	1,000	http://www.tourisme.gouv.qc.ca (Accessed January 2017); 2010 report for 2008 visitor volume in Provincial zone 21
	Nunatsiavut (Northern Labrador)	19,840	http://www.btcrd.gov.nl.ca (Accessed January 2017); 2015 accommodation occupancy for Provincial zone 1 (Rigolet-Nain, Labrador)
Greenland		80,862 (항공기 방문)	http://www.tourismstat.gl (Accessed January 2017); 2015 Greenland Tourism statistics 국제선 항공기 출발과 숙박
		218,539 (쿠르즈 방문)	
Iceland		1,289,100	http://www.ferdamalastofa.is (Accessed January 2017) 2015 international visitors to Iceland
Norway	Svalbard (Norway)	118,614	http://sysselmannen.no (Accessed January 2017); 2014 Longyearbyen 숙박
	Norway (Nord Norge - northernmost 3 counties)	1,045,538	http://ec.europa.eu (Accessed January 2017); 2016 주민 제외 숙박
Sweden (Norrbotten county)		2,152,000	http://www.lansstyrelsen.se/norrbotten (Accessed January 2017); 2014 Facts about Norrbotten report; 2013년 숙박관광객
Finland (Finnish Lapland)		2,523,897	http://visitfinland.com (Accessed January 2017); 2016 등록된 관광숙박객수
Russia		500,000	Tzekina M (2014) Estimation of tourism potential of Russian Far North. PhD, Economic, social, political and recreational geography. Moscow State University: Moscow
합계(추계)		10,381,850	

(출처 : Patrick T. Maher, 2017, "Tourism Futures in the Arctic," in: K. Latola, H. Savela (eds.), The Interconnected Arctic — UArctic Congress 2016, Springer Polar Sciences, DOI 10.1007/978-3-319-57532-2_22, pp.213-220, P.216)

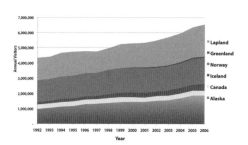

[그림 13] 북극권 관광객 현황(1992-2006)

(자료 : Ginny Fary & Anna Karlsdottir, "Observing Trends and Assessing Data for Arctic Tourism", AON Social Indicators Project, Institute of Social and Economic Research, University OF Alaska Anchorage, 2008. http://www.iser.uaa.alaska.edu/Projects/SEARCH-HD/tourism.html)

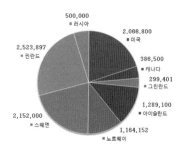

[그림 14] 북극권 관광객 현황(2017)

(자료 : Patrick T. Maher, 2017, "Tourism Futures in the Arctic," in: K. Latola, H. Savela (eds.), The Interconnected Arctic — UArctic Congress 2016, Springer Polar Sciences, DOI 10.1007/978-3-319-57532-2_22, pp.213-220, P.216)

2006년 약 650만 명 수준이었던 전체 북극권의 총 관광객수는 2017년에는 1천만 명을 넘어서 급속한 성장을 이루었다. 가장 놀라운 증가는 2008년 277,800명에서 2017년 1,289,100명으로 거의 6배 증가한 아이슬란드이다. 모든 관광 시장이 성장하고 있다.

2) 러시아 북극국립공원

러시아 북극국립공원은 지리적으로 노바야제믈랴 북부, 프란츠 요제프 제도, 두 섬 사이의 북극해에 위치한다. 면적은 14,260㎢(육지 6,320㎢, 바다 7,940㎢)이며, 러시아에서 3번째로 큰 국립공원(2009년 기준 국립공원은 41개)이다. 프란츠 요제프로부터 북극점까지의 거리는 869㎞이다.

1994년 4월에 Franz Joseph Land 보호지역으로 지정된 후 러시아 대통령 푸틴은 2008년 러시아 북극국립공원(Russia Arctic National Park)의 구상을

[그림 15] 러시아 북극국립공원

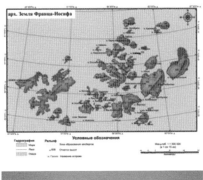 

출처: http://rus-arc.ru/ru/Tourism(검색일 2015.10.27.)

발표하고, 2009년 6월에 국립공원 설립 법령에 서명하였다. 2011년 4월에 국립공원으로 개장하였고, 2012에 UN은 국립공원 내 자연보전 기금으로 5백만 루블을 제공하였다. 2012년에는 Franz Josef Land 내 폐기물 처리를 위해 15억 루블(530억 원) 규모의 정화 사업을 하였다.

2018년 여름에는 41개국에서 온 1,079명의 관광객이 러시아 북극국립공원을 방문했다. 중국에서 온 관광객의 비율은 총방문자 수의 33%(354명)였으며, 독일인(144명)과 스위스인(143명) 관광객이 각각 13%에 해당하였다. 미국인(136명) 러시아인(89명), 일본인, 영국인, 호주인, 캐나다인 및 뉴질랜드인 방문자가 있었다.

성별 방문자 비율에서 2018년 여름 여성 방문자 비율은 2014년 46%보다 많은 48%였다. 북극 관광객들의 연령별 분석에서 50~70세의 비율이 가장 높아 절반에 육박했고, 70세 이상의 그룹이 21%, 30~50세 여행자가 21% 비중을 차지하였다. 이는 상대적으로 젊은 사람들에 비해 많은 시간과 비용을 투자할 수 있는 사람들이 방문하는 것으로 해석할 수 있다.

[그림 16] 러시아 북극국립공원 관광객 현황

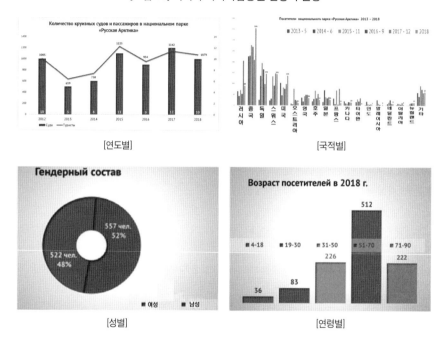

자료: http://rus-arc.ru/ru/Tourism/Statistics(검색일 2019.11.25.)

3) 캐나다 북극지역 관광루트 사례

현재 운영되고 있는 캐나다의 관광프로그램 몇 개를 발췌하여 북극지역 관광 사례로 살펴보면, 주로 크루즈 여행을 포함한 선박이동과 지역 항공을 이용하는 패키지여행으로 이루어지고 있다. 여행비용은 장소와 기간, 시기에 따라 £ 6,000 ~ 15,000 이상 가격대의 상품이 운영되고 있다.

　A. 오타와-그린란드-캐나다 북극지역-오타와[3]

여행 기간 : 18 일

일정 요약

1일 : 캐나다 오타와에 도착

2일차 : 그린란드의 칸게를루수아크로 비행. 승선.

3-8일차 : 그린란드 서해안을 따라 크루즈

9-16일 : 엘즈미어 섬을 포함한 캐나다 북극을 탐험

17일 : 캐나다 누나부트 주 레졸루트에서 하선. 오타와로 비행

18일 : 오타와를 출발

[그림 17] 북극해 관광루트 사례

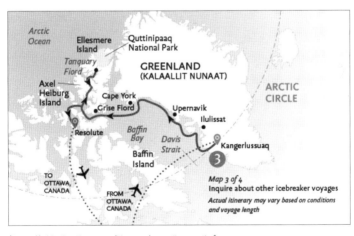

(https://whitefrontiers.com/itinerary/canadian-arctic/)

---

3) https://whitefrontiers.com/itinerary/canadian-arctic/

B. Arctic Watch Lodge 발견 체험 11일[4]

지구상에서 가장 북쪽으로 날아가는 롯지에서 세계적 수준의 극지 가이드와 야생 동물 사진작가와 함께 일생일대의 미식가 식사와 모험을 즐길 수 있다.

롯지를 소유 한 Weber 가족은 북극에 대해 잘 알고 있으며, 최초의 극지방 탐험대를 이끌고 북극 에 도달하고 양쪽 극에서 속도 기록을 세웠다. 그들은 스키, 카약, 하이킹, 캐나다 극북 지역을 탐험했다. 야생 물 사진에서 얼어붙은 북극해에서의 자전거 타기, 벨루가 고래와 함께 바다 카약 타기에 이르기까지 가이드 여행.

언제 : 2021 년 7 월 / 8 월 5 회 여행

가격 : 1 인당 £ 11,365 부터

주요 정보 : Beechey Island에 착륙하여 Northwest Passage의 선택적 오버플라이트를 추가할 수 있다. 도중에 일각고래와 북극 고래를 조감할 수 있다.

C. 북극 탐험 14일

한 번의 여행으로 Arctic Watch 와 Arctic Haven 롯지에 머물 면서 한밤중의 태양과 멋진 북극광을 경험. 첫 번째 목적지는 야생 동물 사진작가의 천국인 서머셋 섬. 커닝햄 강에서 래프팅, 패들보딩 또는 카약 타기, 고고학 유적지, 멋진 폭포 및 협곡 방문, 툰드라 자전거 타기, 북극 숯 낚시하기. 북극 헤이븐 에서 Ennadai 호수 에서 순록 관광. 이 수목 환경의 독특하고 멋진 동식물을 보려면 하이킹. 곰, 늑대, 울버린, 독수리 뿐 만 아니라 여기에서는 회색조, 북부 파이크 및 호수송어를 포함하여 북극에서 낚시. Ennadai의 풍경과 동물을 조감할 수 있는 헬리콥터 사파리.

---

4) https://www.arcturusexpeditions.co.uk/expeditions/canadian-arctic/

언제 : 2021 년 8 월 13-26 일

가격 : 1 인당 £ 14,165 부터

주요 정보 : 적절한 준비와 장비가 핵심. 요구 사항에 대한 자세한 내용을
제공

D. 일각고래와 북극곰 사파리 10일[5]

전형적인 봄 빙원 가장자리를 경험하고 한밤중의 태양 아래에서 북극곰, 일
각 고래 및 빙산을 볼 수 있다. 여기 Baffin Island 의 북쪽 끝에서 해빙은 열
린 물과 만나고 해양 포유류 및 기타 야생 동물이 모여 있다. Sirmilik 국립공
원과 우뚝 솟은 화강암 절벽, 빙하 및 빙산의 탐방. Bylot Island 가 보이는 북
극 해변 의 프리미엄 사파리 캠프 에 머물며 국립공원과 세계적으로 유명한
Lancaster Sound의 빙원 탐사. 이누이트가 안내하는 소그룹은 일각 고래, 바
닷새, 북극곰 및 물개를 발견하기 위해 여행. 벨루가와 북극고래도 볼 수 있다.

언제 : 2021 년 5 월 / 6 월 수많은 출발

가격 : 1 인당 £ 14,595 부터

주요 정보 : 그룹 규모 8-16. 육지의 프리미엄 사파리 유르트 스타일 캠프에
서 숙박

E. 허드슨 베이 북극곰 이주 비행 사파리 9일

매년 허드슨 베이로 돌아오는 동안 세계의 북극곰 서식중심지에서 독점적
인 사진 여행. 자연 서식지에서 세계에서 가장 웅장한 포식자 중 한 종과 가까
이 다가 갈 수 있도록 설계된 사파리를 위한 친밀하고 외딴 소박한 전용 오두

---

5) https://www.exodustravels.eu/no/arctic-holidays/canadian-arctic

막 단지에 숙박. 매니토바 주 처칠 (Churchill)에서 개인 전세로 50 분 동안 비행 하면 운이 좋은 소수의 사람들은 북극 야생 동물을 위에서부터 촬영할 수 있는 기회를 일찍 얻을 수 있다. 북극곰 오두막은 이 동물들이 만에서 형성된 최초의 해빙을 찾을 때 이 동물들을 볼 수 있는 '북극곰 골목'에 위치해 있다.

언제 : 2021년 10월 / 11월 수회 출발

가격 : 1 인당 £ 10,440 부터

주요 정보 : 최대 그룹 크기는 8인. 아늑한 선실에서 숙박.

4) 북극권의 크루즈 관광

최근의 지구적 기후변화에 따른 북극해의 해빙으로 인해 북극해를 중심으로 한 '북극권 관광'이 활발히 이루어지고 있다. 캐나다의 북극해 관광을 살펴볼 때 캐나다 북극을 방문하는 크루즈 선박의 수는 지속적으로 증가하여 2006에는 1984년에 비해 22배에 해당하는 크루즈 선박의 관광이 이루어졌다.[6] 해양 환경의 변화와 함께 북극해 관광은 세계 관광산업에서 가장 빠르게 성장하는 분야 중 하나가 되고 있다. 북극해 해빙이 가속화 될 경우 북극해 전역을 관통하는 크루즈 운항도 가능하며, 북극 경쟁의 주도권을 확보하기 위한 일환으로 각국은 관광 개발 사업에 주력하고 있다.

크루즈관광은 숙박, 식음료, 위락시설 등의 각종 시설을 갖춰 관광객에게 수준 높은 선내 서비스를 제공하고, 여러 관광지를 기항하면서 관광자원을 접하는 선박관광이다. 즉 단순히 지역을 이동하는 일반 여객선(페리선)과 달리

---

6) STEWART, E.J., HOWELL, S.E.L., DRAPER, D., YACKEL, J., TIVY, A., "Sea Ice in Canada's Arctic: Implications for Cruise Tourism," *ARCTIC*, VOL. 60, NO. 4(DECEMBER 2007), p.370.

전체 여정 자체가 위락을 목적으로 하는 해상여행으로 관광객을 위한 각종 편의시설을 갖춰 놓고 수준 높은 서비스를 제공하면서 승객들이 안전하게 관광하게 하는 여행이다.[7] 장기적으로는 북극해 해빙이 가속화될 경우 북극해 전역을 관통하는 크루즈 운항도 가능하다. 아직 관광객을 위한 인프라 구축이 미흡한 극동지역에서는 해상 연계를 통한 크루즈관광이 효율적인 방법이 될 수 있다.

[그림 18] 캐나다 북극해 크루즈 선박 운항(2005-2015)

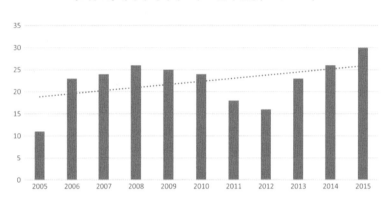

(Emma Stewart, Jackie Dawson & Margaret Johnston, "Risks and opportunities associated with change in the cruise tourism sector: community perspectives from Arctic Canada," The Polar Journal, 2015 Vol. 5, No. 2, 409)

북극 크루즈 관광의 안전사고 문제에 대한 대책 마련 역시 중요한 문제이다. 북극의 관광은 크게 증가하고 있는데, 그 이유는 전 세계의 기후 변화의 영향으로 인해 이전에는 외딴 지역이 크루즈 선박에 접근 할 수 있기 때문이다. 온난화 기후는 북극해 관광의 용이성에 대한 잘못된 낙관주의로 이어질 수 있으며, 이는 실제로 얼음 변화의 특성과 분포에 따라 탐색하기 더 위험해

---

7) 김성귀,『해양관광론』(서울 : 현학사, 2007), pp. 145-146.

질 수 있다. 극지방에서 유람선 재난의 가능성은 승객과 승무원의 안전에 관심이 있는 유람선 운영자에게 심각한 문제 일뿐만 아니라 환경 안전에 더 광범위한 영향을 미친다. 선박에서 연료가 누출되거나 선박이 극지방에 완전히 잠길 경우 잠재적인 사고로 인한 오염에 대한 두려움이 있다. 사고 없이도 선박 교통량 증가의 환경적 영향에 대한 기본 우려도 있다.

2010년 MV Clipper Adventurer가 크루즈 도중 캐나다 북극 누나부트의 Coronation Gulf에 있는 암초에 좌초했다. 배의 운영자는 원래 미발견 암초에 부딪혔다고 주장했지만 나중에 위험이 이미 보고되고 Canadian Hydrographic Service에 의해 문서화 되었다는 것이 확인되었다. 모든 승객과 승무원은 안전하게 이송되었다.

또한 2010년에는 유람선 Clelia II가 100명의 승객과 승무원을 모두 대피시켰고, 강한 해류가 바위 해안선으로 밀려 선박을 무력화 시켰다. 운좋게도 근처에 도움을 제공 할 다른 배가 있었다.[8]

더욱이 북극에서 선박과 관련된 재난에 대처할 수 있는 능력은 북극위원회를 통한 협력이 구속력 있는 법을 제정 한 최초의 문제 영역이 될 정도로 중요성이 인식되고 있다. 2011년 5월 누크에서 열린 북극협의회 장관급 회의에서 "북극의 항공 및 해양 수색 및 구조" 조약은 북극지역을 위해 작성된 최초의 국제협약이 되었다.

북극의 크루즈 관광과 관련된 매우 심각한 잠재적 위험에 주의를 기울여야 할 필요가 있지만, 우리는 피해를 입히는 재해보다 향후 수십 년 동안 북극의 크루즈 관광으로부터 훨씬 더 많은 혜택을 보게 될 것이다.

빠르게 변화하는 환경에 직면 한 북극권 국가들은 북극 해양 생태계를 이해

---

8) https://www.thearcticinstitute.org/cruise-tourism-arctic-disaster/

하는 데 기여하지만 생태, 경제 및 사회적 지속 가능성뿐만 아니라 북극권 주민의 커뮤니티의 문화 보존을 보장하기위한 적절한 조치를 취하는 노력을 하고 있다.

4. 북극권의 환경변화

북극지역에서는 기후변화에 따른 지구온난화로 북극해의 바다 빙하가 녹고 북극권 육지의 영구동토층 표층이 녹는 등 환경변화가 계속되면서 혜택과 피해가 교차하고 있다. 지구온난화에 따라 바다에서는 북극해를 가로질러 유럽과 아시아 그리고 북아메리카를 연결하는 새로운 항로인 서북항로가 여름에 열렸다. 북극지역 육상에서는 기후가 온난해지면서 지금까지 경작하지 못하던 불모지가 농경지로 전환되고 천연자원의 개발이 가능해지는 등 사회경제적으로 긍정적인 혜택이 발생하고 있다.

반면 지구온난화에 따른 자연생태계의 부작용이 적지 않다. 북극해의 빙산이 녹으면서 해수면이 상승하고 해안 가까운 저지가 침수된다는 우려의 목소리가 크다. 북극지역 영구동토층이 녹으면서 땅속에 매장되어 있던 메탄가스가 대기 중으로 흡수되면서 지구온난화가 가속화된다는 주장이 설득력을 얻고 있다. 영구동토층이 녹으면서 송유관, 천연가스 수송관, 도로 등 사회간접자본뿐만 아니라 건축물 등에 구조적인 피해가 발생하고 있다.

북극지역 남부의 산악빙하와 영구동토가 봄에 녹으면서 유출된 강물이 하구를 통해 북극해로 빠져나가야 하지만 북쪽에 있는 하구가 미처 녹지 않아 배수가 되지 않으면서 침수 등 사회경제적인 피해가 발생하게 된다. 배수가 잘되지 않아 습지 면적이 넓어지면서 모기가 번성하면서 생활이 불편해지고 질병이 확산하는 등 보건상 문제가 발생한다. 아울러 지구온난화에 따라 한랭한 기후환경에 적응한 동 · 식물들이 온난한 환경에 적응하지 못하고 분포역이 축소되거나 심한 경우 멸종할 위험성도 커지고 있다. 2020년 전 지구적인 전염병의 감염은 북극권의 환경변화에도 관심을 끌게 된다. 북극권의 해빙은 오랫동안 영구동토층에 머물던 각종 세균이 대기에 노출하는 상황이 예측되고 있다.

최근 2020년 6월에 러시아 크라스노야르스크 주의 노릴르크 니켈(Norilsk Nickel) 제련소에서 대규모의 기름 유출 사고가 발생하였다. 알래스카의 엑손발데즈 유조선 사고 이후 디젤 연료 누출이 북극지역에서 가장 큰 환경재앙이되었다. 알래스카에서 1989년에 바다로 36만 톤의 기름이 흘러 들어갔고, 그기름찌꺼기는 여전히 해안에서 발견된다. 환경전문가들은 디젤연료가 자연에

[그림 19] 북극권의 환경변화 : 북극해의 해빙

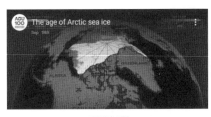
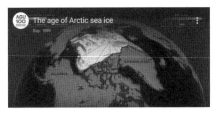

1989년 9월   1999년 9월

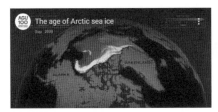
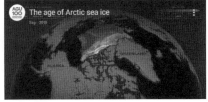

2009년 9월   2019년 9월

자료: https://news.agu.org/press-release/last-arctic-ice-refuge-is-disappearing/ (검색일 2019.11.26.)에서 편집

훨씬 더 나쁘다고 말한다. 일부 성분은 물에 잘 녹아 모든 생물을 중독시킨다. 생태학자에 따르면 지역 호수와 강의 생태계 복원에는 수십 년이 걸릴 것이라고 한다.[9] 북극권의 환경오염에 대한 지대한 관심과 방지의 노력이 필요하다.

5. 북극지역 관광의 운영 방향

북극권 지역은 북극해의 자연환경과 관광산업의 연계를 통하여 북극해 생태관광지역으로 활용할 수 있다. 지구상에 마지막 남은 환경보전지역의 하나인 북극해 지역은 경제적 개발과 함께 보전이라는 중요한 문제를 내포하고 있다.

북극지역의 관광이 지역의 일자리를 창출하고, 보다 지속 가능한 사회를 구축하고, 문화적 이해를 장려하고, 일반적인 자연 및 문화유산을 보호하는 '책임감 있는 여행'을 중점으로 하고 있다. 에코투어리즘의 심화된 형태로 사람, 장소, 지구를 위한 삶의 질 향상을 추구하는 관광형태에 주력한다.

생태관광(ecotourism)은 대중관광의 대체물로서, 보통 외부의 영향을 거의 받지 않은 파괴되기 쉬운 원시 상태의 보호지역 또는 소규모 지역을 책임 있게 여행하는 것을 말하며, 세계 각국은 환경의 보전과 관광행위의 적합점으로 생태관광의 지지와 개발을 가속화하고 있다.

세계자연기금(World Wide Fund for Nature, 약칭 WWF)에서는 북극 전역의 관광 사업자, 정부, 연구원, 보존 단체 및 지역 사회와 협력하여 관광에 대

---

9) Экологическая катастрофа: как в Норильске устраняют последствия разлива топлива(https://mir24.tv/articles/16412949/ekologicheskaya-katastrofa-kak-v-norilske-ustranyayut-posledstviya-razliva-topliva)(검색일 : 2020년 6월 8일).

한 최초의 북극 특정 지침을 작성했다. 이를 바탕으로 세계자연기금-북극 프로그램(WWF-Arctic Programme)은 '북극 관광을 위한 10대 원칙'을[10] 제시하고 있다.

북극지역 관광 활성화를 위해서는 많은 과제의 수행이 필요하다. 지역 교통인프라 구축이 필요하고, 여름철 중심의 한정된 여행 기간은 장애요인이 된다. 접근성의 난이도에 의한 높은 관광 경비 축소가 필요하며, 동식물상, 경관과 탐험 역사 등 차별화된 콘텐츠 개발과 환경오염 문제의 해결방안이 마련되어야 한다. 또한, 관광객의 안전을 위한 조치와 정보제공의 기반이 마련되어야 한다. 정부 차원에서 러시아 코미공화국 정부가 최근 여행객들이 편리하게 북극에 접근할 수 있도록 모든 극지방 방문객들이 이용할 수 있는 〈원클릭 북극〉 관광플랫폼을 구축할 것을 제안했다.[11]

지구온난화는 북극지역의 토지, 생물 다양성, 주민의 문화 및 전통에 영향을 미치고 있다. 북극지역은 토착주민들의 자기 결정을 존중하고 지원하는 방안을 마련해야 한다.

북극지역은 향후 10년 동안 성장을 기대하고 있다. 대부분의 성장은 천연자원 부문과 관광 여행, 상업 어업, 문화 산업다음과 같은 다른 부문에서 발생할 것으로 예상한다.[12] 자원 개발, 관광 및 해운을 포함한 특정 경제 부문은 기

---

10) 북극 관광을 위한 10가지 원칙(Ten Principles for Arctic tourism) : 1. 관광과 보존의 공존 2. 야생과 생물 다양성의 보전을 지원 3. 지속 가능한 방식으로 천연자원 사용 4. 소비, 폐기물 및 오염을 최소화 5. 지역 문화 존중 6. 역사적, 과학적 장소 존중 7. 북극 지역 사회는 관광의 혜택을 받아야 한다. 8. 숙련된 직원에 의한 책임감 있는 관광 9. 북극에 대해 배울 수 있는 여행 10. 안전 수칙 준수(HTTP://arcticwwf.org/work/people/tourism/, 검색일 2019.12.13)

11) "Арктика в один клик": Коми создаст туристическую платформу по Заполярью (https://ria.ru/20201118/resurs-1584960792.html 검색일 2020.11.19)

12) https://www.northernstrategy.gc.ca/eng/1351104567432/1351104589057

후 변화가 북부 환경을 변화시키면서 성장할 것으로 예상되지만, 이러한 활동은 사람, 인프라 및 생태계에 새로운 위험을 가져오고 수색 및 구조 및 재난 대응 능력에 추가 스트레스를 가하게 된다. 지역 및 지역 경제가 지속 가능하게 성장할 수 있도록 기후변화 사항을 고려해야 한다.

세계 학계는 온난화로 북극해가 점차로 해빙되어 2020년에는 6개월, 2030년에 1년 내내 일반 항해가 가능해질 것으로 전망하고 있다. 이에 대비하여 한국은 이미 북극항로의 얼음분포 정보를 선박에 제공하는 기술을 개발하고 있다.[13] 북극해 안전항로 선정에 필요한 얼음상태, 얼음경계 정보 및 해양과 대기수치 예측자료 등을 수집해 제공하는 기술을 개발한다는 것이다. 이는 한국뿐만 아니라 한 · 러 간의 과학기술 협력에 이바지하는 사업이 될 것이고, 북극해로 나아가는 한국의 역할의 하나가 될 것이다.

기후변화는 북극권과 전 지구의 환경 영향을 미치고 있다. 지구의 기후변화를 일으키는 온실가스 배출량은 세계적으로 중요한 문제이다. 관광산업은 어떤 식으로든 오염을 발생시키며 지구 기후변화 현상에 작용한다. 특히, 북극권 관광은 지난 10년 동안 점점 인기를 얻고 있다. 더 많은 관광객이 독특한 환경과 기후변화로 인한 환경변화를 보기 위해 북극권으로 몰려들고 있다. 그러나 현재 북극권에는 고유한 환경 보호를 통제하기 위한 구속력 있는 지역 규정이 없다. 관광행위가 기후변화에 영향을 미치지 않도록 관광객의 행동을 통제하는 구속력 있는 규정이 없다. 환경변화에 민감한 북극권의 관광에는 여행자와 조직기구의 책임 있는 관광행위가 필요하다. 북극권지역의 탐방에는 방문할 수 있는 기반이 갖추어진 각 지역에 소수의 인원이 참여하는 탐방예약

---

13) http://www.yonhapnews.co.kr/bulletin/2015/10/17/0200000000A
KR20151017059300003.HTML?input=1179m(검색일: 2015년 11월 18일).

제가 필요할 것이다. 이미 아이슬란드 지역 등에서 제기되고 있는 과도관광에 [14] 대한 대비가 필요하다.

비교적 많은 탐방객이 참여하기 위해서는 크루즈선의 운항이 효과적일 것인데, 이 경우에는 선박이나 여행객이 발생하는 모든 오염 배출물이 북극해 내부에 버려지는 것을 차단하는 기술적인 수단을 취해야만 한다. 급성장 분야가 될 가능성이 있는 북극관광의 북극권의 부족한 숙소문제의 해결에는 모듈식 조립형 호텔(글램핑)이 관광객의 흥미를 끌어 북극의 수입을 확대할 수 있게 할 것이라는 제시도 나타난다. [15]

관광산업을 위한 중요한 한가지는 교육이다. 관광과 전반적인 인프라를 갖췄다해도 운영하고 관리하는 인력이 절대적으로 필요하다. 따라서, 교육은 보다 강력하고 혁신적인 관광 서비스 및 경험을 개발하는 데도 중요하지만, 북극관광의 특수성과 현장에 적용할 수 있는 방법을 필요로 한다. 관광 인력 훈련을 위해서는 지역 지식 및 전문적인 기술의 제고 및 활성화가 필요하다.

UN 총회에서는 2017년을 "국제 지속가능한 관광 개발의 해(International Year of Sustainable Tourism for Development"로 선정하였다. 전반적으로 북극관광의 성장을 위해서는 소통과 참여, 협력이 필요하다. 협력은 정치가 아닌 국가적 또는 학술적 협력을 통해 나타날 것이며, 산업계 및 지역 사회 파트너의 참여로 이어질 것이다. 관광으로 경제개발의 필요성을 갖는 반면에, 관광이 자연환경을 파괴하는 우려와 소수민족 커뮤니티에 부정적인 영향을

---

14) 과도관광(overtourism)은 수용 능력을 뛰어넘는 관광객이 몰려들어 주민들의 삶을 침해하는 현상을 가리키는 합성어이며, 관광지가 수용하고 포용할 수 있는 환경적, 사회적 용량의 한계치에 가까운 관광객이 방문함으로써 관광지의 환경악화와 지역주민의 삶의 질이 악화되는 현상을 말한다.

15) 'Эксперт считает, что глэмпинг может стать быстрорастущим сегментом арктического туризма' (https://tass.ru/obschestvo/10008871, 검색일 2020. 11. 17.)

미칠 것이라는 긴장은 계속 될 것이다. 합리적인 북극관광에 대한 연구가 국제적 차원으로 이루어지고, 가능한 모든 공공, 민간 및 시민 이해 관계자의 역할이 더해져야 할 것이다.

〈참고문헌〉

국토해양부, 『북극해 항로 활성화 대응전략 연구』, 국토해양부, 2010년 12월.

김민수, 『러시아연방 소수민족 극동편』, 서울: 참글, 2012.

김성귀, 『해양관광론』 현학사, 2007.

배재대학교 한국시베리아센터, 『러시아 북극권의 이해』, 서울: 신아사, 2010.

이용균, "북극지역 관광의 특성과 관광개발의 한계: 캐나다 누나부트를 사례로,"『한국도시지리학회지』 제23권 1호, 2020, pp.115-129.

이재혁, "러시아 극동지역의 관광자원과 한국 관광산업 개발 방안,"『한국 시베리아연구』 제19권 2호, 2015, pp.103-128.

_____, "러시아 북극권의 생태관광 활성화를 위한 한 · 러 협력."『한국 시베리아연구』 제24권 2호, 2020, pp.63-93.

_____, "러시아 북극권의 생태관광,"『2019 북극협력주간 학술세미나: 북극권 자연/인문 자원 발표논문자료집』, 2019, pp.1-13.

_____, "러시아의 북극해 항로 개발 계획 동향,"『북극연구』, No.5 Spring, 2016, pp.63-68.

_____, "사할린섬의 한인과 다크 투어리즘,"『전국해양문화학자대회 자료집』 4권, 2019, pp.239-249.

한국해양수산개발원, 『기후변화에 따른 북극해 변화와 대응방안』, 2009년 6월.

한국해양수산개발원 · 극지연구소, 『북극해를 말하다』, 2012.

한종만 · 이재혁 외, 『북극의 눈물과 미소 - 지정, 지경, 지문화 및 환경생태 연구』, 서울: 학연문화사, 2016.

김정훈, 이재혁 외, 지금 북극은 제1권 북극 개발과 생존의 공간, 서울: 학연문화사, 2020.

ACIA(Arctic Climate Impact Assessment), Impacts of a Warming Arctic, Cambridge University Press, 2004.

Alexandrov, Oleg, "Labyrinths of the Arctic Policy: Russia Needs to Solve an Equation with Many Unknown," Russian in Global Affairs, Vol.7, No.3 (July- September) 2009, pp.110-118.

Arctic Climate Impact Assessment (ACIA), (Cambridge: Cambridge University Press, 2005) pp. 1042-1045.

Dierks, Jan, Tourismuskonzept für die Republik Sakha(Jakutien) unter besonderer

Berücksichtigung der ethischen und ökologischen Aspekte des Jagdtourismus, Ernst-Moritz-Arndt-Universität Greifswald, Botanisches Institut Fachrichtung Diplom-Landschaftsökologie und Natutschutz, 13 Juni, 2002.

Dieter K. Müller · Linda Lundmark · Raynald H. Lemelin(Ed.), New Issues in Polar Tourism -Communities, Environments, Politics(Springer Dordrecht Heidelberg New York London, 2013).

Edes, Mary E., "Ecotourism in the Arctic Circle: Regional Regulation Is Necessary to Prevent Concerned Environmentalists from Further Contributing to Climate Change,"Global Business & Development Law Journal, vol 21, Article 9, 2008.

Ellenberg, E. Scholz, M., Beier, B., Oekotourismus(Heidelberg · Berlin · Ocford: Spektrum Akademischer Verlag, 1997).

Emma J. Stewart, Jackie Dawson & Dianne Draper, "Cruise Tourism and Residents in Arctic Canada: Development of a Resident Attitude Typology," Journal of Hospitality and Tourism Management, 18, 95-106. DOI 10.1375/jhtm.18.1.95

Emma Stewart, Jackie Dawson & Margaret Johnston, "Risks and opportunities associated with change in the cruise tourism sector: community perspectives from Arctic Canada," The Polar Journal, 2015 Vol. 5, No. 2, 403-427, http://dx.doi.org/10.10 80/2154896X.2015.1082283

Engberding, Hans und Bodo Thöns, Transsib-Handbuch: Unterwegs mit der Transsibirischen Eisenbahn (Berlin: Trescher-Reihe, 2003).

Han, J-M · Kim, J-H · Yi, J-H., Definition of Arctic Spaces based on Physical and Human Geographical Division, *KMI International Journal of Maritime Affairs and Fisheries* Volume 12 Issue 1 June 2020, pp. 001-016

Jackie Dawson, Emma J. Stewart, Margaret E. Johnston & Christopher J. Lemieux, "Identifying and evaluating adaptation strategies for cruise tourism in Arctic Canada," Journal of Sustainable Tourism, 24:10, 1425-1441, DOI: 10.1080/09669582.2015.1125358

James Forsyth (정재겸 옮김), 『시베리아 원주민의 역사』, 서울: 솔, 2009.

Lundberg, Ulla-Lena, Sibirien (München: National Geographic, 2006).

Patrick T. Maher, "Tourism Futures in the Arctic," in: K. Latola, H. Savela (eds.), The Interconnected Arctic — UArctic Congress 2016, Springer Polar Sciences, DOI

10.1007/978-3-319-57532-2_22, pp. 213-220, 2017.

Raynald H. Lemelin, Jackie Dawson, "Great expectations: Examining the designation effect of marine protected areas in coastal Arctic and sub-Arctic communities in Canada." The Canadian Geographer / Le Géographe canadien 2014, 58(2): 217-232

Seelmann, Katrin, Der völkerrechtliche Status der Arktis: der neue Wettlauf zum Nordpol (Wien: Neuer Wissenschaftlicher Verlag, 2012).

Seidler, Christoph, Aktisches Monoploy: Der Kampf um die Rohstoffe der Polarregion (München: Deutsch Verlag-Anstalt, 2009)(크리스토프 자이들러 지음/박미화 옮김.『북극해 쟁탈전 - 북극해를 차지할 최종 승자는 누구인가』도서출판 숲, 2010).

STEWART, E.J., HOWELL, S.E.L., DRAPER, D., YACKEL, J., TIVY, A., "Sea Ice in Canada's Arctic: Implications for Cruise Tourism," ARCTIC, VOL. 60, NO. 4(DECEMBER 2007), pp. 370-380.

Suzanne de la Barre, Patrick Maher, Jackie Dawson, Kevin Hillmer-Pegram, Edward Huijbens, Machiel Lamers, Daniela Liggett, Dieter Müller, Albina Pashkevich & Emma Stewart. "Tourism and Arctic Observation Systems: exploring the relationships," (Citation: Polar Research 2016, 35, 24980, http://dx.doi.org/10.3402/polar.v35.24980)

Лукичев А.Б., "Экотуристские исследования", Российского Журнала Экотуризма №4, 2012, pp. 3-15.

Матвеевская, Анна Сергеевна, Безуглы, ДмитрийСергеевич, "Инновационные технологии в продвижении "Русской Арктики" как туристской дестинации", Научный вестник Ямало-Ненецкого Автономного округ, 3 (100), 2018, pp. 27-33.

ПРАВИТЕЛЬСТВО РОССИЙСКОЙ ФЕДЕРАЦИИ Р А С П О Р Я Ж Е Н И Е от 31 мая 2014 г. № 941-р МОСКВА 'Об утверждении Стратегии развития туризма в Российской Федерации на период до 2020 года.

Стратегии социально-экономического развития Дальнего Востока и Байкальского региона на период до 2025 года.

UNEP 홈페이지 http://www.unep.org/regionalseas/
국제대륙붕관리국(ISA) 홈페이지 http://www.isa.org.jm

국제해사기구(IMO) 홈페이지 http://www.imo.org.

미국지리학회(American Geophysical Union) 홈페이지 https://www.agu.org/

북극위원회(the Arctic Council) 홈페이지 http://www.arctic-council.org.

세계자연기금(World Wide Fund for Nature) https://arcticwwf.org/work/people/tourism/

NOAA(http://www.swpc.noaa.gov/products/aurora-3-day-forecast)

http://rus-arc.ru/ru

http://russiafocus.co.kr/multimedia/video/2015/09/30/443879

http://www.itar-tass.com/spb-news/813070

http://www.scienceforum.ru/2015/discus/794/11260

http://www.wttc.org/Welcome to World Travel & Tourism Council.

http://doi.org.ssl.oca.korea.ac.kr/10.1016/j.marpol.2019.103637(캐나다의 북극 어업의 현재와 미래의 잠재력 평가)

https://www.northernstrategy.gc.ca/eng/1351104567432/1351104589057

Office of the Auditor General of Canada (https://www.oag-bvg.gc.ca/internet/English/parl_cesd_201410_03_e_39850.html)

캐나다 의회 RNNR 위원회 보고서; RESOURCE DEVELOPMENT IN NORTHERN CANADA 캐나다 북부의 자원 개발 (https://www.ourcommons.ca/Docum